大學問

始於問而終於明

守望學術的視界

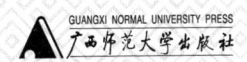

春秋時期齊、衛、晉、秦交通路綫考論

徐鼎鼎 ——— 著

廣西師範大學出版社

春秋時期齊、衛、晉、秦交通路綫考論
CHUNQIUSHIQI QI WEI JIN QIN JIAOTONGLUXIAN KAOLUN

圖書在版編目（CIP）數據

春秋時期齊、衛、晉、秦交通路綫考論 / 徐鼎鼎著. --桂林：廣西師範大學出版社，2023.7
ISBN 978-7-5598-6032-3

Ⅰ. ①春… Ⅱ. ①徐… Ⅲ. ①交通運輸史－研究－中國－春秋時期 Ⅳ. ①F512.9

中國國家版本館 CIP 數據核字（2023）第 096418 號

廣西師範大學出版社出版發行
（廣西桂林市五里店路 9 號　郵政編碼：541004）
　網址：http://www.bbtpress.com
出版人：黄軒莊
全國新華書店經銷
廣西民族印刷包裝集團有限公司印刷
（南寧市高新區高新三路 1 號　郵政編碼：530007）
開本：880 mm ×1 240 mm　1/32
印張：9.5　　　　字數：200 千
2023 年 7 月第 1 版　2023 年 7 月第 1 次印刷
印數：0 001~5 000 册　定價：79.00 元
如發現印裝質量問題，影響閱讀，請與出版社發行部門聯繫調换。

序

  2016年9月,徐鼎鼎同學進入成功大學中國文學系碩士班,爾後邀請後學指導其碩士論文。是時後學正籌備開展"《左傳》交通路綫研究"項目,鼎鼎同學與另外二名同學參與其中。鼎鼎同學勤勉努力、認真嚴謹,因此後學放心將研究齊、衛、晉、秦四國交通路綫之任務委請鼎鼎同學協助。鼎鼎同學甄選并閱讀大量文獻,2017年始撰初稿。2019年6月鼎鼎同學以《〈左傳〉齊、衛、晉、秦交通路綫》爲題,高分通過碩士論文口試,并獲得委員一致讚賞。同年8月鼎鼎同學考取香港中文大學,師從潘銘基教授攻讀博士學位。鼎鼎同學博士論文《〈史記〉〈漢書〉戰爭路綫比較研究》,以秦二世末年至漢武帝時期爲範圍,從地理交通角度切入,比對《史記》與《漢書》互見資料之差異,對秦末漢初交通情況亦有深入認識。

  古代交通路綫往往有傳承性與延續性,不少秦漢道路是在先秦交通基礎上發展而成。對秦漢交通之了解與掌握,有助於還原先秦時期交通樣貌。鼎鼎同學撰寫博士論文之際，希望將春秋齊、衛、晉、秦四國交通路綫補充修改後出版，後學對鼎鼎同學積極進取、精益求精之態度深感欣慰。鼎鼎同學於 2022 年 7 月完成博士論文答辯，隨後整理與修訂書稿。她反覆校對內容，核查引文與注釋頁碼，重新繪製全書附圖，并增補撰寫博論期間之發現。後學亦將近年對衛國西向、北向路綫之觀點與其分享，協助她完善這二條路綫之構成。鼎鼎同學處事細緻認真，經她半年有餘之努力，欣聞本書即將出版，故而寫作此序。

目前古代交通研究成果多集中於秦漢以降，春秋時期之研究相對匱乏，尤其缺少兼具全面性與系統性之專著。鼎鼎同學廣泛吸取前人成果，以《左傳》戰爭、會盟、巡狩、遣使、出奔、遷徙、婚姻、喪祭等涉及空間移動之記載爲論述核心，查閱大量文獻深入分析，力圖還原春秋交通路綫之概貌，其佳處體現於三方面：

其一，春秋時期距今遙遠，不少地名已難確定今址，或意見紛陳而莫衷一是。鼎鼎同學廣泛搜集眾說，結合傳世文獻與考古成果，將單一地名之考證與該國整體交通網絡佈局結合，往往能釐清正誤而修訂舊說，得出較可信之結論。

其二，交通路綫往往受地形地貌制約，如論述秦、晉、衛之交通路綫，不可避免須考慮黃河津渡之分佈。尤其晉國乃"表裏山河"，太行山脉、吕梁山脉與河水、汾水、少水等川流皆影響道路建設。在探究交通路綫過程中，鼎鼎同學以傳世方志文獻爲基礎，吸收前人現有研究且結合現代衛星地圖，所擬交通路綫凡須渡黃河者，必依循文獻可考津渡，穿越山嶺亦多沿可查之古道，其結論也更具參考價值。

其三，論證交通路綫若缺少地圖，常令讀者如墮五里霧中。鼎鼎同學雖未有地理學相關專業背景，但透過自學地圖繪製，爲本書每一章節附上交通路綫圖，所論四國各有一幅交通總圖，清晰直觀而讓讀者一目了然。

春秋時期交通路綫研究相對冷門，希冀本書之出版，無論對《左傳》學或史地交通研究，能有添磚加瓦、彌補空缺之作用。鼎鼎同學如今已獲博士學位，不日將入職高校，開啓另一段教研生涯。後學忝爲鼎鼎同學碩士論文指導老師，期許鼎鼎同學繼續貢獻更多優異成果。

成功大學中國文學系教授黄聖松
2023年3月6日撰於成大中文系館

目　錄

緒論　*1*
　　第一節　研究背景及目的　*1*
　　第二節　文獻回顧　*5*
　　　　一、中國交通與郵驛通史所設春秋時期章節　*5*
　　　　二、斷代交通研究與春秋交通相關之單篇論文　*9*
　　　　三、地域交通研究涉及春秋交通之論著　*12*
　　第三節　研究範圍與方法　*13*

第一章　齊國交通路綫考論　*17*
　　第一節　齊都臨淄南向路綫　*17*
　　　　一、臨淄—馬陘—丘輿—艾陵—艾—堂阜　*19*
　　　　二、艾陵—平州—夾谷(祝其)　*24*
　　　　三、艾陵—長勺—嬴—博　*27*
　　第二節　齊都臨淄西南向路綫　*29*
　　　　一、臨淄—袁婁(爰婁)—乾時—夫於—譚—華不注山—
　　　　　　鞌—野井—祝柯　*31*

二、祝柯—巫山—盧—平陰　39

　　三、"平陰—防門—京茲""平陰—隔馬山—郆—靡笄"
　　"平陰—陽州"　44

　　四、谷—清—留舒—柯—上鄆—莘　54

第三節　齊都臨淄西向、北向、東向路綫　60

　　一、齊都臨淄西向路綫："臨淄—袁婁(爰婁)—乾時—夫
　　於—賴—犁—媚—高唐—轅"　60

　　二、齊都臨淄北向路綫："臨淄—葵丘(渠丘)—貝丘—薄
　　姑"　62

　　三、齊都臨淄東向路綫北道："臨淄—鄑—紀—邞殿—密"
　　65

　　四、齊都臨淄東向路綫南道："東陽—棠""東陽—介根"
　　"東陽—莒"　66

第四節　小結　75

第二章　衛國交通路綫考論　78

　第一節　衛國遷都路綫　78

　第二節　衛都帝丘北向路綫　84

　　一、帝丘—鐵—戚—五鹿—馬陵—沙—莘—夷儀　85

　　二、"五鹿—柯—懿氏—澶淵""曹—牽—澶淵"　91

　第三節　衛都帝丘東向路綫　96

　　一、"帝丘—斂盂—襄牛—鄄—桃丘—柯—河澤""鄄—廩
　　丘—羊角—高魚"　96

　　二、帝丘—鹹—洮—清丘—垂(犬丘)/城濮　104

　第四節　衛都帝丘西向與南向路綫　110

一、帝丘—楚丘—曹—平陽—廩延—朝歌 *111*

二、帝丘—楚丘—曹—平陽—鄄澤/瓦—啓妻—匡—蒲/平丘 *112*

第五節 小結 *121*

第三章 晉國交通路綫考論（上） *123*

第一節 晉國都城考 *123*

第二節 晉都新田北向路綫 *130*

一、翼—陘庭—新田—汾隰—賈—狐厨、受鐸、平陽、昆都—高梁—楊—留吁 *130*

二、平陽—霍—隨—鄔—中都—祁—塗水—魏榆—馬首—井陘—鮮虞—昔陽—肥 *145*

三、狐厨—鄂—屈—采桑—白狄、少梁 *152*

四、"霍—箕—交剛—樓""霍—瓜衍—平陵—梗陽—晉陽（大原）—魏榆""梗陽—塗水—陽" *161*

第三節 晉都新田東北向路綫 *173*

一、新田—絳—黄父—長子—純留—銅鞮—祁 *173*

二、黄父—黎1—曲梁—潞氏—黎2 *183*

三、"壺口—寒氏—邯鄲—乾侯""邯鄲—邢、任、柏人、臨—鄗—欒、棘蒲—肥、鼓、昔陽—鮮虞—中人—逆畤" *187*

第四章 晉國交通路綫考論（下） *196*

第一節 晉都新田東向路綫 *196*

一、"熒庭—孟門—共—百泉—朝歌—中牟—五氏—邯鄲""絳—聚—東山皋落氏—鄣邵" *196*

二、"郫邵—陽樊—盟津—溫—邢丘—隰城—懷—甯—共""郫邵—原—野王—州縣—懷、邢丘" 205

第二節　晉都新田西南向路綫 214

一、"曲沃—虞—下陽—茅津—上陽—殽山—成周""上陽—茅津—瓠丘—陽樊""上陽—成周—盟津—陽樊" 214

二、"曲沃—王官—郇—廬柳—令狐、桑泉、白衰—刳首—蒲津""上陽—崤山—桑田—瑕""焦—陰地""下陽—魏—羈馬—蒲津" 222

三、"絳—新田—清原—稷—涑水—蒲津—王城—輔氏""稷—董""新田—荀—冀—韓原—耿" 236

第三節　小結 244

第五章　秦國交通路綫考論 248

第一節　秦都雍東向路綫 248

一、"雍—渭水—黄河—汾水—澮水—絳""雍—平陽—棫林—侯麗—麻隧—新楚—蒲津—風陵渡—瑕" 248

第二節　秦都雍東北向路綫 260

一、"麻隧—北徵—汪—彭衙—邧—新城—梁—芮""梁—汾陰—韓原" 260

結論 270

引用書目 273

致謝 289

圖目次

圖 1　齊都臨淄南向路線圖　*30*

圖 2　齊都臨淄西南向路線圖　*59*

圖 3　齊都臨淄西向路線圖　*74*

圖 4　齊都臨淄北向路線圖　*74*

圖 5　齊都臨淄東向路線圖　*75*

圖 6　《左傳》齊國交通路線圖　*77*

圖 7　衛國遷都圖　*84*

圖 8　衛都帝丘北向路線圖之一　*92*

圖 9　衛都帝丘北向路線圖之二　*97*

圖 10　衛都帝丘東向路線圖之北道　*105*

圖 11　衛都帝丘東向路線圖之南道　*110*

圖 12　衛都帝丘西向路線圖之南道　*112*

圖 13　秦昭王進攻路線圖　119

圖 14　衛都帝丘南向路線圖　120

圖 15　衛國交通路線圖　122

圖 16　山西翼城、曲沃古代遺址位置圖　126

圖 17　魯文公時期晉秦邊界交戰地點示意圖　137

圖 18　晉都新田北向路線圖　172

圖 19　戰國時期晉都遷徙示意圖　176

圖 20　春秋時期晉都、赤狄及周邊城邑示意圖　177

圖 21　涅、胡甲山、侯甲水、祁及周邊河流示意圖　182

圖 22　邯鄲至逆時間城邑分布示意圖　192

圖 23　晉都新田東北向路線圖　195

圖 24　晉都新田東向路線圖　213

圖 25　晉都新田西南向路線　244

圖 26　《左傳》晉國交通路線圖　247

圖 27　秦國東向交通路線圖　259

圖 28　梁、汾陰及周邊相關城邑示意圖　264

圖 29　《左傳》秦國交通路線圖　269

圖 例

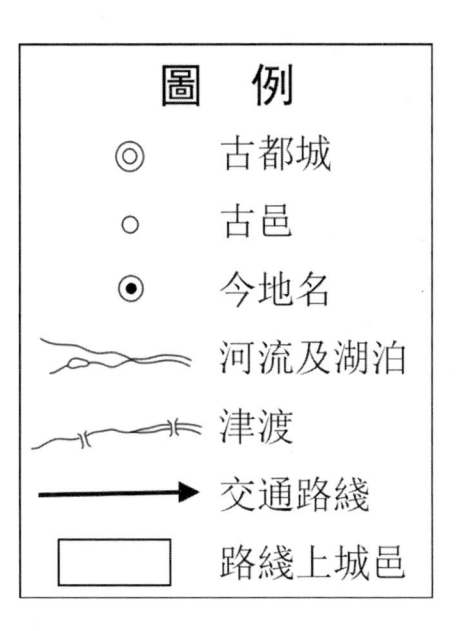

- ◎ 古都城
- ○ 古邑
- ⊙ 今地名
- 〰 河流及湖泊
- ⋈ 津渡
- → 交通路綫
- ▢ 路綫上城邑

緒　論

第一節　研究背景及目的

　　王子今《中國交通史研究一百年》認爲："整個中國古代的知識體系中,交通始終没有獨立地位。"①正如王氏所言,古史對交通大抵缺乏重視,晉人司馬彪(？—306)《續漢書》始有《輿服志》涉及車輛名目,《清史稿》始有《交通志》論述交通形式。且因文獻不足徵與出土資料局限,秦漢以降交通研究雖有王子今《秦漢交通史稿》②、嚴耕望(1916—1996)《唐代交通圖考》③等一系列重大突破,然先秦交通却未見研究專著。《左傳》是研究中國上古史與春秋史的重要典籍,藴涵豐富史料與資訊,有助於後世了解春秋歷史與地理,并借此建構春秋時代交通網絡。嚴耕望《我撰〈唐代交通圖考〉

---

① 王子今:《中國交通史研究一百年》,《歷史研究》2002年第2期,第164頁。
② 王子今:《秦漢交通史稿》,北京:中共中央黨校出版社,1994年。
③ 嚴耕望:《唐代交通圖考》,臺北:"中研院"歷史語言研究所,1985年。

的動機與經驗》説:

> 各種專史,在中國這樣大國中,各個地區也不一樣,必須注意各地區實際情形及其相互間的交流與影響,這種交流與影響,也藉交通而發生作用。所以交通對於各方面都有聯繫的作用,交通可説是歷史研究的樞紐問題之一。此一問題不解決,講其他任何方面的問題,都不方便。所以我研究歷史地理,特別注意交通問題,很想在這一方面下些功夫,使歷史各方面的研究工作者都有一套經過仔細研究繪製出來的較詳確的古代交通地圖可以利用。①

交通研究的重要性正如嚴氏所言,而《左傳》中舉凡戰争、會盟、巡狩、遣使、出奔、遷徙、婚姻、喪祭等有關空間移動之記載,無不涉及交通往來,足見釐清交通路綫的重要性。

研究交通路綫的前提是成型的道路建設,《周禮・夏官司馬・司險》:"掌九州之圖,以周知其山林、川澤之阻,而達其道路。設國之五溝五塗,而樹之林以爲阻固,皆有守禁,而達其道路。國有故,則藩塞阻路而止行者,以其屬守之,唯有節者達之。"又《夏官司馬・合方氏》:"掌達天下之道路,通其財利,同其數器,壹其度量,除其怨惡,同其好善。"又《秋官司寇・野廬氏》:"掌達國道路,至于四畿;比國郊及野之道路、宿息、井、樹。……凡道路之舟車擊互者,叙而行之。……凡國之大事,比修除道路者。掌凡道禁。邦之大

---

① 嚴耕望:《我撰〈唐代交通圖考〉的動機與經驗》,《興大歷史學報》1993 年第 3 期,第 1 頁。

師,則令埽道路,且以幾禁行作不時者、不物者。"①從以上數則記載可以推知,先秦時期的道路應有專人負責修建與維護。從《左傳》中亦可見相關之記載,如成十二(579 B.C.)《傳》:"宋華元克合晉、楚之成……曰:'凡晉、楚無相加戎,好惡同之,同恤菑危,備救凶患。若有害楚,則晉伐之;在晉,楚亦如之。交贄往來,道路無壅。謀其不協,而討不庭。有渝此盟,明神殛之,俾隊其師,無克胙國。'"②又襄三十一(542 B.C.)《傳》:"僑聞文公之爲盟主也……司空以時平易道路。"(第686頁)黃聖松先生《〈左傳〉後勤制度考辨》曰:

> 時至春秋,維護道路暢通依然是諸國施政重點。……晉、楚二國在宋國大夫華元穿針引綫下舉行會盟,誓詞內容有"交贄往來,道路無壅",知道路維護工作是與會諸國須履行義務。……春秋時代道路應是自古即粗具規模,經後人不斷維護保養或稍作拓寬擴展,但大致而言是千百年來先民通行之要道,如此亦可解釋何以春秋盟會將"道路無壅"列爲誓詞內容。③

通過《左傳》《周禮》中的記載,可以推知春秋時期應已有國家層面的道路建設,并已設立專門之官員職掌此事,且在諸侯國盟會時,

---

① (漢)鄭玄注,(唐)賈公彥疏:《周禮注疏》,臺北:藝文印書館,1993年,據清嘉慶二十年(1815)江西南昌府學版影印,第458、503、547頁。
② (晉)杜預集解,(唐)孔穎達正義:《春秋左傳正義》,臺北:藝文印書館,1993年,據清嘉慶二十年(1815)江西南昌府學版影印,第457頁。爲簡省篇幅與利於讀者閱讀,下文再引本書時將於引文後逕引頁碼,不再以注腳方式標記。
③ 黃聖松:《〈左傳〉後勤制度考辨》,臺北:臺灣學生書局,2016年,第350、354—355頁。

亦將維護道路視爲重要事項之一而列於誓詞之中。可見春秋時期征戰、盟會等出行往來，大抵須沿現有之修築完善的道路通行，換言之，即沿既定之交通路綫。

嚴耕望《我撰〈唐代交通圖考〉的動機與經驗》認爲：" 中國歷史上的交通網，就低標準言，在漢代已大體完成，但材料太少，只能考知其大體輪廓，直到唐代，交通網才可説真正大定。"①交通網絡隨着時代的發展而日趨成熟，因此近人之研究亦多圍繞漢唐以降之交通路綫，春秋時期之研究則尤爲匱乏。然而春秋時之交通網雖不如後世發達，却亦可謂初具雛形。因此，本書以《左傳》中齊、衛、晉、秦四國的交通爲研究核心，力求能有以下貢獻：

（一）彙整前人有關春秋史地之研究，考證《左傳》中齊、衛、晉、秦四國之地名。

（二）在前人研究的基礎上，進一步考察黄河津渡。

（三）考訂《左傳》中齊、衛、晉、秦四國之交通路綫，補足前人研究之缺失。

（四）繪製齊、衛、晉、秦四國之交通路綫圖。②

---

① 嚴耕望：《我撰〈唐代交通圖考〉的動機與經驗》，第1頁。
② 由於缺乏充足傳世文獻與出土資料佐證，本書僅能依有限典籍如《左傳》《國語》等文字描述，與近世考古挖掘報告與研究成果，勾勒春秋齊、衛、晉、秦國國内交通路綫網絡。再者古今山川地貌定然有異，尤以河川淤塞堙没或分流改道最爲嚴重，使吾人即便實地踏察，亦未必能想象春秋之景況。故而僅能退而求其次，於前賢所載考證與論述之成果爬梳抉剔，盡量搜羅蛛絲馬迹以予證成推論。至於交通路綫之呈現，尚難考慮山勢水文之因素與影響，僅能以點對點方式直綫連結。未來應可援引數位技術，結合現階段研究成果，或能突破局限，更精確描繪道路位置。

第二節　文獻回顧

歷來治上古史與春秋史學者雖博學多聞，然對交通道路研究關注較少。就筆者閱知相關專書及單篇論文，諸家相關討論大致可歸納爲三類：一是中國交通、郵驛通史設有春秋時期章節，二是斷代交通研究有春秋交通之單篇論文，三是地域交通研究亦見涉及春秋交通者。以下依序簡述各議題研究成果與諸家學者優缺點。

一、中國交通與郵驛通史所設春秋時期章節

學界目前尚無春秋時期交通路綫之專著，然在諸多交通史中，往往將先秦時期交通設一專章論述，可資參考。交通史最早專著爲近人王倬（生卒年不詳）《交通史》[1]與袁德宣（生卒年不詳）《交通史略》[2]，然二書篇幅較短且内容簡省，於先秦時期較少着墨。稍後白壽彝（1909—2000）《中國交通史》[3]討論先秦時期交通所及區域，分數個交通樞紐都會討論，概述先秦郵傳、溝渠與交通工具。白氏篳路藍縷之功確實影響深遠，然可惜仍未將春秋交通路綫予以系統論述。

---

[1] 王倬：《交通史》，北京：商務印書館，1923年。
[2] 袁德宣：《交通史略》，北京：北京交通叢報社長沙鐵路協會，1928年。
[3] 白壽彝：《中國交通史》，北京：商務印書館，1937年。

《中國古代道路交通史》①設"先秦道路交通的奠基"一章,自上古伊始,歷論商代、西周、春秋、戰國等五個時期,依次論述中國道路起源。其中"春秋道路的改善"一節以成周爲中心,討論當時東至宋、魯、齊,西至秦,南至楚、吳,北至晉、燕之主要交通道路。然因篇幅限制,書中雖已敘述具體交通路綫,然未説明路綫由來與依據。且因僅收錄交通幹道,故其交通網絡尚未完整,頗有增補空間。陳鴻彝《中華交通史話》②設"華夏的交通文化"一章,以齊、晉、秦、楚、吳、越等大國爲主體,探討春秋時期黄河流域與長江流域交通大勢。然其論述側重交通形勢與其政治與文化影響,在交通路綫方面較諸前人并無突破。此外,王崇焕《中國古代交通》③、趙雲旗《中國古代交通》④、馬洪路與劉鳳書《中國交通考古錄》⑤等專著,於先秦交通皆有章節討論。然三書多側重典章制度、道路維護、交通工具等面向,未針對交通路綫予以探討。

　　樓祖詒《中國郵驛發達史》認爲:"郵驛之發達,恃乎道路之交通,古代交通史,乃古代郵驛史之基礎。换言之,古代郵驛史,實乃古代交通史。"⑥《左傳》已有數條關於郵驛之記載,如成五(586 B.C.)《傳》:"梁山崩,晉侯以傳召伯宗伯。"(第440頁)晉人杜預(222—285)《春秋左傳集解》(以下簡稱《集解》):"傳,驛。"(第

---

① 中國公路交通史編審委員會編:《中國古代道路交通史》,北京:人民交通出版社,1994年。
② 陳鴻彝:《中華交通史話》,北京:中華書局,2013年。
③ 王崇焕:《中國古代交通》,臺北:臺灣商務印書館,1993年。
④ 趙雲旗:《中國古代交通》,北京:新華出版社,1993年。
⑤ 馬洪路、劉鳳書:《中國交通考古錄》,成都:四川教育出版社,1998年。
⑥ 樓祖詒:《中國郵驛發達史》,上海:上海書店出版社,1991年,第52頁。

440頁)又僖三十三(627 B.C.)《傳》:"及滑,鄭商人弦高將市於周,遇之。以乘韋先,牛十二犒師……且使遽告于鄭。"(第289頁)《集解》:"遽,傳車。"(第289頁)又文十六(611 B.C.)《傳》:"楚子乘馹,會師于臨品。"(第347頁)《集解》:"馹,傳車也。"(第347頁)"遽""馹"皆指驛傳之車。《周禮·地官司徒》:"凡賓客、會同、師役,掌其道路之委積。凡國野之道:十里有廬,廬有飲食;三十里有宿,宿有路室,路室有委;五十里有市,市有候館,候館有積。"(第205頁)《管子·大匡》:"三十里置遽委焉,有司職之。從諸侯欲通,吏從行者,令一人爲負乊車,若宿者,令人養其馬,食其委。"①《周禮》與《管子》之文或許未盡合於實際,然由此可推知春秋郵驛已初具規模,故可依郵驛狀況研究當時交通情況。

　　樓祖詒《中國郵驛發達史》"驛政初期時代"章設"周時代"一節,論及周代驛政概況,并以《穆天子傳》推測西周時期西向交通大道。該書又通過會盟遣使記載分析春秋時期交通,開啓郵驛與交通連結之研究方法。馬楚堅《中國古代的郵驛》②以鎬京爲中心,分東、東北、北、西北、東南五方,分析西周可通車馬之驛道。該書又以洛邑爲中心,分東、南、西、北四方,分析春秋主要驛道。雖僅列舉沿途主要都邑,仍具參考價值。劉廣生與趙梅莊《中國古代郵驛史》③以洛邑爲中心,分析春秋郵傳路綫,不僅較樓、馬二氏更具體詳細,且繪製"春秋時期主要道路交通示意圖",使讀者一目了然。然因其描繪對象僅限主要道路,故於細節處猶有補足空間。

---

① 黎翔鳳校注:《管子校注》,北京:中華書局,2004年,第368頁。
② 馬楚堅:《中國古代的郵驛》,北京:商務印書館,1997年。
③ 劉廣生、趙梅莊:《中國古代郵驛史》,北京:人民郵電出版社,1999年。

此外,晏星《中華郵政發達史》①、張翊《中華郵政史》②、藏嶸《中國古代驛站與郵傳》③、王子今《郵傳萬里:驛站與郵遞》④等專著皆論及先秦郵驛,然多側重郵傳稱謂、傳驛方式、郵驛制度、郵傳作用與影響等,故於交通路綫并無突破。

僖十三(647 B.C.)《傳》:"秦於是乎輸粟于晉,自雍及絳相繼,命之曰'泛舟之役'。"(第224頁)由泛舟之役可見春秋河運交通已初具雛形。史念海(1912—2001)《中國的運河》⑤概述春秋水道交通,辨析各運河開鑿時間與流經地點,可資參考。此外,哀十(485 B.C.)《傳》:"徐承帥舟師,將自海入齊,齊人敗之,吳師乃還。"(第1015頁)《國語·吳語》:"於是越王勾踐乃命范蠡、舌庸,率師沿海泝淮以絶吳路。"⑥從《左傳》與《國語》可推知春秋已有海上交通。章巽(1914—1994)《我國古代的海上交通》⑦概述春秋齊、吳、越三國海上交通,《中國航海史》⑧詳論先秦航海技術、船舶種類、主要航綫、重要海港。房仲甫與李二和《中國水運史》⑨結合河運與航海,綜述春秋水運狀況。以上專著皆述及春秋水上交通發展,可資讀者參考。然本書僅論陸上交通路綫,暫不詳述此領域之論著。

---

① 晏星:《中華郵政發達史》,臺北:臺灣商務印書館,1994年。
② 張翊:《中華郵政史》,臺北:三民書局,1996年。
③ 藏嶸:《中國古代驛站與郵傳》,北京:商務印書館,1997年。
④ 王子今:《郵傳萬里:驛站與郵遞》,長春:長春出版社,2004年。
⑤ 史念海:《中國的運河》,西安:陝西人民出版社,1988年。
⑥ (三國吳)韋昭:《國語韋昭注》,臺北:藝文印書館,1974年,影印天聖明道本·嘉慶庚申(1800)讀未見書齋重雕本,第432頁。
⑦ 章巽:《我國古代的海上交通》,上海:新知識出版社,1956年。
⑧ 中國航海學會:《中國航海史》,北京:人民交通出版社,1988年。
⑨ 房仲甫、李二和:《中國水運史》,北京:新華出版社,2003年。

二、斷代交通研究與春秋交通相關之單篇論文

至於斷代交通研究,暫無先秦時期專著,然仍有諸篇論文頗具學術價值。楊升南《説"周行""周道"——西周時期的交通初探》①結合傳統文獻和出土銘文,論述西周自周王室爲中心,西通散國、西南至巴蜀、南至江漢、東南至淮夷、東至齊、北至晉、燕之道路,勾勒西周交通概況,對春秋道路交通研究頗具先導價值。史念海《春秋以前的交通道路》②雖題爲"春秋以前",然第三節總結數條春秋時横貫南北與縱横東西之交通要道。且史氏依考古發掘遺址分布,推測新石器時期交通道路;又以國都遷徙及戰争行軍路綫,推測夏、商、周時期都邑間道路交通,對春秋交通路綫發展頗有參考價值。然因考古遺址有限,僅能勾勒數條概略路綫。且夏、商、周三代部分都邑所處位置,學界至今仍有不少争議,因此在推論時證據力仍顯不足。史氏另文《春秋時代的交通道路》③乃以國家爲單位,分述晉、鄭、秦、齊、楚、吳諸國主要交通道路,且涉及部分運河交通與海上交通。然因篇幅有限,僅能論及數條幹道,且描述亦較簡略。陳槃(1905—1999)《春秋列國的交通》④對春秋陸

---

① 楊升南:《説"周行""周道"——西周時期的交通初探》,收入人文雜志編輯部編《人文雜志叢刊》第二輯《西周史研究》,北京:人文雜志編輯部,1984年,第51—66頁。
② 史念海:《春秋以前的交通道路》,《中國歷史地理論叢》1990年第3期,第5—37頁。
③ 史念海:《春秋時代的交通道路》,《人文雜志》1960年第3期,第59—66頁。
④ 陳槃:《春秋列國的交通》,收入中華書局編輯部編《中研院历史语言研究所集刊論文類編·歷史編·先秦卷》,北京:中華書局,2009年,第1119—1170頁。

路、水路甚至域外交通皆有涉及。然其陸路交通論述重點在交通方式、道路維護、出入境與關塞，未具體論及道路路綫。史念海《戰國時期的交通道路》①分別以諸國都城及各大經濟都會爲中心，詳述戰國主要交通道路。盧雲《戰國時期主要陸路交通綫初探》②主要以戰争行軍路綫，勾勒戰國陸路交通綫，詳論太行山南北幹綫與東西徑道、渭水與黄河兩岸交通及黄河津渡、關中至鄴鄲交通、南陽盆地至洛陽及壽春交通、吴越至濮陽交通等數條主要交通路綫。以上二文所論雖是戰國道路路綫，然對本書仍具參考價值。

秦漢交通多有沿襲先秦故舊者，史念海《河山集》説：

（秦）馳道之建置亦與長城相仿佛，長城雖名爲秦皇修築，實則秦皇僅繕治之而已。……吾人由馳道修築之時期觀察，可知此偉大之建設實多承襲戰國之舊迹。……是蓋始皇僅就各國舊途而加以修葺者也。③

春秋與戰國各國道路皆以國都爲中心，且寬窄規格各不相同。秦始皇統一天下後力行"書同文，車同軌"，將先前諸國各自爲政之交通制度予以整治與統合。因此秦始皇修葺各國道路以築成馳道，馳道路綫則多承襲春秋與戰國原址。史氏又云："嬴秦傳國雖僅二世，然其統一宇内則開兩漢之先路，而典章制度又多爲劉氏所遵

---

① 史念海:《戰國時期的交通道路》,《中國歷史地理論叢》1991年第1期,第19—57頁。
② 盧雲:《戰國時期主要陸路交通綫初探》,收入復旦大學中國歷史地理研究所編《歷史地理研究》第1輯,上海:復旦大學出版社,1986年,第33—47頁。
③ 史念海:《秦漢時期國内之交通路綫》,收入氏著《河山集》第四集,西安:陝西師範大學出版社,1991年,第539—541頁。

循。……且嬴秦之治理道路爲功至巨,漢室繼起多承其制。"①秦雖二世而絕,然道路交通又多爲兩漢沿襲。知交通網路之形成絕非一世一代之功,秦漢距春秋尚近,故其交通道路亦可參酌。然運用後世資料時猶須審慎,必詳細辨別道路是沿襲故舊抑或後代築成。如《史記·秦始皇本紀》:"三十五年,除道,道九原抵雲陽,塹山堙谷,直通之。"②此路確爲秦時所建,顯然不可回推爲春秋道路。

秦漢交通研究最具代表性之巨著爲王子今《秦漢交通史稿》,該書自秦漢內陸交通、津橋、糧路、商運、人口遷移、內河航運、近海航運、海外交通、域外通路等方面着手,論述秦漢交通格局,并繪製"秦始皇時代的主要交通綫""秦漢時期的秦嶺道路""秦漢時期的黃河津渡"等圖,詳盡周延而影響深遠。章巽《秦帝國的主要交通綫》③以秦始皇五次巡游及秦國對外用兵路綫爲主要論據,概述秦朝以咸陽爲中心,除今青海、貴州、雲南三省外,東北至燕、東至齊、東南至吴、楚、西南至川、蜀之陸路交通幹綫與水路交通網。史念海《秦漢時期國內之交通路綫》④從戰争、巡狩、游記、經濟等諸多角度切入,透過劉項兵争、吴楚七國構兵、對閩越用兵、光武戡亂等數次戰争之行軍路綫,及秦始皇、漢武帝與東漢初諸帝巡狩路綫,以及太史公游蹤與國內經濟都會之分布入手,論述秦漢交通路綫,論證詳實、角度新穎,頗具創見。譚宗義《漢代國內陸路交通

---

① 史念海:《秦漢時期國內之交通路綫》,收入氏著《河山集》第四集,第538頁。
② (漢)司馬遷撰,[日]瀧川資言考證:《史記會注考證》,高雄:復文圖書出版社,1991年,第118頁。
③ 章巽:《秦帝國的主要交通綫》,《學術月刊》1957年第2期,第11—19頁。
④ 史念海:《秦漢時期國內之交通路綫》,收入氏著《河山集》第四集,第536—600頁。

考》①總結漢代二十二條陸路交通幹綫,以西南部、西北部、北部、中南部等四分區,繪製路綫簡圖。然對交通支綫研究僅散見於幹道考實,仍未成系統。

三、地域交通研究涉及春秋交通之論著

區域交通研究近年亦受關注,馬保春《晉國歷史地理研究》②設"晉國交通古道的地理分布概況"一節,概述晉國內部、晉國與別國交通道路、叔虞初封時自宗周至唐之可能路徑,與晉公子重耳出亡路綫。雖論述較簡略,且多有不確定之語,然對晉國主要交通路綫之總括仍具一定價值。黃書濤《春秋戰國時期山東地區的交通發展》③論及春秋時山東陸路交通路綫過於簡略,且地理考察失之粗疏,所述路綫多襲前人之舊,并無新意。李修松《試論春秋時期淮河流域之交通》④簡論春秋淮河流域宋、鄭、徐、魯、陳、蔡等小國,與晉、楚、吳、齊等大國間交通,然多着眼大勢而少着墨於具體交通綫路。

交通路綫研究另須倚賴地理之釐清。中國古代歷朝地理類志書,如漢人班固(32—92)《漢書·地理志》、北魏酈道元(466或472—527)《水經注》、唐人李吉甫(758—814)《元和郡縣圖志》、宋

---

① 譚宗義:《漢代國內陸路交通考》,香港:新亞研究所,1967年。
② 馬保春:《晉國歷史地理研究》,北京:文物出版社,2007年。
③ 黃書濤:《春秋戰國時期山東地區的交通發展》,廣州:暨南大學歷史地理學系碩士論文,2008年。
④ 李修松:《試論春秋時期淮河流域之交通》,《安徽史學》2003年第1期,第106—109頁。

人樂史（930—1007）《太平寰宇記》、明人李賢（1408—1466）等撰《大明一統志》、清人穆彰阿（1782—1856）等修《大清一統志》等皆可參酌。此外，涉及春秋地理之專著如清人顧祖禹（1624—1680）《讀史方輿紀要》、高士奇（1645—1704）《春秋地名考略》（以下簡稱《考略》）、顧棟高（1679—1759）《春秋大事表》（以下簡稱《大事表》）、江永（1681—1762）《春秋地理考實》（以下簡稱《考實》）、程廷祚（1691—1767）《春秋地名辨異》、范士齡（生卒年不詳）《左傳釋地》、沈淑（1702—1730）《春秋左傳分國土地名》、沈欽韓（1775—1831）《春秋左氏傳地名補注》、丁壽徵（生卒年不詳）《春秋異地同名考》等，因所述多針對春秋而發，故可詳加參引。最後是地圖，譚其驤（1911—1992）主編《中國歷史地圖集》據金文、《詩經》、《左傳》、《國語》、《古本竹書紀年》、《戰國策》、《山海經》、《禹貢》、《史記》等諸多史料，結合部分考古遺址，編繪春秋時期地圖，是極重要之參考文獻。

以上說明目前有關於本書之研究成果，雖有部分學者留意春秋交通，然多着墨於交通方式、交通工具、道路維護、國際形勢、政經影響等方面，對具體交通路綫之分析仍停留於少數交通幹綫之釐清，未見系統性探究春秋諸國國内與國際間交通路綫。

第三節　研究範圍與方法

本書以《左傳》爲核心，研究春秋時期齊、衛、晉、秦四國之交通路綫。齊、衛、晉、秦同爲北方之諸侯國，國境接壤，國土相鄰，交流頻繁，往來密切，交通路綫亦往往互相勾連。齊國地處東方，"甥舅之國,齊爲首"①,且桓公爲春秋五霸之首,故先叙齊國②;"懿親之封,晉、衛、鄭爲大"③,故後及衛、晉。又因以地理而言,自齊而西,先衛後晉,故先叙衛國,後論晉國。秦國地處西垂,爲四國中最晚見載於《經》《傳》者,且穆公稱霸,又在齊桓、晉文之後,故末論秦國。

本書在撰寫脉絡上,首先引用《左傳》原文,説明交通路綫連接之動向。其次則考證路綫所涉及之地名地望。此環節以清人之地理考據類書籍爲主,蓋因清人總結前代典籍,旁徵博引,詳加辨析,頗有所成。然部分城邑之位置,因時代邈遠,分歧頗多,如此則兼引各朝地理志書、地方志、近人之研究成果,以及考古新發現。確認城邑所在後,再根據地形地貌結合山川河流之分布,分析兩地間之交通,最終得出一較爲可能的交通路綫。

本書在研究方法上,除立足於傳世文獻,還結合考古遺址、地形地貌,以及前人之實地考察。王國維(1877—1927)曾提出二重證據法,并曰:"吾輩生於今日,幸於紙上之材料外,更得地下之新材料。由此種材料,我輩固得據以補正紙上之材料,亦得證明古書之某部分全爲實錄,即百家不雅馴之言,亦不無表示一面之事實。此二重證據法惟在今日始得爲之。"④饒宗頤則更進一步提出三重

---

① (清)高士奇:《春秋地名考略》,收入(清)永瑢、紀昀等編《文淵閣四庫全書》(臺北:臺灣商務印書館,1983年),册176,凡例,第1頁。
② 本書緒論、第一章齊國交通路綫考論的部分內容,原與黄聖松老師共同發表於《思與言:人文與社會科學雜志》2020年第4期,論文名稱爲《〈左傳〉齊國交通路綫考論》。本書中論述齊國交通的部分在此單篇論文的基礎上修改而成。
③ (清)高士奇:《春秋地名考略》,收入(清)永瑢、紀昀等編《文淵閣四庫全書》,臺北:臺灣商務印書館,1983年,册176,凡例,第1頁。
④ 王國維:《古史新證》,北京:清華大學出版社,1994年,第2頁。

證據法:

　　一、盡量運用出土文物上的文字記錄,作爲我所説的三重證據的主要依據。

　　二、充分利用各地區新出土的文物,詳細考察其歷史背景,作深入的研究。

　　三、在可能範圍下,使用同時代的其他古國的事物進行比較研究,經過互相比勘之後,取得同樣事物在不同空間的一種新的認識與理解。①

本書在考證《左傳》中各個城邑之地名時,亦盡量結合現有之考古發現。部分古城址或墓葬中出土之文物上有文字記錄,則可以較爲確定地認爲即典籍中記載之某國、某邑,如此則可印證或駁斥前人對於都邑地望之説法。部分遺址出土之文物并無可辨認之文字記載,則需根據遺址位置,考索典籍記載,兩相結合,推理出可能之城邑所在。在推理交通路綫時,亦需根據考古出土之貨幣分布、關隘遺址、古道殘痕等進行分析。

　　除近代之考古發現外,本書在論述過程中亦利用 Google Map 等數位地圖資料,結合現實之地形地貌及前人之實地考察,分析交通路綫之可能面貌。齊、衛兩國地處平原,山脉較少,故分析路綫時多着眼於濟水、黄河等河流。晉國則表裏山河,地勢較爲複雜,

---

① 饒宗頤撰,沈建華編:《饒宗頤新出土文獻論證》,上海:上海古籍出版社,2005年,第68—69頁。

因此論述晉國時,太行八陘、黃河津渡等山川地形皆爲考察之重點。秦國位於西北,境内有渭水、涇水、洛水、黄河等流經,因此考察秦國交通時,亦多關注河流水文。

第一章　齊國交通路綫考論

第一節　齊都臨淄南向路綫

陳代光《中國歷史地理》認爲:"先秦時代,我國的政治、經濟中心在黃河流域的關中平原、伊洛盆地和黃淮平原,很自然,這些地區就成爲我國古代陸路交通的樞紐地帶,主要陸路交通綫正是由這些樞紐向四面八方輻射的。"①陳氏所言甚是,若更微觀述之,則主要陸路交通路綫乃以陳氏所叙平原地區之重要都邑爲樞紐,再向四面八方輻射。鄒逸麟《中國歷史地理概述》説:

> 商代幾次所遷的都城如亳、囂(隞)、相、邢、庇、奄、殷等,西周的豐、鎬以及各諸侯國的都城,都是當時各地的重要城市。爲了政治控制和經濟交流的需要,各地區城市之間也有

---

① 陳代光:《中國歷史地理》,第 253 頁。

了相當發達的水陸交通路綫。……《詩經》中所稱頌的"周道如砥,其直如矢","周道倭遲",反映了周朝境內已有了坦直綿長的陸路大道。然而,中國城市經濟的進一步繁榮和交通路綫的大規模開闢則始於春秋戰國時代。①

鄒氏之論筆者基本認同,唯春秋諸國是否已普遍存在水運交通路綫則有待商榷。② 鄒氏謂先秦交通路綫串連重要都邑,筆者承其意見,亦可謂春秋諸國重要都邑亦是交通路綫輻輳之地。近人王恢(1909—?)《中國歷史地理》更言:"國都,是全國的政治重心,國家規模與精神所寄,民族休戚相關。必具有控制八方,長駕遠馭的氣概,領導全國政治、經濟、文化的發展,據有國防的優越形勢。"此外,王氏又言:"國都,通稱首都。蓋首都與國家民族的關係,猶人之神經中樞,五官四體,皆受其操縱指使。其所在地必妥穩而又靈通。"③春秋諸國國都地位與格局雖未能與王氏所言朝代之國都、首都相提并論,然其於諸侯國內之意義與定位實可類比,亦是諸國核心與中樞。史念海《中國古都和文化》分析中國古代都城建立之地理因素,其一即"利用交通衝要的位置"以設置都城。④ 由是可證春秋諸國國都應是該國交通樞紐,故本書討論齊國交通路綫即以

---

① 鄒逸麟:《中國歷史地理概述》,福州:福建人民出版社,1993年,第213頁。
② 僖十三(647 B.C.)《傳》:"秦於是乎輸粟于晉,自雍及絳相繼,命之曰'泛舟之役'。"(第224頁)由"泛舟之役"可見春秋水運交通已初具雛形。史念海《中國的運河》概述春秋水道交通,辨析各運河開鑿時間與流經地點,讀者可以參考。見史念海《中國的運河》,西安:陝西人民出版社,1988年。然須注意者爲,春秋或有個別國家已見水運記載,然若謂春秋時已普遍有水運交通路綫,筆者認爲尚須保留。
③ 王恢:《中國歷史地理》,臺北:臺灣學生書局,1984年,第11—12頁。
④ 史念海:《中國古都和文化》,北京:中華書局,1996年,第216—219頁。

齊都臨淄爲核心開展,説明自臨淄輻射齊國全境之交通路綫。至於春秋各國都城考古與復原,楊寬(1914—2005)《中國古代都城制度史研究》與曲英杰《先秦都城復原研究》,①皆有詳細論述與説明。顧及篇幅而未能於本書詳論,敬請讀者參閲。

本章先自臨淄南向路綫談起,第三節説明臨淄西南向路綫,第四節討論臨淄西向、北向、東向路綫。至於臨淄南向路綫,前半段路程爲"臨淄—馬陘—丘輿—艾陵",此部分置於第一小節論述。艾陵以下又分"艾陵—堂阜""艾陵—夾谷(祝其)""艾陵—博"三綫。爲行文與叙述之便,"艾陵—堂阜"并於第一小節説明。至於"艾陵—夾谷(祝其)""艾陵—博"則置第二與第三小節申論。

一、臨淄—馬陘—丘輿—艾陵—艾—堂阜

隱六(717 B.C.)《經》:"夏五月辛酉,公會齊侯盟于艾。"(第70頁)又桓十五(697 B.C.)《經》:"公會齊侯于艾。"(第127頁)晉人杜預(222—285)《春秋經傳集解》:"泰山牟縣東南有艾山。"(第70頁)清人高士奇(1645—1704)《春秋地名考略》(以下簡稱《考略》):

> 青州府蒙陰西北百二十里有艾山。漢牟縣屬泰山郡,晉因之,在今萊蕪東南,當是矣。又桑氏《水經》沂水出泰山蓋縣艾山,漢蓋縣屬泰山郡,在今沂水縣西北七十里。沂水與蒙陰

---

① 楊寬:《中國古代都城制度史研究》,上海:上海古籍出版社,1993年。曲英杰:《先秦都城復原研究》,哈爾濱:黑龍江人民出版社,1991年。

相鄰，以地勢準之，亦相近也。①

艾位於清代山東蒙陰縣西北一百二十里、沂水縣西北七十里處，今臨沂市蒙陰縣埠鎮艾山前村北。魯、齊二君兩度會盟於艾，可見齊、魯間必有要道途經艾。

莊九（685 B.C.）《傳》："乃殺子糾于生竇。召忽死之。管仲請囚，鮑叔受之，及堂阜而稅之。"《集解》："堂阜，齊地，東莞蒙縣西北有夷吾亭，或曰鮑叔解夷吾縛於此，因以爲名。"（第 145 頁）齊公子子糾被殺於生竇，漢人賈逵（30—101）《春秋左氏傳解詁》："生竇，魯地句竇也。"②《考略》："句瀆即句陽縣，《春秋》之穀丘也。句陽城在今曹縣東北三十里，濮水所逕，爲齊、魯交境。"（卷 2，第 7 頁）清人江永《春秋地理考實》："今兗州府曹州北有句陽古城，即句瀆故地。"③句竇爲舊曹縣北之句陽城，今屬山東菏澤市牡丹區小留鎮。子糾亡於生竇後，管仲遭囚，自生竇押送至堂阜而入齊。清人洪亮吉（1746—1809）《春秋左傳詁》："文十五年《傳》：'飾棺置諸堂阜'，明堂阜爲齊、魯交界。既至齊境，故即釋其縛也。"④元人于欽（1284—1333）《齊乘》："（蒙陰）縣西四十里有磨石峴，長二十餘

---

① （清）高士奇：《春秋地名考略》，收入（清）永瑢、紀昀等編《文淵閣四庫全書》，臺北：臺灣商務印書館，1983 年，冊 176，卷 3，第 5 頁。爲簡省篇幅，下文再引本書時將於引文後逕注頁碼。
② （漢）賈逵：《春秋左氏傳解詁》，收入（清）王謨輯《漢魏遺書鈔》，西安：陝西人民出版社，2007 年，卷 1，第 6 頁。
③ （清）江永：《春秋地理考實》，收入（清）永瑢、紀昀等編《文淵閣四庫全書》，臺北：臺灣商務印書館，1983 年，冊 181，卷 1，第 27 頁。爲簡省篇幅，下文再引本書時將於引文後逕注頁碼。
④ （清）洪亮吉撰，李解民點校：《春秋左傳詁》，北京：中華書局，1987 年，第 240 頁。

里,極險峻。峴下即堂阜,鮑叔解管仲囚處,俗訛作'惲阜'。"①康熙二十四年(1685)《蒙陰縣志》:"堂阜遺迹,在城西北三十里西高都莊,世傳管子脱魯囚處,舊有夷吾亭,今久廢。"②堂阜位於蒙陰縣西北三十里,即今山東臨沂市蒙陰縣常路鎮,爲齊、魯交界處而隸屬於齊,鮑叔牙與管仲即自魯經堂阜而入齊。又文十五(612 B.C.)《傳》:"齊人或爲孟氏謀,曰:'魯,爾親也,飾棺置諸堂阜,魯必取之。'從之,卞人以告。"(第338頁)公孫敖出奔莒,後請求歸魯,魯文公許之。公孫敖歸國途中卒於齊,齊人將其棺送至堂阜。

由上揭莊九(685 B.C.)及文十五(612 B.C.)《傳》與堂阜相關記載可知,堂阜應爲齊、魯間往來之地。且堂阜與魯國卞邑距離較近,唐人孔穎達(574—648)《春秋左傳正義》(以下簡稱《正義》):"治邑大夫,例呼爲'人'。孔子父爲鄹邑大夫,謂之鄹人,知此'卞人'是下邑大夫。其邑近堂阜,故見之而告魯君。"(第338頁)公孫敖之棺停於堂阜,經卞邑大夫告知魯君,足證卞近於堂阜且有交通往來。自魯都曲阜沿泗水而東即至卞,故魯君會齊侯於艾,乃先自曲阜至卞,再由堂阜入齊,沿洙水北上至艾,應爲較合理路綫。

至於齊侯南下路綫,應由臨淄沿淄水經馬陘、丘輿、艾陵而至艾,以下詳論之。成二(589 B.C.)《傳》:"晉師從齊師入自丘輿,擊馬陘。"《集解》:"丘輿、馬陘,皆齊邑。"(第425頁)鞌之戰齊師大敗而逃奔,晉師沿途追擊,入丘輿而擊馬陘,知丘輿、馬陘與齊都臨淄間必有道路。《考略》:"《史記》'馬陘'作'馬陵'。齊乘淄水出

---

① (元)于欽撰,劉敦愿等校釋:《齊乘校釋》,北京:中華書局,2012年,第32頁。
② (清)劉德芳纂修:《蒙陰縣志》,中國國家圖書館藏清康熙二十四年(1685)刻本,卷2,第11頁。

益都、岳陽山,北逕萊蕪谷,又北逕長峪道。亦曰:馬陵即郤克追齊侯處,在今益都縣西南。"(卷3,第18頁)漢人司馬遷(145 B.C.—86 B.C.?)《史記·齊太公世家》:"於是晉軍追齊至馬陵。"①錢穆(1895—1990)《史記地名考》:"馬陵即郤克追齊侯處,所謂弇中狹道,亦即在此。今益都縣西南蓋已逼近齊都矣。"②馬陵位於山東益都縣西南弇中狹道,襄二十五(548 B.C.)《傳》:"行及弇中,將舍。"《集解》:"弇中,狹道。"(第620頁)《考略》:"自臨淄西南至長(萊)蕪有長峪,界兩山間,長三百里,中通淄河,今爲盜賊之藪,即弇中也。"(卷3,第22頁)弇中峪又稱長峪道,爲沿淄水而築之要道。王京龍《長峪道:一條新發現的古代齊魯大道》認爲:

> 在臨淄經過淄川到博山沿淄河走的這條長峪道……應當就是春秋戰國時期齊魯兩國的重要交通要道。從萊蕪進入博山後沿淄河經"弇中",過"丘輿"去臨淄,這是往返齊魯之間最近的一條道路。這條道路,古代志書上叫作長峪道,經筆者實地考察,當地人又稱爲官道,相傳過去鹽商多從這條道路南來北往。③

長峪道兩側山嶺高聳,唯淄水河岸可供交通往來,西周至春秋已有

---

① (漢)司馬遷撰,[日]瀧川資言考證:《史記會注考證》,高雄:復文圖書出版社,1991年,第544頁。
② 錢穆:《史記地名考》,北京:商務印書館,2001年,第257頁。
③ 王京龍:《長峪道:一條新發現的古代齊魯大道》,《煙臺師範學院學報》2005年第1期,第19頁。

南北向大道,可從臨淄通至萊蕪境内。① 馬陘、丘輿位於淄水兩岸長峪道中,鞌之戰後齊師逃歸臨淄即行此路。

哀十一(484 B.C.)《經》:"甲戌,齊國書帥師及吴戰于艾陵,齊師敗績獲齊國書。"《集解》:"艾陵,齊地。"(第 1015 頁)清人岳濬(1704—1753)等監修,杜詔(1666—1736)等編纂《山東通志》:"(艾邑)在(萊蕪)縣東境。"②即今山東萊蕪市萊城區苗山鎮與淄博市博山區南博山鎮一帶。則齊師應自弇中,即今之長峪道至萊蕪縣,遂與吴師戰于艾陵。上引王氏之文又言:

> 在口頭、張莊、東平一代,有規模宏大的齊長城、齊兵營,筆者曾親臨張莊境内考察,在長峪道兩邊的山頭上,有許多被當地人稱爲"圍子"的石房建築墻體,山頭之間隱約相連,互爲犄角。居於山上,長峪道道路蜿蜒曲折,清晰可辨。③

知長峪道確爲行軍之道。齊師自臨淄南向、西南向出兵,大抵皆出弇中。齊、魯兩度會盟之艾位於蒙陰縣西北一百二十里,在今萊蕪縣東,已近長峪道口,知齊君應沿此路前往會盟。綜上所述,自臨淄沿弇中經馬陘、丘輿、艾陵至艾,從艾再南行則達堂阜,此爲齊都

---

① 王京龍:"據史書記載和考古發現證明,在西周至春秋時期,沿淄河西岸已經有了南北交通大道,從臨淄向南至堯王莊過淄河東去益都(青州)。這條道路是從臨淄沿著淄河灘南下的。"見王京龍《長峪道:一條新發現的古代齊魯大道》,第17—18頁。
② (清)岳濬等監修,(清)杜詔等編纂:《山東通志》,收入(清)永瑢、紀昀等編《文淵閣四庫全書》,臺北:臺灣商務印書館,1983年,册539,卷9,第76頁。爲簡省篇幅,下文再引本書時將於引文後逕注頁碼。
③ 王京龍:《長峪道:一條新發現的古代齊魯大道》,第18頁。

臨淄南向路綫之一。

二、艾陵—平州—夾谷（祝其）

宣元（608 B.C.）《經》："公會齊侯于平州。"《集解》："平州，齊地，在泰山牟縣西。"（第 360 頁）《考略》："平州城在萊蕪縣西。"（卷 3，第 15 頁）清人王掞（1645—1728）等《欽定春秋傳説彙纂》（以下簡稱《彙纂》）："今萊蕪縣西有平州城。"①平州位於萊蕪縣西，自臨淄經弇中即可抵達。定十（500 B.C.）《經》："夏，公會齊侯于夾谷，公至自夾谷。"《傳》："夏，公會齊侯于祝其，實夾谷。"《集解》："夾谷，即祝其也。"（第 976 頁）舊説以爲夾谷位於東海郡祝其縣，即今贛榆縣西五十里。然此地春秋時屬莒，且距齊、魯國都皆甚遠，不應作爲會盟之地，前人已多駁斥。②

元人脱脱（1314—1355）等《金史》："淄川有嚳山、夾谷山、商山、淄水。"③明人李賢（1408—1466）等《大明一統志》："夾谷山，在淄川縣西南三十里，舊名祝其山，其陽即齊魯會盟之處，萌水源發

---

① （清）王掞等：《欽定春秋傳説彙纂》，收入（清）永瑢、紀昀等編《文淵閣四庫全書》，臺北：臺灣商務印書館，1983 年，册 173，卷 19，第 7 頁。爲簡省篇幅，下文再引本書時將於引文後逕注頁碼。
② "按贛榆在春秋爲莒地，與齊魯之都相去各五六百里，何必若此之遠？當時景公之觀，不過曰：'遵海而南，放於琅邪'而已，未聞越他國之境。"見（清）顧炎武著，陳垣校注《日知録校注》，合肥：安徽大學出版社，2007 年，第 1811 頁。《考略》："然以道里計之，祝其縣僻處海隅，去齊魯之都數百里，非會盟之輒所宜至。"（卷 3，第 27 頁）
③ （元）脱脱等：《金史》，北京：中華書局，1975 年，第 612 頁。

於此。"①《考略》亦曰:"近志濟南淄川縣西南三十里有夾谷山,一名祝其,爲定公會齊侯處,較爲近理。"(卷3,第27頁)則此説認爲夾谷當在明清時淄川縣西南三十里。然清人顧炎武(1613—1682)《日知録》:"然齊魯之境,正在萊蕪。東至淄川,則已入齊地百餘里。"②《考實》亦曰:"齊、魯兩君相會,不應去齊若此之近,去魯若此之遠。"(卷3,第33頁)明清之淄川縣已是齊國腹地,且距魯較遠,不適合作爲兩君會盟之地,故此説亦值得推敲。

漢人桑欽(生卒年不詳)著、北魏酈道元(466或472—527)注《水經》:"舊説云:齊靈公滅萊,萊民播流,此谷邑落荒蕪,故曰'萊蕪'。《禹貢》所謂'萊夷'也。夾谷之會,齊侯使萊人以兵劫魯侯。宣尼稱'夷不亂華'是也。"③《日知録》:"是則會於此地(萊蕪),故得有萊人,非召之東萊千里之外也。"④近人張梅亭(1858—1933)、王希曾(1862—?)《萊蕪縣志》:"(夾谷)即縣治西南三十里,連新泰縣界之夾谷峪。"⑤楊伯峻(1909—1992)《春秋左傳注》(以下簡稱《左傳注》)謂:"此夾谷乃今山東萊蕪縣之夾谷峪。"⑥夾谷應位於萊蕪縣南三十里與新泰縣交界處,即今夾谷峪。齊、魯二君先後在平州、夾谷會盟,推測春秋時萊蕪、新泰一帶應有齊、魯間道路,

---

① (明)李賢等:《大明一統志》,西安:三秦出版社,1990年,卷22,第7頁。
② (清)顧炎武著,陳垣校注:《日知録校注》,第1811頁。
③ (北魏)酈道元注,(清)楊守敬纂疏,(清)熊會貞參疏:《水經注疏》,收入謝承仁主編《楊守敬集》,武漢:湖北人民出版社,1997年,册4,卷26,第1611頁。
④ (清)顧炎武著,陳垣校注:《日知録校注》,第1812頁。
⑤ 張梅亭、王希曾纂修:《民國萊蕪縣志》,收入《中國地方志集成》,南京:鳳凰出版社,2004年,據民國十一年(1922)鉛印本影印,第67輯,卷4,第2頁。
⑥ 楊伯峻:《春秋左傳注》,北京:中華書局,2000年,第1576頁。爲簡省篇幅,下文再引本書時將於引文後徑注頁碼。

今人考古發現亦證實此論。今新泰市羊流鎮雁嶺關村西發現"雁嶺關遺址",山東大學東方考古研究中心《山東新泰雁嶺關遺址調查》:

> 雁嶺關遺址位於新泰市西北的群山環抱中,距離新泰市直綫距離約30千米,向北4千米許即進入萊蕪市境内……雁嶺關又稱"雁翎關",由蓮花山山脉及其西麓的喬山諸峰東西對峙而成的狹長通道組成……有"雁過拔翎"之勢,故稱雁翎關,後改稱雁嶺關,爲古代萊蕪通往新泰的交通要道。①

雁嶺關位於今新泰市與萊蕪市交界處,因蓮花山山脉與喬山諸峰相夾而形成自然通道,亦爲古代萊蕪至新泰之要道。且上揭文又謂"(雁嶺關遺址)文化面貌以岳石文化爲主,并在遺址的中心區域發現部分周代遺物"②。雁嶺關遺址發現部分周代遺物,證明此遺址年代可上溯周朝,推測此要道在春秋應已形成。魯君北上至夾谷、平州會盟,應即沿新泰至萊蕪一綫行進。綜上所述,自臨淄沿汶中經馬陘、丘輿、艾陵,再由平州至夾谷,此爲齊國南向交通之二。

---

① 山東大學東方考古研究中心:《山東新泰雁嶺關遺址調查》,《華夏考古》2011年第1期,第3—4頁。
② 山東大學東方考古研究中心:《山東新泰雁嶺關遺址調查》,第3頁。

三、艾陵—長勺—贏—博

桓三(709 B.C.)《經》:"三年春正月,公會齊侯于贏。"《集解》:"贏,齊邑,今泰山贏縣。"(第102頁)《考略》:

> 漢初灌嬰敗田橫之師于贏,尋置贏縣,屬泰山郡。後漢初,陳俊討張步戰于贏。建安中,嘗爲贏郡,曹操表糜竺領贏郡太守是也。晉仍爲贏縣。宋因之。後魏移置于廢萊蕪城。唐省復置萊蕪縣,贏遂廢。其故城在今泰安州東南五十里,或云在萊蕪縣北二十里。(卷3,第6頁)

高氏謂贏之地點有泰安州東南與萊蕪縣北二説。《考實》:"(贏縣)今故城在泰安州東南五十里。……泰安州今爲府,附郭設泰安縣。一云贏縣,故城在萊蕪縣西北四十里,蓋各據其縣之地望言之,實一地也。"(卷1,第17頁)《考實》謂清代泰安州東南與萊蕪縣西北實爲一地。清人沈欽韓(1775—1831)《春秋左氏傳地名補注》:"故城在泰安府萊蕪縣西北四十里。"[1]贏位於清代萊蕪縣西北,今萊蕪市萊城區羊里鎮城子縣村有贏城遺址。[2]齊君應沿弇中南下至艾陵,再從艾陵西向至贏。

---

[1] (清)沈欽韓:《春秋左氏傳地名補注》,收入(清)王先謙等編《續經解春秋類彙編》,臺北:藝文印書館,1986年,第2633頁。
[2] "贏城遺址位於山東省萊蕪市萊城區羊里鎮城子縣村一帶。根據出土文物初步判定其年代應在新石器時代晚期至漢代。"見徐波、李翠霞《山東省萊蕪市出土商周青銅器概述》,《中國國家博物館館刊》2016年第11期,第59頁。

哀十一(484 B.C.)《傳》:"爲郊戰故,公會吳子伐齊。五月,克博。壬申,至于嬴。"《集解》:"博、嬴,齊邑也。"(是 1017 頁)《考略》:

  漢置博縣,屬泰山郡。晉宋因之,後魏改縣名博平,爲泰山郡治。隋罷郡再改縣,名曰博城,屬兗州。唐宋因之,唐嘗改縣曰乾封,宋復改曰奉符,皆以封禪泰山故也。宋世縣治再徙金復置軍,尋升泰安州。明省附郭奉符縣入之,屬濟南府。(卷3,第29頁)

《彙纂》:"故城在濟南府泰安州東南。"(卷37,第15頁)《左傳注》本清人張雲璈(1747—1829)之説:"博,今泰安縣東南三十里舊縣村。"(第1661頁)博應位於今泰安市泰安區舊縣村。吳、魯聯軍先克博而後至嬴,則博、嬴間必有道路貫連。且兩地皆位於汶水畔,聯軍應沿汶水北上至嬴。成二(589 B.C.)《傳》:"二年春,齊侯伐我北鄙,圍龍。"(第421頁)《集解》:"龍,魯邑,在泰山博縣西南。"(第421頁)《水經注》:"汶水南逕博縣故城東,……又西南逕龍鄉故城南。"①齊伐魯北鄙而圍龍,龍亦位於汶水側,則齊師應沿汶水行軍至魯北境,可證春秋沿汶水兩岸應是齊、魯間交通要道。

  須説明者爲,自齊都臨淄行弇中南下至艾陵後,如何自艾陵至嬴。上文第二小節已説明艾陵有道路可向西南至平州,則艾陵經平州而達嬴,此爲可能路徑之一。此外,艾陵至嬴間有長勺,則自艾陵西行至長勺,長勺再西行以抵嬴,此爲可能路徑之二。莊十

---

① (北魏)酈道元注,(清)楊守敬纂疏,(清)熊會貞參疏:《水經注疏》,收入謝承仁主編《楊守敬集》,册4,卷24,第1504頁。

(684 B.C.)《經》:"十年春王正月,公敗齊師于長勺。"《集解》:"長勺,魯地。"(第146頁)《傳》:"十年春,齊師伐我。公將戰。……戰于長勺。"(第146—147頁)齊、魯部隊得以戰於長勺,顯見二國皆有道路可達此地。另須注意者爲,依《集解》知此時長勺爲魯地,然長勺東鄰之艾陵與西側之贏皆爲齊邑,則此周邊地區當是齊、魯勢力犬牙交錯之區。既然齊、魯二國皆可至長勺,且長勺又位處弇中南方出口與汶水河谷交界處,合理推測位於今萊蕪市萊城區苗山鎮勺山村之長勺,應地處艾陵至贏之道路。總結起來,自臨淄南下弇中,經馬陘、丘輿、艾陵,自艾陵向西經長勺可至贏,由贏沿汶水河谷西南行可達博,再延伸即可至魯之龍邑,此爲齊國南向交通之三。

以上爲齊都臨淄南向道路之小結。臨淄南方之弇中爲出入齊國南境之孔道,主要幹道途經都邑爲"臨淄—馬陘—丘輿—艾陵"。自艾陵又再分三道續行,其一爲"艾陵—艾—堂阜",其二爲"艾陵—平州—夾谷(祝其)",其三爲"艾陵—長勺—贏—博"。以下依《中國歷史地圖集》製成"圖1 齊都臨淄南向路綫圖",敬請讀者參看。本書所繪交通路綫圖底稿爲譚其驤主編《中國歷史地圖集》册1春秋時代地圖,①以下不再重複徵引。

第二節 齊都臨淄西南向路綫

齊都臨淄西南向路綫,前半段路程爲"臨淄—袁婁(爰婁)—乾

---

① 譚其驤主編:《中國歷史地圖集》,上海:地圖出版社,1985年,册1,第26—27頁。

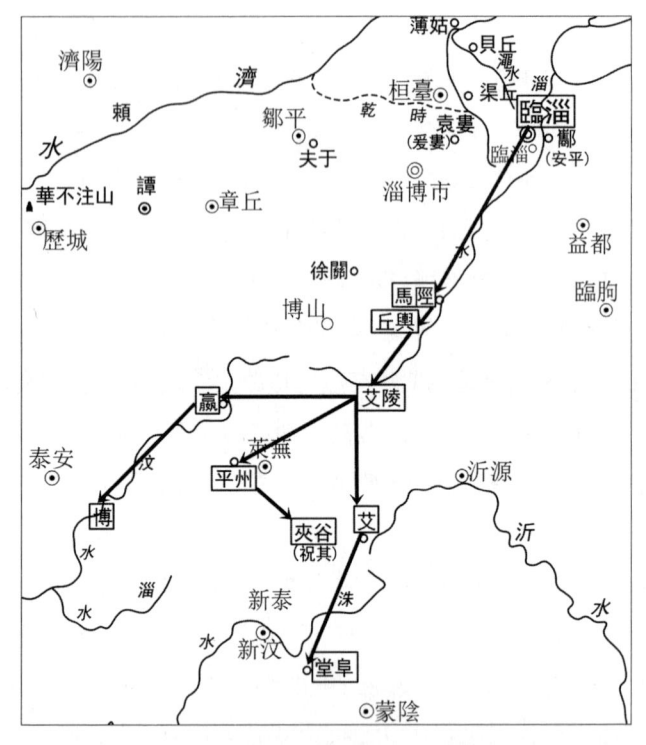

圖 1　齊都臨淄南向路綫圖

時—夫于—譚—華不注山—鞌—野井—祝柯",此段路程之論證將於第一小節說明。因祝柯爲交通輻輳之地,至此又細分爲"祝柯—靡笄山""祝柯—平陰"二道,前者將於第一小節說明,後者則置於第二小節討論。平陰又居南北交通要衝,平陰以下又分"平陰—京茲""平陰—隔馬山—郶—靡笄""平陰—陽州"三道,將於第三小節分析。此外,"平陰—陽州"一路途經穀,穀又爲齊國要邑,於穀又分支"穀—莘"一道,此則另置第四小節申論。

一、臨淄—袁婁（爰婁）—乾時—夫于—譚—華不注山—鞌—野井—祝柯

　　成二（589 B.C.）《經》："秋七月,齊侯使國佐如師。己酉,及國佐盟于袁婁。"《集解》："《穀梁》曰:鞌去齊五百里,袁婁去齊五十里。"（第 420 頁）《傳》："秋七月,晉師及齊國佐盟于爰婁。"（第 426 頁）《考略》："臨淄縣西有爰婁。"（卷 3,第 17 頁）《左傳注》：" '袁',《傳》及《穀梁》并作'爰',兩字古音近。"（第 785 頁）知《經》之"袁婁"與《傳》之"爰婁"實爲一地。《左傳注》又依《穀梁傳》謂袁婁距臨淄五十里之說,認爲其地"則在今山東臨淄鎮西。"（第 799 頁）。《春秋》經傳既載齊卿國佐與晉國卿大夫盟於袁婁,則臨淄必有道路通達該地。

　　莊九（685 B.C.）《經》："八月庚申,及齊師戰于乾時,我師敗績。"（第 144 頁）《集解》："乾時,齊地,時水在樂安界,歧流旱則竭涸,故曰乾時。"（第 145 頁）《傳》："秋,師及齊師戰于乾時,我師敗績。"（第 145 頁）《水經注》："京相璠曰:今樂安博昌縣南界有時水,西通濟,其源上出盤陽,北至高苑,下有死時,中無水。杜預亦云:時水于樂安歧流,旱則竭涸,爲《春秋》之'乾時'也。"①乾時爲時水支流,因旱時常乾涸故稱乾時。乾時由時水分流後,一路西向匯入濟水。《左傳注》謂時水"出臨淄西南矮槐樹鋪,舊由桓臺、博興合小清河入海;今則不與小清河合,合澠水、系水北流,西折入桓

---

① （北魏）酈道元注,（清）楊守敬纂疏,（清）熊會貞參疏:《水經注疏》,收入謝承仁主編《楊守敬集》,册 4,卷 24,第 1496 頁。

臺縣,北注入麻大湖,其歧流旱則竭涸,故其地名曰乾時"。(第178頁)至於此役魯、齊交戰處,《史記地名考》引《水道提綱》:"'烏河上游,即古時水,出臨淄西南愚公山。'齊敗魯當在此。"①《博興縣志·雜志》:"趙馬鄉(今趙馬村,東鄰臨淄,屬博興縣興福鎮)莊北有冢,極巍峨,傳爲齊桓公將死乾時之戰者。"②或可參看。《左傳注》認爲"當在今臨淄鎮西南與舊桓臺縣城(今桓臺縣治已徙于舊縣東北之索鎮)之間"(第178頁),考諸譚氏地圖,則魯師敗處應在袁婁(爰婁)稍西。既然魯、齊之師可達此地交戰,可知自二國國都必有道路至此,則乾時當在齊都臨淄西南向道路上。

昭十(542 B.C.)《傳》:"(陳)桓子召子山,……子周亦如之,而與之夫于。"《集解》:"濟南於陵縣西北有于亭。"(第783頁)陳桓子召回原先被逐之公子、公孫,另將夫于一邑贈與子周。至於夫于地望,清人顧祖禹(1624—1680)《讀史方輿紀要》:"於陵城,(長山)縣西南二十里。……于亭,在縣西。杜預曰:'於陵縣西北有于亭,齊夫于邑也。陳桓子以封公子周。'"③《考略》:"杜注:濟南於陵縣西北有于亭。臣謹按:於陵,齊邑。陳仲子所居。漢置縣,屬濟南郡。後漢屬濟南國。晉改爲烏陵,旋廢。今濟南長山縣西南二十里有於陵城,又縣西有于亭。"(卷3,第26頁)《彙纂》:"今於陵城在長山縣南二十里,屬濟南府。"(卷30,第23頁)《左傳注》謂"在今山東長山廢縣附近。"(第1317頁)康熙五十五年(1716)《長

---

① 錢穆:《史記地名考》,第410頁。
② (清)周壬福修,(清)李同纂:《博興縣志》,收入《中國方志叢書》,臺北:成文出版社,1976年,據清道光二十年(1840)刊本影印,冊379,第534頁。
③ (清)顧祖禹撰,賀次君、施和金點校:《讀史方輿紀要》,北京:中華書局,2005年,第1471頁。

山縣志》:"夫于邑,在縣西南三十里夫村。"① 位於今濱州市鄒平縣西董鎮夫村。② 考諸譚氏地圖,夫于位於袁婁與乾時之西稍南,或亦在臨淄西南道路上,姑將夫于繪入路綫圖中。

莊十(684 B.C.)《經》:"冬十月,齊師滅譚,譚子奔莒。"《集解》:"譚國在濟南平陵縣西南。"(第 146 頁)《傳》:"齊侯之出也,過譚,譚不禮焉。及其入也,諸侯皆賀,譚又不至。冬,齊師滅譚,譚無禮也。譚子奔莒,同盟故也。"(第 147 頁)《左傳注》:"山東省濟南市東南舊有譚城,抗戰前曾發掘出遺址,見《城子崖》一書。"(第 182 頁)則古譚國即今山東濟南市章丘區龍山鎮城子崖遺址。《左傳注》又言:"譚處於臨淄至奄之間,爲東西通道之所必經,齊國不能不加控制而存其社稷,故齊國早期貨幣有'譚邦之法化(度)',稱'譚邦',與其他齊國地方貨幣稱某邑者不同。"(第 185 頁)即使譚早期爲齊所控制,然至魯莊公十年(684 B.C.)仍爲齊桓公所滅而并入齊疆。朱活《從山東出土的齊幣看齊國的商業和交通》:

> 由臨淄向西……城子崖、東平陵都是齊都的門户,是自古以來通往登、萊、青三郡的必經之路,爲内地和沿海居民交通的孔道。城子崖本爲古之譚國,齊桓公二年(公元前 684 年),"齊師滅譚",但仍存譚。所以齊國早期刀化中有"譚邦之法化"一種,不似同時期其他刀化鑄邑名而仍稱邦。譚入于齊,

---

① (清)孫衍:《長山縣志》,中國國家圖書館藏清康熙五十五年(1716)刻本,卷 1,第 21 頁。
② "(夫于邑)遺址在今鄒平縣平鎮南,西董鄉駐地西北 2.5 公里夫村。"見唐敏等編《山東省古地名辭典》,濟南:山東文藝出版社,1993 年,第 60 頁。

成爲齊國東西交通的必經之地,這有碑記可憑。①

朱氏從齊幣出土分布狀況,分析春秋戰國時期齊國交通要道,發現齊幣出土於濟南、歷城、城子崖(今章丘市龍山鎮東)、東平陵(今章丘市龍山街道北)、章丘、淄博一帶,此處應爲齊國東西向道路。譚位於東西交通要衝,故上引《春秋》經傳謂齊師滅譚,譚子一路東行而抵達位於山東半島東南側之莒國。此外,譚更是在齊都臨淄往西南道路上,故莊八(686 B.C.)《傳》載"奉公子小白出奔莒。"(第144頁)當是桓公自臨淄西南行至譚,再由譚轉東向之道出奔莒。至於譚往東向之路,下文再另說明。

成二(589 B.C.)《傳》:"六月壬申,師至于靡笄之下。……癸酉,師陳于鞌。……齊師敗績。逐之,三周華不注。……(齊師)遂自徐關入。……晉師從齊師,入自丘輿,擊馬陘。"《集解》:"靡笄,山名。……華不注,山名。"(第423—425頁)從齊、晉鞌之戰行軍路綫,知靡笄、鞌、華不注、徐關、丘輿幾地間必有道路。靡笄爲山名,《考略》:"《經》書戰于鞌而《國語》但云靡笄之役,知靡笄與鞌爲一地。……《史記·晉世家》:平公元年,伐齊靈公,戰于靡下。徐廣曰:靡當作歷。志曰:歷山即《左傳》所謂靡笄之山也。"(卷3,第16頁)然《考實》:"六月壬申,師至于靡笄之下。癸酉,師陳于鞌。則靡笄與鞌非一地。"(卷2,第17頁)江永所言爲是,依《傳》可知靡

---

① 朱活:《從山東出土的齊幣看齊國的商業和交通》,《文物》1972年第5期,第58頁。

笄與鞌應爲兩地。同理，《齊乘》以靡笄與華不注山爲一地，①依《傳》可知此說亦非。

《考略》又引《史記·晉世家》："平公元年，伐齊。齊靈公與戰靡下。齊師敗走。"②晉人徐廣（352—425）："靡，一作歷。"③唐人司馬貞（生卒年不詳）《史記索隱》："即靡笄也。"④故《考略》："蓋因靡笄之下省文爲靡下，靡字又訛而爲歷，俗遂譌爲舜畊處。……歷山一名千佛山，在府南十里。"（卷3，第16—17頁）以爲靡笄即歷下，在今之千佛山。《讀史方輿紀要》："歷山，（濟南）府南五里，俗訛爲舜所耕處。或以爲即靡笄山，靡與歷相近也。……一名大佛頭山，山南有危石矗立也。亦名千佛山。"⑤清人范士齡（生卒年不詳）《左傳釋地》："靡笄，山名，今千佛山，山東濟南府南十里。"⑥潘英《中國上古國名地名辭彙及索引》亦曰："靡笄，在今山東歷城南十里。"⑦高、顧、范、潘四氏皆認爲靡笄山即今之千佛山，位於今濟南歷城南十里。

然顧炎武《山東考古錄》："《左傳》云'從齊師于莘'；云'六月壬申，師至於靡笄之下'；云'癸酉，師陳於鞌'；曰'逐之，三周華不

---

① 《齊乘》："《左傳》成公二年魯季孫行父帥師會晉郤克及齊頃公戰于鞌。齊師敗績。逐之，三周華不注。又云從齊師至于靡笄之下，逢丑父與公易位，使公下，如華泉取飲。則此山亦名靡笄。"見（元）于欽撰，劉敦愿等校釋《齊乘校釋》，第38頁。
② （漢）司馬遷撰，［日］瀧川資言考證：《史記會注考證》，第988頁。
③ （漢）司馬遷撰，［日］瀧川資言考證：《史記會注考證》，第988頁。
④ （漢）司馬遷撰，［日］瀧川資言考證：《史記會注考證》，第988頁。
⑤ （清）顧祖禹撰，賀次君、施和金點校：《讀史方輿紀要》，第1461頁。
⑥ （清）范士齡：《左傳釋地》，收入《續修四庫全書》，上海：上海古籍出版社，2002年，册125，卷2，第7頁。
⑦ 潘英編：《中國上古國名地名辭彙及索引》，臺北：明文書局，1986年，第234頁。

注'；曰'丑父使公下，如華泉取飲'。其文自有次第，鞌在華不注之西，而靡笄又在其西可知。"①顧氏認爲《左傳》行文自有次第，莘、靡笄、鞌、華不注應爲自西向東之順序。且從地理位置言，晉、魯此次聯合伐齊，亦應自西向東行軍。然若依前說，以靡笄爲歷城南十里之千佛山，則千佛山位於鞌東南約二十五里，較華不注山更東，似不合情理。

元人脫脫等撰《金史》："長清，有劘笄山、隔馬山、黄河、清水。"②劘笄即靡笄。《考實》："長清縣在濟南府西南七十里，（靡笄）山在其縣。晉師從西來，正與壬申、癸酉差一日相合，當以《金史》爲是。"（卷2，第17頁）清道光十五年（1835）舒化民（1782—1859）等修、徐德城（生卒年不詳）等纂《長清縣志》："華不注西十餘里，藥山前有二小山，爲鞍山。自鞍而西入長清境十餘里，曠野平原，突出一山，即《金史》所云靡笄山也，俗呼旦山。柯公改爲峨眉，亦不考古之咎也。"③又曰："峨眉山，在縣治東北四十餘里，提督柯公捐廉建三大士祠，易名峨眉。"④靡笄山後被柯公更名爲峨眉山，峨眉山位於今濟南市槐蔭區段店鎮小金莊南。長清縣鄰近濟水，爲齊國西南向溝通魯、衛之要道，魯襄公十八年（555 B.C.）晉率諸侯聯軍伐齊，亦是沿濟水過長清入齊。

---

① （清）顧炎武：《山東考古録》，收入《續修四庫全書》，上海：上海古籍出版社，2002年，據清光緒十一年（1885）吳縣孫谿盧家塾刻顧亭林遺書補遺本影印，册732，卷1，第1頁。
② （元）脫脫等：《金史》，第612頁。
③ （清）舒化民等修，（清）徐德城等纂：《長清縣志》，收入《中國方志叢書》，臺北：成文出版社，1976年，影印道光十五年（1835）刻本，册365，卷1，第17頁。
④ （清）舒化民等修，（清）徐德城等纂：《長清縣志》，卷1，第17頁。

齊師與晉師戰於鞌,《考實》:"近志云鞌即古之歷下,似爲得之。"(卷2,第16頁)《讀史方輿紀要》:"歷下城,在(濟南)府城西。或以爲即春秋時齊之鞌邑,成二年齊、晉戰於鞌是也。其後謂之歷下。"①《山東通志》:"鞌在(歷城)縣西北十里鞌山下。"(卷9,第2頁)清乾隆三十八年(1773)刊行,胡德琳(生卒年不詳)修、李文藻(1730—1778)等編纂《歷城縣志》:"鞌山在藥山南,《左傳》晉伐齊師陳於鞌即此";②又云:"藥山在(歷)城西北十二里。"③鞌即古之歷下,歷城縣西北十里有鞍山,今稱北馬鞍山即此。

成二(589 B.C.)《傳》:"六月壬申,師至於靡笄之下。……癸酉,師陳於鞌。"(第423頁)則靡笄與鞌間必有道路,且其距離約行軍一日路程。以地理位置觀察,齊師與晉師應自靡笄山經祝柯北上至鞌。襄十九(554 B.C.)《經》:"十有九年春王正月,諸侯盟于祝柯。"《集解》:"祝柯縣今屬濟南郡。"(第584頁)《考略》:"祝柯城在今長清縣豐齊鎮北二里。"(卷3,第21頁)《彙纂》:"今長清縣豐齊鎮北有故祝柯城。"(卷27,第1頁)清人葉圭綬(生卒年不詳)《續山東考古録》:"祝柯縣故城在(長清縣)東北三十許里。"④祝柯在舊長清縣東北三十餘里,今濟南市槐蔭區段店鎮古城村。⑤長清縣本爲齊國西南向通往魯、衛、晉之交通重鎮。上引襄十九(554 B.

---

① (清)顧祖禹撰,賀次君、施和金點校:《讀史方輿紀要》,第1459頁。
② (清)胡德琳修,(清)李文藻等編纂:《歷城縣志》,收入《續修四庫全書》,上海:上海古籍出版社,2002年,據清乾隆三十六年(1771)刻本影印,册694,卷7,第28頁。
③ (清)胡德琳修,(清)李文藻等編纂:《歷城縣志》,《續修四庫全書》,册694,卷7,第28頁。
④ (清)葉圭綬:《續山東考古録》,日本早稻田大學圖書館藏光緒八年(1882)七月山東書局重刊本,卷3,第14頁。
⑤ 唐敏等編:《山東省古地名辭典》,第260頁。

C.)《經》記諸侯聯軍大敗齊國後在祝柯會盟,亦證祝柯交通便利,可溝通南北諸國。

　　鞌之戰齊師大敗而逃至華不注山,唐人李吉甫(758—814)《元和郡縣圖志》:"華不注山,一名華山,在(歷城)縣東北十五里。"①《讀史方輿紀要》:"華不注山,府東北十五里。……今亦名金輿山。"②華不注山位於舊歷城縣東北十五里,今濟南市歷城區洪家樓鎮北5公里,③處濟水南岸,推測齊師戰敗後應自鞌沿濟水一路逃至華不注山。又桓十八(694 B.C.)《經》:"十有八年春王正月,公會齊侯于濼。"《集解》:"濼水在濟南歷城縣西北,入濟。"(第130頁)《左傳注》:"濼音洛,今山東省濟南市西北之洛口。"(第151頁)濼即今之洛口,爲古濼水入濟水處,自古即是濟南交通咽喉要塞。齊、魯二君選擇此處會面,亦因其便利之故。濼正處鞌與華不注山之間,更可證春秋時鞌、濼、華不注間應有要道相連。

　　《彙纂》:"今淄川縣有古徐關。"(卷22,第11頁)《考略》亦曰:"今淄川縣有古徐關。"(卷3,第18頁)潘英《中國上古國名地名辭彙及索引》:"徐關,春秋齊地,在今山東淄川西。"④《左傳注》:"(徐關)當在今山東省淄川鎮西。或云在淄博市西南。"(第795頁)淄博市西南與淄川縣西二説實不矛盾,因淄川縣本處淄博市西南。綜上,徐關位於淄川縣西。齊師應自華不注山沿譚至徐關,後東南向至丘輿,經馬陘再沿弇中北上至臨淄,其路徑即第二節齊都臨淄

---

① (唐)李吉甫撰,賀次君點校:《元和郡縣圖志》,北京:中華書局,1983年,第277頁。
② (清)顧祖禹撰,賀次君、施和金點校:《讀史方輿紀要》,第1461頁。
③ 唐敏等編:《山東省古地名辭典》,第85頁。
④ 潘英編:《中國上古國名地名辭彙及索引》,第159頁。

南向路綫。上文已叙譚位處東西交通之上,由成二(589 B.C.)
《傳》晉師追擊齊軍路綫可證此説。

綜上所述,依成二(589 B.C.)《傳》所載齊、晉鞌之戰路綫,知
靡笄、祝柯、鞌、華不注山間當有道路連貫。齊師自華不注山退守
徐關又須經譚,華不注山、譚、徐關又在一路之上。譚既是南北與
東西大道交匯處,則臨淄西南向路綫當自夫于連通至譚,再由譚經
華不注山而達祝柯。此道於鞌與祝柯間有野井,亦在此路上。爲
行文與論證之便,此部分將留待第二小節説明説明。祝柯又爲交
通要衝,在此分爲二道,其一已於上文説明,即"祝柯—靡笄"一綫。
至於"祝柯—平陰"一綫則置於第二小節討論。

二、祝柯—巫山—盧—平陰

襄十八(555 B.C.)《傳》:

> 冬十月,會于魯濟,尋溴梁之言,同伐齊。齊侯禦諸平陰,
> 塹防門而守之,廣里。……齊侯登巫山以望晉師。……丙寅
> 晦,齊師夜遁。……十一月丁卯朔,入平陰,遂從齊師。夙沙衛
> 連大車以塞隧而殿。……衛殺馬於隘以塞道。……晉人欲逐
> 歸者,魯、衛請攻險。己卯,荀偃、士匃以中軍克京兹。乙酉,
> 魏絳、欒盈以下軍克邿;趙武、韓起,以上軍圍盧,弗克。十二
> 月,戊戌,及秦周伐雍門之萩。(第577—578頁)

《集解》:"平陰城在濟北盧縣東北,其城南有防,防有門。……巫

山,在盧縣東北。"(第577頁)《集解》又釋京茲"在平陰城東南",又言"平陰西有邿山"。(第578頁))晉侯率十一國諸侯同伐齊,會於魯濟——指濟水流經魯國境内者。諸侯聯軍沿濟水北上,齊侯禦諸平陰。《水經注》:

> 濟水又北逕平陰城西。《春秋》襄公十八年,晉侯沈玉濟河,會於魯濟,尋溴梁之盟,同伐齊,齊侯禦諸平陰者也。杜預曰:城在盧縣故城東北。非也。京相璠曰:平陰,齊地也。在濟北盧縣故城西南十里。①

晉人京相璠(生卒年不詳)謂平陰在盧縣西南,與《集解》相左。《水經注》:"濟水又北逕平陰城西。……又東北過盧縣北。"②從濟水流經平陰與盧縣方向可知,平陰應在盧縣西南,《集解》之説不確。《元和郡縣圖志》:"平陰故城,在(平陰)縣東北三十五里。"③宋人樂史(930—1007)《太平寰宇記》:

> 平陰縣,本漢肥城縣,屬泰山郡。古肥子國。隋開皇十四年于今縣西北二十八里置榆山縣,大業二年移于今理,改名平陰,屬濟州,取界内平陰故城以爲名。……平陰城,在縣東北三

---

① (北魏)酈道元注,(清)楊守敬纂疏,(清)熊會貞參疏:《水經注疏》,收入謝承仁主編《楊守敬集》,册3,卷8,第574頁。
② (北魏)酈道元注,(清)楊守敬纂疏,(清)熊會貞參疏:《水經注疏》,收入謝承仁主編《楊守敬集》,册3,卷8,第574—576頁。
③ (唐)李吉甫撰,賀次君點校:《元和郡縣圖志》,第262頁。

十五里。①

知平陰故城在今山東平陰縣東北三十五里,濟南市長清區孝里鎮廣里村一帶。②《集解》:"其城(平陰城)南有防,防有門。於門外作塹横行,廣一里,故《經》書'圍'。"(第577頁)《正義》:"平陰城南有防者,地形猶在,杜觀其迹而知之也。言'塹防門而守之',明是齊人目於門外作塹以固守也。"(第577頁)知防門為平陰城南防禦工事。《水經注》:"平陰城南有長城,東至海,西至濟,河道所由,名'防門',去平陰三里。齊侯'塹防門',即此也。其水引濟,故瀆尚存。"③《元和郡縣圖志》:"故長城,首起(平陰)縣北二十九里,齊渻王所築。蘇代謂燕王曰'齊有長城巨防,足以為塞'是也。"④《左傳注》:"防門在舊平陰南,亦在今平陰縣東北約三十二里。"(第1037頁)依《水經注》可知防門為平陰城南之長城,其地在今平陰縣東北約三十二里,平陰故城南。

至於"廣里"之意,《集解》與《正義》皆以為是寬一里之壕溝。《水經注》:"今防門北有光里。齊人言'廣'音與'光'同,即《春秋》所謂'守之廣里'者也。"⑤《水經注》以廣里為防門北之地名。然

---

① 見(宋)樂史撰,王文楚等點校:《太平寰宇記》,北京:中華書局,2007年,第252—253頁。
② 唐敏等編:《山東省古地名辭典》,第159頁。
③ (北魏)酈道元注,(清)楊守敬纂疏,(清)熊會貞參疏:《水經注疏》,收入謝承仁主編《楊守敬集》,冊3,卷8,第574頁。
④ (唐)李吉甫撰,賀次君點校:《元和郡縣圖志》,第262頁。又,蘇代語出《史記·蘇秦列傳》:"吾聞齊有清濟、濁河,可以為固。長城、鉅防,足以為塞。"見(漢)司馬遷撰,[日]瀧川資言考證《史記會注考證》,第1373頁。
⑤ (北魏)酈道元注,(清)楊守敬纂疏,(清)熊會貞參疏:《水經注疏》,收入謝承仁主編《楊守敬集》,冊3,卷8,第574頁。

《左傳注》:"但諸侯之師自魯濟向齊,則從南而北,而廣里在防門北,與諸侯之來相反,且堙防門即所以禦諸平陰,故下文言入平陰,不言廣里,足以説明廣里非地。"(第1037頁)《左傳注》所言甚是,若廣里在防門北,則與諸侯沿濟水北上伐齊不合,故廣里當非地名。

齊侯登巫山以望晉師,《水經注》:"巫山,在平陰東北。"①清人楊守敬(1839—1915)認爲"杜注:'巫山在盧縣東北。'因言平陰,地望誤,而言巫山,地望亦誤,故酈氏復引京説正之。在今肥城縣西北六十里。"②《考略》:"濟南府肥城縣西北七十五里即齊侯望晉師處,一名孝堂山,相傳郭巨葬母于此。"(卷3,第20頁)齊侯登巫山以望晉師,則平陰與巫山間必有道路相連,實則自平陰沿濟水北上即可至巫山。

成二(589 B.C.)《傳》載齊師夜遁,夙沙衛殿後,殺馬於隘以塞道。《元和郡縣圖志》:"隔馬山,在(長清)縣東南三十五里。《左傳》曰,晉侯伐齊,齊師遁,夙沙衛殺馬於隘以塞道,後因爲隔馬山。"③《長清縣志》:"隔馬山,(長清)縣東南六十里。……山有豐施侯廟見祠祀。"④今山東濟南市長清區馬山頂仍有豐施侯廟,廟中尚存碑刻二十餘塊,其中《清康熙二十八年重修隔馬山豐施侯廟記

---

① (北魏)酈道元注,(清)楊守敬纂疏,(清)熊會貞參疏:《水經注疏》,收入謝承仁主編《楊守敬集》,册3,卷8,第574—575頁。
② (北魏)酈道元注,(清)楊守敬纂疏,(清)熊會貞參疏:《水經注疏》,收入謝承仁主編《楊守敬集》,册3,卷8,第575頁。
③ (唐)李吉甫撰,賀次君點校:《元和郡縣圖志》,第279頁。
④ (清)舒化民等修,(清)徐德城等纂:《長清縣志》,收入《中國方志叢書》,册365,卷1,第16頁。

碑》:"隔馬山之名,昉於春秋齊晉防門之役,閽人夙沙衛殺馬塞道,以陷殖、郭二將者,其來久矣。"①齊師自平陰夜遁而東過隔馬山②,則平陰與隔馬山間必有道路。

齊師夜遁後,晉師分上、中、下三軍分赴盧、京茲、邿三邑。《考略》:"今盧城在長清縣西南二十五里,地有大清河,自平陰縣流入境,又東北入齊河縣,即濟水。"(卷3,第5頁)盧位於今日長清縣西南二十五里歸德鎮盧城洼,自平陰北上可至。上文已謂平陰至巫山間有道路連通,考諸地望知盧在平陰與巫山間,推知此路由北至南應爲"巫山—盧—平陰"。至於此路綫如何證實與祝柯貫通?昭二十五(517 B.C.)《經》:"九月己亥,公孫于齊,次于陽州。齊侯唁公于野井。"《集解》:"濟南祝阿縣東有野井亭。"《傳》:"己亥,公孫于齊,次于陽州。齊侯將唁公于平陰,公先至于野井。"(第894頁)《左傳注》:"謂本擬唁公于平陰,以其距陽州近,不意公竟先至野井候己。"(第1465頁)魯昭公出奔齊國而暫居陽州,齊侯本欲唁昭公於平陰,然魯昭公却先至野井迎接齊侯,由此可證平陰與野井間應有道路。平陰地望前文已述,野井則臨近祝柯。《水經注》:"(玉水)又西北枕祝阿縣故城東、野井亭西。"③玉水西北流經祝柯故城東、野井亭西,則野井位於祝柯故城東北,且二邑隔玉水相鄰,玉水即今之玉符河。《後漢書·郡國志》:"祝阿春秋時曰祝柯。有野井

---

① 趙衛東:《全真道與民間信仰之間的互動——以濟南長清馬山隔馬豐施侯廟爲個案的研究》,《全真道研究》2011年第1輯,第167頁。
② 譚其驤主編《中國歷史地圖集》"格馬山"當爲"隔馬山"之誤植。
③ (北魏)酈道元注,(清)楊守敬纂疏,(清)熊會貞參疏:《水經注疏》,收入謝承仁主編《楊守敬集》,册3,卷8,第578頁。

亭。"①《山東通志》:"野井亭在(長清)縣東北四十里。"(卷9,第11頁)祝柯在長清縣東北三十餘里,野井在長清縣東北四十里,由此亦可證兩邑鄰近。魯昭公自平陰北上至野井,當途經盧、巫山而先至祝柯,再往臨近之野井,由是可證自祝柯延伸之第二條路綫可達平陰。

三、"平陰—防門—京茲""平陰—隔馬山—郱—靡笄""平陰—陽州"

平陰再往西南行又分"平陰—防門—京茲""平陰—隔馬山—郱—靡笄""平陰—陽州"三道,依序申論於下。

(一)平陰—防門—京茲

襄十八(555 B.C.)《傳》載晉師"荀偃、士匄以中軍克京茲。"《集解》:"(京茲)在平陰城東南。"(第951頁)後人因之,謂京茲在今平陰縣東南。②然《集解》所謂平陰城應爲平陰故城,非後世之平陰縣。《太平寰宇記》:"平陰縣,本漢肥城縣,屬泰山郡。古肥子國。隋開皇十四年于今縣西北二十八里置榆山縣,大業二年移于今理,改名平陰,屬濟州,取界内平陰故城以爲名。"③隋大業二年

---

① (南朝宋)范曄撰,(唐)李賢等注:《後漢書》,北京:中華書局,1965年,第3472頁。
② 《考略》:"京茲城在今平陰縣東南。"(卷3,第20頁)《左傳注》:"京茲在今平陰縣東南。"(第1039頁)譚其驤主編:《中國歷史地圖集》,册1,第26—27頁。
③ 見(宋)樂史撰,王文楚等點校:《太平寰宇記》,第252頁。

(606)始有今平陰縣,杜預爲晉人,其謂平陰城應指今平陰縣東北三十五里之平陰故城。《後漢書·郡國志》:"盧,有平陰城。有防門。有光里。有景茲山。"①南朝梁人劉昭(生卒年不詳)於"景茲山"注云:"杜預曰:在縣東南。"②知《後漢書》所謂景茲山或即《傳》之京茲。盧範圍當不至遠達今平陰縣東南,亦可證京茲應在平陰故城東南而非平陰縣。張華松謂"今長清雙泉學城的城子頂古城遺址或即(京茲)其地",③然無確證。《山東省古地名辭典》:"(京茲)在今肥城縣駐地新城鎮西北23公里,石橫鎮内。"④考諸京茲地望在平陰與防門之南,晉師既可自平陰與防門以克京茲,足證平陰與防門之道可向南延伸至京茲。

(二)平陰—隔馬山—邿—靡笄

襄十八(555 B.C.)《傳》載晉師以下軍克邿,《集解》:"平陰西有邿山。"(第578頁)《續山東考古錄》:"邿邑在(平陰縣)西南三十里。春秋襄公十八年《左傳》晉伐齊,魏絳、欒盈以下軍克邿。杜注:平陰有邿山。按:今名亭山。"⑤葉氏之説似更恰當,蓋因諸侯聯軍會於魯濟後,應順勢沿濟水北上伐齊。平陰縣西南三十里之亭山位於濟水東岸,《中國歷史地圖集》即采用葉圭綬亭山之説而標

---

① (南朝宋)范曄撰,(唐)李賢等注:《后汉书》,第3454頁。
② (南朝宋)范曄撰,(唐)李賢等注:《后汉书》,第3454頁。
③ 張華松:《扁鵲里籍盧邑説新證》,《東岳論叢》2015年第7期,第45頁。
④ 唐敏等編:《山東省古地名辭典》,第103頁。
⑤ (清)葉圭綬:《續山東考古錄》,卷7,第13頁。

記其地望。①

然亭山説有一不合理處：依《傳》知晉師已攻克平陰，此時齊師自隔馬山北上逃遁，晉師亦應自平陰北上伐齊。且《傳》言"晉人欲逐歸者，魯、衛請攻險。"（第951頁）可見晉師分上、中、下三軍分擊盧、京茲、邿三邑，是入平陰後晉、魯、衛三國議決，非下軍行軍落後而此時剛抵邿邑。然亭山位於平陰故城西南約七十里處，晉師實不應於攻克平陰後不繼續北上，却分兵南下而遣下軍折返七十里克邿。任相宏赴亭山實地考古後，寫成《山東長清縣仙人臺周代墓地及相關問題初探》，亦認爲亭山非邿邑：

> 亭山位於平陰縣城以西8公里處的亭山頭村南，西臨黄河，相對高度100多米，山巒叠嶂，地勢險要。經過調查，没有發現任何周代或是邿國有關的遺迹和遺物。《水經注》濟水條對平陰、長清境内古迹記載極詳盡，但亭山就在濟水（黄河）東岸却未予提及，這不可能是酈道元的疏漏。可見亭山并非邿山，更不會是邿邑。②

綜上所述，無論從古籍推論抑或從現場勘探分析，均推知亭山非邿邑。1995年山東大學考古系於濟南長清五峰山仙人臺考古發掘邿國貴族墓地，任相宏《仙人臺周代邿國貴族墓地發掘的主要收獲及其對史學研究的影響》認爲：

---

① 譚其驤主編：《中國歷史地圖集》，册1，第26—27頁。
② 任相宏：《山東長清縣仙人臺周代墓地及相關問題初探》，《考古》1998年第9期，第32頁。

> 仙人臺位於山東省濟南市長清區南大沙河上游的北岸，即著名的五峰山之陽，西北距長清區政府駐地 20 公里，北距濟南市區 25 公里。……依據陶器，綜合銅器等反映出的時代特徵可以明顯地看出，年代最早的墓葬是 M3，爲西周晚期；其次是 M1 和 M2，年代爲兩周之際；再次是 M4 和 M6，年代爲春秋早期；年代最晚的是 M5，爲春秋晚期。①

該處墓葬時間自西周晚期至春秋晚期，與《左傳》記載亦符。近人據仙人臺邿國貴族墓地考古發掘，結合上引襄十八（555 B.C.）《傳》記載，針對邿國地望深入研究，②認爲魯襄公十八年（555 B.C.）晉下軍所克之邿即仙人臺之邿國。上揭任氏之文又言：

> 既然邿國貴族墓地在現在長清仙人臺一帶被發現，而且其中還有一座邿國國君之墓，盡管目前我們在其附近尚未發現、確定都城遺址，但它肯定距此不會太遠，就在仙人臺附近一帶。③

---

① 任相宏:《仙人臺周代邿國貴族墓地發掘的主要收獲及其對史學研究的影響》,《山東大學學報》2004 年第 1 期,第 13 頁。
② 任相宏:《邿國地望尋蹤》,《中國文物報》1998 年 9 月 9 日。任相宏:《仙人臺周代邿國貴族墓地發掘的主要收獲及其對史學研究的影響》,《山東大學學報》2004 年第 1 期,第 13—18 頁。卜慶華:《邿國地望新探》,《江漢考古》2000 年第 2 期,第 91—93 頁。朱繼平:《周代邿國地望及相關問題再探》,《杭州師範大學學報》, 2013 年第 3 期,第 24—29 頁。
③ 任相宏:《仙人臺周代邿國貴族墓地發掘的主要收獲及其對史學研究的影響》,第 16 頁。

朱繼平《周代郱國地望及相關問題再探》亦謂：

  晉下軍所克之郱，據《左傳》襄公十八年分析不難得知，其或爲齊附庸小國，或爲齊邊邑，無論如何應是春秋晚期齊西南境以防門爲核心的防禦工事的重要結點，必爲齊人防守重鎮。……可見其與距之不遠的仙人臺郱國墓地之間的對應關係是不容置疑的。①

任、朱二氏皆認爲郱應位於考古發現郱國墓地之仙人臺附近，且仙人臺位於隔馬山北。晉上軍圍盧，知其行軍路綫應沿濟水、巫山一綫。襄十八（555 B.C.）《傳》載十一月乙酉晉上軍圍盧，弗克；十二月戊戌晉師已至臨淄，或是放棄圍盧而繼續北上。襄十八（555 B.C.）《傳》："及秦周伐雍門之荻。"（第 578 頁）《集解》："雍門，齊城門。"（第 578 頁）《戰國策·齊策一》與《淮南子·覽冥》之注皆謂雍門爲臨淄之西門。② 齊軍短短十餘日即從平陰至齊都臨淄，其路綫当如本章第一節所述，由祝柯經野井、崔、華不注山至譚，再自譚向東北經夫于、乾時、袁婁（爰婁）而抵臨淄，故晉軍首攻臨淄西門雍門。隔馬山北四十餘里即仙人臺，仙人臺再向北即糜笄山。晉

---

① 朱繼平：《周代郱國地望及相關問題再探》，第 25 頁。
② 《戰國策·齊策一》："然後背太山，左濟，右天唐，軍重踵高宛，使輕車鋭騎衝雍門。"宋人姚宏（生卒年不詳）《注》："雍門，齊西門名也。"見（漢）劉向輯録：《戰國策》，臺北：里仁書局，1990 年，第 320—321 頁。《淮南子·覽冥》："昔雍門子以哭見於孟嘗君。"《注》："雍門，齊西門也。"見（漢）劉安編，何寧集釋《淮南子集釋》，北京：中華書局，1998 年，第 449 頁。

下軍克郭後應走仙人臺以達靡笄山,再循靡笄山至祝柯,由祝柯行上述之道以抵臨淄。若上述論證無誤,則此路綫又與第一小節所叙"祝柯—靡笄"一綫相連。

(三)平陰—防門—石門—周首—穀—鄆—陽穀—陽州

上引昭二十五(517 B.C.)《傳》:"己亥,公孫于齊,次于陽州。齊侯將唁公于平陰,公先至于野井。"(第894頁)平陰至陽州路綫,依地勢推論應沿濟水一路而行。陽州位於齊國西南邊鄙,襄三十一(542 B.C.)《傳》:"齊子尾害閭丘嬰,欲殺之,使帥師以伐陽州。"《集解》:"陽州,魯地。"(第685頁)然定八(502 B.C.)《傳》:"八年春王正月,公侵齊,門于陽州。"(第963頁)魯襄公三十一年(542 B.C.)陽州尚屬魯,魯昭公二十五年(517 B.C.)陽州已隸齊,至魯定公八年(502 B.C.)陽州仍爲齊地。《集解》:"陽州,齊、魯竟上邑。未敢直前,故次於竟。"(第894頁)則陽州應在齊、魯邊境,先屬魯而後隸齊。

關於陽州地望,歷來有山東省東平縣北、西北、東北三説。《左傳注》:"陽州,在今山東東平縣北境。"(第1184頁)清人顧棟高(1679—1759)《春秋大事表》:"齊、魯境上邑,在今泰安府東平州西北。"①《考略》:"近志(陽州)在東平州西北。"(卷2,第20頁)程發軔(1894—1975)《春秋要領》:"(陽州)齊、魯地,山東東平西北,先

---

① (清)顧棟高輯,吳樹平、李解民點校:《春秋大事表》,北京:中華書局,1993年,第727頁。

屬魯,後屬齊。"①《中國上古國名地名辭彙及索引》亦曰:"魯邑,在今山東東平西北。"②然《山東通志》則謂"陽州城在(泰安府東平)州東北境。"(卷9,第78頁)《彙纂》:"今山東兗州府東平州東北有陽州城。"(卷32,第29頁)

《左傳注》謂陽州在東平縣北境,或因歷來有東北、西北二説,故僅略言北境。《考略》言稱"近志",則必是徵引他書。《要領》與《索引》皆爲近著,或亦徵引前人之説。目前可見主張陽州在東平縣西北者乃源於《大事表》,然《東平縣志》云:

> 陽州城,清洪亮吉《乾隆府廳州縣志》云:在州東北。顧棟高《春秋大事表》謂在西北者,誤也。春秋襄三十一年,齊侵陽州。昭二十五年,公孫于齊,次於陽州。定八年,公侵齊,門於陽州。杜注:齊、魯境上邑。舊志疑即今大陽集。③

方志專記一地自然與人文,編纂者應較學者熟知當地風土民情。《山東通志》《廳州縣志》《東平縣志》等皆云陽州在東平縣東北,此説應較可信。

陽州之北爲陽穀,僖三(657 B.C.)《經》:"秋,齊侯、宋公、江人、黄人,會于陽穀。"《集解》:"陽穀,齊地,在東平須昌縣北。"(第200頁)又僖十一(649 B.C.)《經》:"夏,公及夫人姜氏,會齊侯于陽

---

① 程發軔:《春秋要領》,北京:中華書局,1996年,第320頁。
② 潘英編:《中國上古國名地名辭彙及索引》,第194頁。
③ 張志熙等修,劉靖宇纂:《東平縣志》,臺北:成文出版社,1968年,(《中國方志叢書》影印民國二十五年(1936)鉛本,卷15,第3頁。

穀。"(第222頁)又文十六(611 B.C.)《經》:"十有六年春,季孫行父會齊侯于陽穀,齊侯弗及盟。"(第346頁)又宣十八(591 B.C.)《傳》:"十八年春,晉侯、衛大子臧伐齊,至于陽穀。"(第413頁)齊侯曾多次與他國會於陽穀。《國語·齊語》:"岳濱諸侯莫敢不來服,而大朝諸侯于陽穀。"①齊桓公亦曾於陽穀受諸侯之朝。又晉、衛聯合伐齊亦攻至陽穀,可見陽穀爲齊國西南重鎮。《考略》:"(陽穀)漢爲須昌縣地,後因之。隋因置陽穀縣,屬濟州。唐改屬鄆州。宋開寶六年,縣爲河水墊没。太平興國八年,徙縣于上巡鎮,亦謂之孟店,即今治也。今屬東平州縣,東北有穀山小阜也,縣以此名。縣治南有會盟臺,相傳即齊桓公會江黃處。"(卷3,第12頁)《東平縣志》:"陽穀故城,縣治西北三十五里。……其故城即今之陽穀店。"②陽穀店後訛爲王古店,在今東平縣舊縣鄉王古店村,鄰近陽州。魯國曲阜西北向交通可由國都曲阜沿夫鍾、宿、須句直至陽州。③ 魯人數次至陽穀與會,其道應自曲阜西北行至陽州,再自陽州北向至陽穀。反之,齊君南下當自平陰而行此道至陽穀。

自陽穀再沿濟水北上可至鄟,僖二十六(634 B.C.)《經》:"齊人侵我西鄙,公追齊師至鄟,不及。"《集解》:"濟北穀城縣西有地名鄟下。"(第264頁)齊師侵魯西鄙,反遭魯僖公追至鄟。足證鄟應離齊、魯邊境不遠,且爲齊西南向伐魯,或魯西北向侵齊常經之邑。《考略》:"今東阿縣西南有鄟下聚。"(卷3,第14頁)鄟應爲今東阿縣西南之鄟下聚,位於陽穀北二十餘里。魯僖公此次追齊師至鄟,

---

① (三國吳)韋昭:《國語韋昭注》,第175—176頁。
② 張志熙等修,劉靖宇纂:《東平縣志》,收入《中國方志叢書》,册46,卷15,第4頁。
③ 黄聖松:《〈左傳〉魯國交通路綫考》,《國文學報》第9期,第197—227頁。

應沿陽州、陽穀而抵鄟。

自鄟沿濟水北上可達穀,莊七(687 B.C.)《經》:"冬,夫人姜氏會齊侯于穀。"《集解》:"穀,齊地,今濟北穀城縣。"(第142頁)又莊二十三(671 B.C.)《經》:"公及齊侯遇于穀。"(第171頁)又僖二十六(634 B.C.)《經》:"冬,楚人伐宋,圍緡。公以楚師伐齊,取穀,公至自伐齊。"(第264頁)又文十七(610 B.C.)《經》:"齊侯伐我西鄙。六月癸未,公及齊侯盟于穀。"(第349頁)又宣十四(595 B.C.)《經》:"冬,公孫歸父會齊侯于穀。"(第404頁)又成五(586 B.C.)《經》:"夏,叔孫僑如會晉荀首于穀。"《集解》:"穀,齊地。"《傳》:"夏,晉荀首如齊逆女,故宣伯餫諸穀。"(第439頁)又成十七(574 B.C.)《傳》:"國佐從諸侯圍鄭,以難請而歸,遂如盧師,殺慶克以穀叛。"(第484頁)又襄十九(554 B.C.)《經》:"晉士匄帥師侵齊,至穀,聞齊侯卒,乃還。"(第584頁)齊、魯多次於穀會盟,晉大夫荀首如齊逆女而與魯大夫叔孫僑如會,其地亦在穀。知穀交通便利,爲四通八達之樞紐,故常爲會盟之所。且晉、魯侵齊曾二度至穀,可知穀爲行軍必經之咽喉要塞。《彙纂》:"今山東兗州府東阿縣治,故穀城是也。"(卷7,第47頁)《考實》亦曰:"東漢分東阿置穀城縣,今爲泰安府東阿縣治。"(卷1,第27頁)穀城即今平陰縣西南五十里東阿鎮,位於古濟水之東、鄟之東北。穀近齊、魯邊境,又位於濟水東岸,地勢平坦而交通便利,故常爲二國會盟之所。

自穀沿濟水北上可達周首,文十一(616 B.C.)《傳》:"齊襄公之二年,鄋瞞伐齊。齊王子成父獲其弟榮如,埋其首於周首之北門,衛人獲其季弟簡如,鄋瞞由是遂亡。"《集解》:"周首,齊邑。濟北穀城縣東北有周首亭。"(第329頁)《水經注》:"濟水又北,逕周首亭西。"①《考略》:"(周首)今在東阿縣東近長清縣界。"(卷3,第14頁)周首位於穀城東北,古濟水東岸,今東阿縣東。以地理位置推斷,周首亦在平陰至陽州之路上。

自周首沿濟水北上可達石門,隱三(720 B.C.)《經》:"冬十有二月,齊侯鄭伯盟于石門。"《集解》:"石門,齊地;或曰,濟北盧縣故城西南濟水之門。"(第50頁)《水經注》:"(濟)水有石門,以石爲之,故濟水之門也。……京相璠曰:石門,齊地。今濟北盧縣故城西南六十里有故石門,去水三百步,蓋水瀆流移,故側岸也。"②依《集解》及晉人京相璠所注,石門爲古濟水之門,位於盧縣西南六十里。後因濟水改道,晉代時石門已距濟水三百步。晉朝有盧縣,然盧縣之縣治至北齊已廢。清人穆彰阿(1782—1856)等撰《嘉慶重修一統志》:

> (長清縣)春秋齊盧邑。漢置盧縣,文帝二年,置濟北國於此。武帝後二年,國除,屬泰山郡,爲都尉治。後漢永元二年,復置濟北國,治盧。晉因之,宋屬濟北郡。後魏屬太原郡。北齊郡縣俱廢。隋開皇十四年,改置長清縣,屬濟北郡。唐初,屬濟州,天寶中,屬齊州。宋屬濟南府。元至元二年,改屬泰安州。明還屬濟南府,本朝因之。③

---

① (北魏)酈道元注,(清)楊守敬纂疏,(清)熊會貞參疏:《水經注疏》,收入謝承仁主編《楊守敬集》,册3,卷8,第573頁。
② (北魏)酈道元注,(清)楊守敬纂疏,(清)熊會貞參疏:《水經注疏》,收入謝承仁主編《楊守敬集》,册3,卷8,第573—574頁。
③ (清)穆彰阿等:《嘉慶重修一統志》,上海:商務印書館,1934年,據上海涵芬樓景印清史館藏進呈寫本,卷162,第5頁。

北齊廢盧縣，隋改置長清縣，舊盧城在今長清縣西南二十五里，石門位於舊盧縣西南六十里，《左傳注》謂在今長清縣西南約七十里。（第 25 頁）自周首沿古濟水東北向二十餘里即至石門，自石門沿東北行三十里，越防門即至平陰故城。

綜上所述，由昭二十五 (517 B.C.)《傳》："己亥，公孫于齊，次于陽州。齊侯將唁公于平陰，公先至于野井。"（第 894 頁）知陽州、平陰、野井間應有道路相連。自陽州循古濟水至平陰，沿途城邑有陽穀、鄆、穀、周首、石門。其中陽穀、穀、石門爲齊君與他國國君多次會盟之地，鄆與周首則是齊師分別與魯國、鄭瞞交戰後行軍途經之地。無論國君會盟或軍隊行軍，皆可知此地應有道路交通。而從其會盟之頻繁與數次行軍，皆可證此沿濟水東岸交通路綫，是齊國南下至魯、衛等國，及晉、魯、衛等國北上入齊之重要道路。

四、穀—清—留舒—柯—上鄆—莘

上文述及齊之穀爲齊國西南重鎮，穀除位於"平陰—陽州"之途，自此又西分一路可達莘，試申論如下。

哀十一 (484 B.C.)《傳》："十一年春，齊爲鄎故，國書、高無丕帥師伐我，及清。"《集解》："清，齊地，齊北盧縣東有清亭。"（第 1015 頁）《水經注・濟水》："濟水自魚山北逕清亭東，《春秋》隱公四年：'公及宋公遇于清。'京相璠曰：今濟北東阿東北四十里有故清亭,即《春秋》所謂'清'者也。"①《水經注》認爲此清乃今長清縣之清。《考略》:"《水經注》:'濟水自魚山而北逕清亭。'今在長清縣東。又隱四年'公及宋公遇于清。'杜注:'衛地,濟南東阿縣有清亭。'蓋當時濟水流于二邑之間,而清地跨占其左右,故二國皆有清也。濟水一名清水地,以此名辨齊、魯之界,此爲最確矣。"(卷3,第29頁。)《考略》但言古濟水東西兩岸皆有清,然未申論此《傳》之清爲何者。《考實》:"杜注:'齊地,濟北盧縣東有清亭。'《彙纂》:'盧縣,今長清縣也。'今按:長清縣屬濟南府,隋置縣,因界内清水爲名。"(卷3,第40頁。)則《考實》謂此清係今長清縣之清。《春秋左氏傳地名補注》引《山東通志》:"清亭在泰安府東阿縣西,大清河西。"②考諸譚氏地圖可知,今長清縣之清仍在齊國腹地,依哀十一(484 B.C.)《傳》冉求言:"一子守,二子從公禦諸竟"(第1015頁)云云,則齊師所在之清已近魯境。故《左傳注》認爲"沈説較合理",并謂此清在"今東阿縣,大清河西。"(第1658頁)既然齊師在清可讓魯國震動,則清當在齊、魯交通路綫上。上文第三小節之第3項説明平陰至陽州爲齊、魯間大道,且途經濟水東岸之穀。考諸地圖可知清在古濟水之西,推測清與穀間應有渡口供軍隊渡河。則齊師於清集結後當渡濟水至穀,再自穀南下至陽州。

哀二十七(468 B.C.)《傳》:"晉荀瑶帥師伐鄭,次于桐丘。鄭駟弘請救于齊。……(齊)乃救鄭,及留舒,違穀七里,穀人不知。"

---

① (北魏)酈道元注,(清)楊守敬纂疏,(清)熊會貞參疏:《水經注疏》,收入謝承仁主編《楊守敬集》,册3,卷8,第571頁。
② (清)沈欽韓:《春秋左氏傳地名補注》,收入(清)王先謙等編《續經解春秋類彙編》,第2675頁。

《集解》:"留舒,齊地。"(第1053頁)晉師伐鄭而齊師往救,及留舒而穀人不知,知自臨淄往救鄭須經留舒,且至留舒必先過穀。穀之地望前文已述,位於今平陰縣西南五十里東阿鎮,古濟水之東。至於留舒地望,《彙纂》:"今山東兗州府東阿縣西南有留舒城。"(卷38,第19頁)《水經注》:"(魚)山上有柳舒城。魏東阿王曹子建每登之有終焉之志。及其終也,葬山西,去東阿城四十里。"①《水經注》謂東阿城四十里之魚山上有柳舒城,《太平寰宇記》:"柳舒故城。《左傳》:'晉伐鄭,齊陳成子救之,及留舒,去穀七里,穀人不知。'"②又宋人羅泌(1131—1189)《路史·國名紀》亦謂柳舒即《春秋傳》之留舒。③《太平寰宇記》《路史·國名紀》皆謂留舒即柳舒,且留、柳上古音皆屬幽部,聲韻皆近而可爲通假,則留舒應爲魚山之柳舒城。魚山位於今東阿縣東南四十里處魚山鎮,古濟水西岸,與《傳》所述留舒與穀城相距七里相合。穀與留舒位於古濟水東西岸,且上文已述清亦在古濟水之西,推測齊師應自穀渡濟水至清,再溯濟水轉西至留舒,繼而往救鄭。

莊十三(681 B.C.)《經》:"冬,公會齊侯盟于柯。"《集解》:"此柯,今濟北東阿,齊之阿邑。猶祝柯今爲祝阿。"(第154頁)《考略》:"古阿城在今陽穀縣東北五十里,曰阿城鎮。"(卷3,第11頁)《集解》謂柯即濟北東阿,齊之阿邑。《考略》謂阿屢經沿革,古阿城應位於今陽穀縣東北五十里阿城鎮,阿城鎮位於留舒西約三十里。

---

① (北魏)酈道元注,(清)楊守敬纂疏,(清)熊會貞參疏:《水經注疏》,收入謝承仁主編《楊守敬集》,册3,卷8,第570—571頁。
② 見(宋)樂史撰,王文楚等點校:《太平寰宇記》,第250頁。
③ "舒,春秋之留舒,去穀七里,亦曰柳舒。"見(宋)羅泌《路史》,浙江大學圖書館藏《欽定四庫全書》本,卷24,第30頁。

齊、魯之君盟於柯,則齊君自穀城附近渡濟水至留舒,再由留舒西行約三十里至柯,應爲較合理路綫。

成二(589 B.C.)《傳》:"秋七月,晉師及齊國佐盟于爰婁,使齊人歸我汶陽之田,公會晉師于上鄍。"《集解》:"上鄍,地闕。"(第426頁)鞌之戰結束後,魯成公與晉師會於上鄍。《考略》:"(上鄍)此齊衛境上邑,或曰在陽穀縣境。"(卷3,第18頁)《考略》認爲上鄍爲齊、衛邊境之邑,或位於陽穀縣境内。若以地望推測,自留舒西行當可至上鄍。

成二(589 B.C.)《傳》:"郤克將中軍,士燮將上軍,欒書將下軍,韓厥爲司馬,以救魯、衛,臧宣叔逆晉師,且道之。季文子帥師會之。及衛地……(晉)師從齊師于莘。"(第422—423頁)《集解》:"莘,齊地。"(第423頁)齊師伐魯、衛,魯、衛如晉乞師,晉師出兵救魯、衛,追蹤齊師至莘,而後有鞌之戰。《左傳注》:"莘有幾處。桓十六年之莘是衛地,在今山東莘縣北,莊十年之莘是蔡地,莊三十二年之莘是虢地,僖二十八年之有莘之墟又是古莘國。以地理考之,此莘當是桓十六年之莘,爲從衛至齊之要道。"(第790頁)《左傳注》從地理角度分析,認爲成二(589 B.C.)《傳》之莘應爲桓十六(696 B.C.)《傳》之莘,《傳》:"宣姜與公子朔構急子。公使諸齊。使盜待諸莘,將殺之。"《集解》:"莘,衛地,陽平縣西北有莘亭。"(第128頁)《毛詩·邶風·二子乘舟》漢人毛亨(生卒年不詳)《傳》:"公令伋之齊,使賊先待於隘而殺之。"①《史記·衛康叔世家》:"宣公自以其奪太子妻也,心惡太子,欲廢之。及聞其惡,大

---

① (漢)毛亨傳,(漢)鄭玄箋:《毛詩正義》,臺北:藝文印書館,1993年,據清嘉慶二十年(1815)江西南昌府學版影印,第106頁。

怒,乃使太子伋於齊,而令盜遮界上殺之。與太子白旄,而告界盜,見持白旄者,殺之。"①從《二子乘舟》與《衛康叔世家》可知莘位於齊、衛邊界,爲自衛至齊之交通要道,且是地勢較險要之隘道。魯成公二年(589 B.C.)晉師從齊師於莘,六月十六日至靡笄山下。結合魯襄公十八年(555 B.C.)晉國率諸侯之師沿濟水北上伐齊路綫,知鞌之戰前晉師應由莘入齊,東行至濟水後沿濟水一路行軍。晉師由莘入齊後,自柯至留舒,於留舒渡濟水至穀,再由穀沿濟水侵齊,其歸國路綫應是由柯至莘。《左傳注》謂莘位於今山東莘縣北八里(第146頁),柯位於陽穀縣東北五十里。魯成公與晉師會於上鄍,則上鄍應位於柯與莘之間,陽穀縣北境某處。如此則從齊之穀爲始,西渡濟水至留舒,留舒西行經柯、上鄍則可抵衛之莘。

綜上所述,齊都臨淄西南向路綫,前半段路程爲"臨淄—袁婁(爰婁)—乾時—夫于—譚—華不注山—鞌—野井—祝柯"。至祝柯後又分爲"祝柯—靡笄山""祝柯—巫山—盧—平陰"二道。平陰又居南北交通要衝,平陰以下又分"平陰—防門—京茲""平陰—隔馬山—郱—靡笄""平陰—陽州"三綫,其中第二綫又與上述"祝柯—靡笄山"連接。此外,"平陰—陽州"一路歷經"平陰—防門—石門—周首—穀—酅—陽穀—陽州"。此路經穀,穀又爲齊國要邑,於穀又分支"穀—清—留舒—柯—上鄍—莘"一綫。以下依《中國歷史地圖集》②製成"圖2 齊都臨淄西南向路綫圖",敬請讀者參看。

---

① (漢)司馬遷撰,[日]瀧川資言考證:《史記會注考證》,第588頁。
② 譚其驤主編:《中國歷史地圖集》,冊1,第26—27頁。

第一章 齊國交通路綫考論

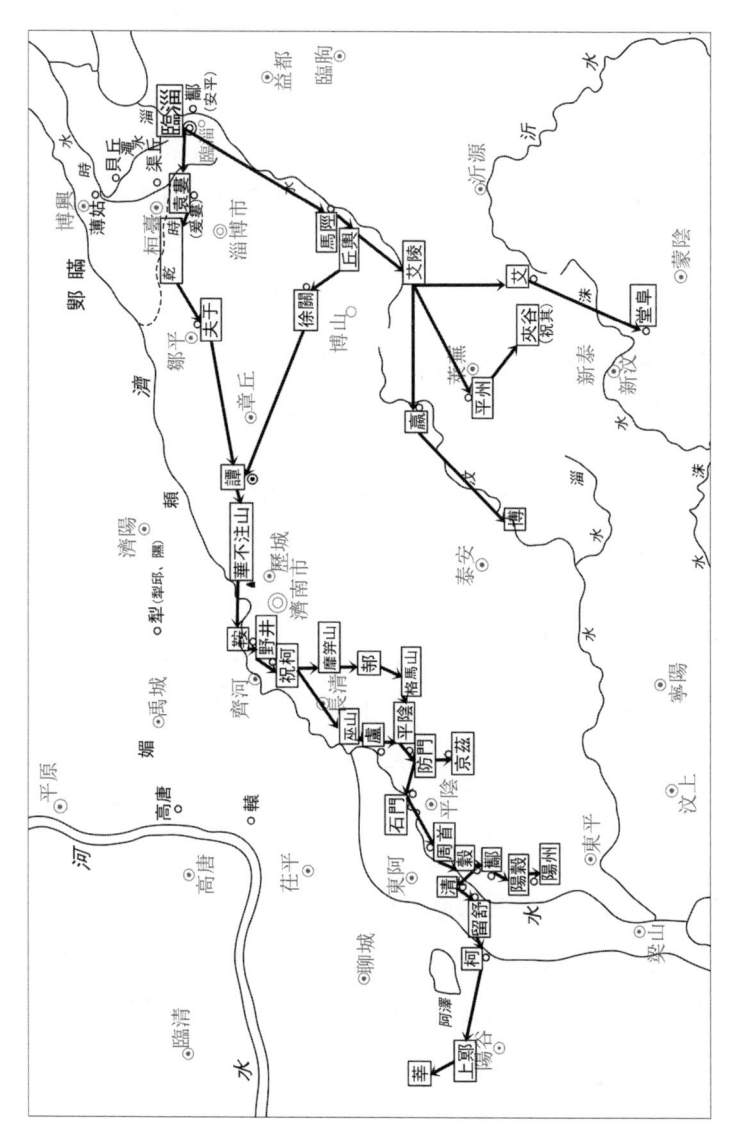

圖2 齊都臨淄西南向路綫圖

第三節　齊都臨淄西向、北向、東向路綫

本節合并討論齊都臨淄西向、北向、東向路綫，東向路綫又分南北二道，南道至東陽又分爲三綫。以下分置第一與第二小節申論西向與北向路綫，第三與第四小節分述東向路綫北道與南道。

一、齊都臨淄西向路綫："臨淄—袁婁（爰婁）—乾時—夫于—賴—犁—媚—高唐—轅"

哀十（485 B.C.）《傳》："夏，趙鞅帥師伐齊，大夫請卜之。……於是乎取犁及轅，毀高唐之郭，侵及賴而還。"《集解》："犁，一名隰，濟南有隰陰縣。祝阿縣西有轅城。"（第 1015 頁）《左傳注》："犁即二十三年《傳》之犁丘，在今山東德州地區臨邑縣西。"（第 1656 頁）《考略》："（犁）在濟南臨邑縣西十里有犁丘子讀書臺。"（卷 3，第 29 頁）犁在今山東臨邑縣西約十里。至於高唐地望，襄十九（554 B.C.）《傳》："以夙沙衛易己，衛奔高唐以叛。……齊慶封圍高唐，弗克。冬十一月，齊侯圍之。"（第 586—587 頁）《集解》："高唐在祝柯縣西北。"（第 586 頁）《嘉慶重修一統志》引漢人應劭（約 153—196）《十三州記》："（高唐）在平原郡南五十里"；又曰："高唐故城在禹城縣西南。"①知高唐在今禹城縣西南。上揭《傳》文既載齊國二次派軍圍高唐，就知臨淄必有大道至此。《水經注》：

---

① （清）穆彰阿等：《嘉慶重修一統志》，卷 163，第 5 頁。

漯水又東北逕援縣故城西,王莽之東順亭也。杜預《釋地》曰:濟南祝阿縣西北有援城。漯水又東北逕高唐縣故城東。……《春秋左傳》哀公十年,趙鞅帥師伐齊,取犁及轅,毀高唐之郭。杜預曰:轅,即"援"也。祝阿縣西北有高唐城。漯水又東北逕漯陰縣故城北,縣故黎邑也。①

漯水東北逕援縣故城西,援即哀十(485 B.C.)《傳》之轅。漯水又東北逕高唐縣故城,又東北逕漯陰縣故城北,漯陰縣即犁,"犁"與"黎"通。從哀十(485 B.C.)《傳》知轅、高唐、犁之間應有道路以供行軍,從《水經注》所載漯水流域推測,轅、高唐、犁三地路綫應與漯水流徑大致相同。

哀十(485 B.C.)《傳》記晉師侵及賴而還,則犁與賴間應有道路相連。又哀六(489 B.C.)《傳》:"乃受盟,使胡姬以安孺子如賴。"《集解》:"賴,齊邑。"(第1008頁)《左傳注》:"賴,在今山東章丘縣西北。"(第1638頁)安孺子爲齊景公愛子,景公本欲令安孺子即位,然景公逝世後安孺子遭逐至賴,知齊都臨淄與賴間應有道路貫通。至於賴至臨淄之道,以地理推測最可能路徑應是渡濟水後至夫于,再東行經上節所叙乾時、袁婁(爰婁)而抵臨淄。

此外,考諸地圖,高唐至犁之間有媚。定九(501 B.C.)《傳》:"齊侯致禚、媚、杏於衛。"《集解》:"三邑皆齊西界,以荅謝衛意。"(第969頁)《左傳注》:"媚在今山東禹城縣。"(第1575頁)又哀十

---

① (北魏)酈道元注,(清)楊守敬纂疏,(清)熊會貞參疏:《水經注疏》,收入謝承仁主編《楊守敬集》,册3,卷5,第378—379頁。

五(480 B.C.)《傳》:"因與衛地,自濟以西,禚、媚、杏以南,書社五百。"(第1035頁)依《集解》知禚、媚、杏已在齊之西鄙而與衛臨近,故齊曾將三邑贈予衛國。《考略》:"或曰媚在濟南禹城界。"(卷3,第27頁)《彙纂》:"媚當在濟南禹城縣。"(卷35,第14頁)媚之道路雖未明確,然地當高唐與犂之間,今姑置於此路之上。據此則齊都臨淄西向路綫可考訂者爲"臨淄—袁婁(爰婁)—乾時—夫于—賴—犂—媚—高唐—轅"。

二、齊都臨淄北向路綫:"臨淄—葵丘(渠丘)—貝丘—薄姑"

莊八(686 B.C.)《傳》:"齊侯使連稱、管至父戍葵丘。"《集解》:"葵丘,齊地,臨淄縣西有地名葵丘。"(第143頁)《水經注·淄水》:

> 系水又西,逕葵丘北。《春秋》:莊公八年,襄公使連稱、管至父戍葵丘。京相璠曰:齊西五十里有葵丘地。若是,無庸戍之。僖公九年,齊桓會諸侯于葵丘。宰孔曰:齊侯不務修德而勤遠略。葵丘不在齊也。引"河東汾陰葵丘""山陽西北葵城",宜在此。非也。余原《左傳》,連稱、管至父之戍葵丘,以瓜時爲往還之期,請代弗許。將爲齊亂,故令無寵之妹候公于宮。因無知之紲,遂害襄公。若出遠無代,寧得謀及婦人,而爲公室之亂乎?是以杜預稽《春秋》之旨,即《傳》安之,注于"臨淄"西,不得捨近託遠,苟成已異,于異可殊,即義爲負。然

則葵丘之戍，即此地也。①

酈氏駁京相璠之見，認爲此葵丘當在臨淄之西。《左傳注》："今山東省淄博市西有西安故城及蘧丘里，當即其地。"（第174頁）昭十一（531 B.C.）《傳》："齊渠丘實殺無知。"（第788頁）《左傳注》認爲"葵丘即昭十一年《傳》'齊渠丘實殺無知'之渠丘。"（第174頁）《考略》：

> 漢西安縣屬齊郡，武帝封李翔爲軹侯，食邑西安。後漢耿弇討張步，步使其弟藍將精兵守西安，自守臨淄，相距四十里。弇進軍，畫中居二城間，佯言攻西安而襲臨淄，拔之。藍懼，棄西安走劇。晉仍屬齊國。宋及後魏屬齊郡。北齊廢。今其古城在臨淄西三十里，參考方位里數，葵丘、渠丘政爲一地也。（卷3，第9頁）

《考略》以後世之例舉證葵丘雖近臨淄，却是控扼其西路之咽喉要塞，故莊八（686 B.C.）《傳》載齊侯使連稱、管至父所戍葵丘即爲此地，可補充酈氏之論。考諸地圖知葵丘位於臨淄西北，應位於臨淄北向路綫上。

莊八（686 B.C.）《傳》："冬，十二月，齊侯游于姑棼，遂田于貝丘。"《集解》："姑棼、貝丘，皆齊地。……樂安博昌縣南有地名貝丘。"（第144頁）齊侯游於姑棼遂田於貝丘，知臨淄與姑棼、貝丘間

---

① （北魏）酈道元注，（清）楊守敬纂疏，（清）熊會貞參疏：《水經注疏》，收入謝承仁主編《楊守敬集》，册4，卷26，第1628—1629頁。

應有道路。姑棼即齊舊都薄姑，《考略》："齊之薄姑城在(博興)縣東北十五里。"(卷3,第4頁)《考實》亦云："今青州府博興縣東北十五里有薄姑城。"(卷1,第27頁)《左傳注》："姑棼即薄姑,在今山東博興縣東北十五里。……今博興縣南有貝中聚,當即其地。"(第175頁)薄姑位於今博興縣東北十五里。《水經注》："澠水又西,逕樂安博昌縣故城南。……澠水西,歷貝丘。京相璠曰:博昌縣南近澠水,有地名'貝丘',在齊城西北四十里。《春秋》:莊公八年,齊侯田于貝丘。"①博昌縣於五代時因避諱而改名博興縣,《考略》："今博興縣南五里有貝中聚。"(卷3,第10頁)貝丘位於今博興縣南五里寨郝鄉南,②古澠水北岸。自臨淄沿澠水北上至貝丘,自貝丘沿澠水北上,至澠水與時水(耏水)交匯處即薄姑,此爲臨淄北向路綫。

襄三(570 B.C.)《傳》："晉爲鄭服故,且欲修吳好,將合諸侯,使士匄告于齊。……齊侯欲勿許,而難爲不協,乃盟於耏外。"《集解》："耏,水名。"(第501頁)晉士匄與齊侯盟於耏外,《左傳注》："耏外,即齊都臨淄西北郊近耏水處。"(第926頁)自臨淄至耏水應有道路,應與上文所述莊八(686 B.C.)《傳》載齊侯游於姑棼、田於貝丘之路相同。據此則臨淄北向路綫可考訂者爲"臨淄—葵丘(渠丘)—貝丘—薄姑"。

---

① (北魏)酈道元注,(清)楊守敬纂疏,(清)熊會貞參疏:《水經注疏》,收入謝承仁主編《楊守敬集》,册4,卷26,第1629—1630頁。
② 唐敏等編:《山東省古地名辭典》,第9頁。

三、齊都臨淄東向路綫北道:"臨淄—酅—紀—邶殿—密"

桓五(707 B.C.)《傳》:"夏,齊侯、鄭伯,朝于紀。欲以襲之,紀人知之。"(第106頁)齊侯朝於紀,則臨淄與紀之間必有道路。至於紀之地望,隱元(722 B.C.)《傳》:"八月,紀人伐夷。"《集解》:"紀國在東莞據縣。"(第39頁)《山東通志》:"莊公三年,紀季以酅入於齊。四年,紀侯大去其國。紀亡,地入於齊。今壽光縣有紀臺城。"(卷8,第10頁)《左傳注》謂紀之"故城當在今山東省壽光縣南"(第17頁),依《山東通志》則可確知今壽光市南之紀臺鎮即紀都。莊三(691 B.C.)《傳》:"秋,紀季以酅入于齊,紀於是乎始判。"(第139頁)《集解》:"酅,紀邑。在齊國東安平縣。"(第138頁)《山東通志》:"東安平城,在(臨淄)縣東十里,即酅邑。齊封田單爲安平君食邑于此。"(卷9,第40頁)《中國上古國名地名辭彙及索引》:"春秋紀邑,在今山東臨淄東十九里。"①《左傳注》謂其地"當在今山東省淄博市東,與壽光縣相近。"(第160頁)紀季以酅入於齊,則酅與臨淄、紀都間應有道路相連。自臨淄東行十餘里即可至酅,自酅東南行則能達紀都。

隱二(721 B.C.)《經》:"紀子帛、莒子盟于密。"《集解》:"密,莒邑,城陽淳于縣東北有密鄉。"(第42頁)《山東通志》:"密邑,在(昌邑)縣東南境,春秋隱公二年紀莒盟密,即此。"(卷9,第56頁)《左傳注》:"今山東省昌邑縣東而稍南十五里有密鄉,當是此密。"

---

① 潘英編:《中國上古國名地名辭彙及索引》,第236頁。

(第21頁)紀子帛與莒子盟於密,則自紀都繼續東行應可至密。

襄二十八(545 B.C.)《傳》:"及慶氏亡,皆召之,具其器用而反其邑焉。與晏子邶殿,其鄙六十,弗受。"《集解》:"邶殿,齊別都。以邶殿邊鄙六十邑與晏嬰。"(第656頁)《山東通志》:"都昌城,在(昌邑)縣西北二里,今治乃古城之東南一隅,齊景公封晏嬰以都昌,辭而不受,即此。"(卷9,第56頁)《左傳注》:"邶殿,今山東昌邑縣西北郊"《集解》謂邶殿爲"齊別都",姑且不論別都之意爲何,襄二十八(545 B.C.)《傳》載邶殿之鄙尚有六十邑可予晏子,推測其規模應當不小,與臨淄間應有道路連通。朱活據山東出土齊幣分布,認爲自臨淄出發,經壽光、昌邑繼而往東,應有運輸魚鹽之大道。① 紀都位於今壽光縣,邶殿與密正在今昌邑縣,則邶殿應在此東向大道之上。

莊元(693 B.C.)《經》:"齊師遷紀,邢、鄑、郚。"(第136—137頁)《集解》:"北海昌都縣西有訾城。"(第137頁)《左傳注》:"鄑音貲,故城當在今山東省昌邑縣西北二十里。"(第157頁)鄑在邶殿西北不遠處,齊遷紀之鄑邑,或亦經邶殿而達。如此則臨淄東向路綫北道爲"臨淄—鄟—紀—邶殿—密",密又分支北出可至鄑。

四、齊都臨淄東向路綫南道:"東陽—棠""東陽—介根""東陽—莒"

臨淄東向道路南道至東陽又分"東陽—棠""東陽—介根""東

---

① 朱活:《從山東出土的齊幣看齊國的商業和交通》,第59頁。

陽—莒"三綫。"東陽—莒"一綫至邢又有一路至鄩,一并於"東陽—莒"下説明。以下依序説明東向道路南道三綫。

襄二(571 B.C.)《傳》:"齊侯使諸姜宗婦來送葬,召萊子,萊子不會,故晏弱城東陽以逼之。"(第498—499頁)《集解》:"東陽,齊竟上邑。"(第499頁)襄六(567 B.C.)《傳》:"四月,晏弱城東陽,而遂圍萊。甲寅,堙之環城,傅於堞。及杞桓公卒之月。乙未,王湫帥師及正輿子、棠人軍齊師。齊師大敗之。丁未,入萊。萊共公浮柔奔棠。"(第516—517頁)晏弱城東陽而遂圍萊,萊共公奔棠,則自臨淄至東陽、萊、棠之間應有道路。萊都地望主流説法有三:其一認爲在今山東昌邑市東南,如《左傳注》:"萊國當在今山東省昌邑縣東南。"(第691頁)其二認爲在山東黃縣,今龍口市歸城,如《集解》:"萊國,今東萊黃縣。"(第377頁)今煙臺市黃城東南6公里處有萊國歸城遺址,《山東龍口市歸城兩周城址調查簡報》:"歸城城址的範圍廣大,城墻堅厚,其規模和工程量與曲阜魯國故城不相上下。因此推測,歸城在西周晚期至東周時期很有可能具有都邑性質。"①但亦有學者分析認爲山東半島應有東、西二萊國,黃縣歸城遺址并非《左傳》中齊國所伐之萊國,而是"地處東隅濱海地區的一個夷族國家"②。唐禄庭《歸城古城歸屬問題初探》:

> 根據周昌富先生的考證,以及歸城遺址的考古發現,我認

---

① 中美聯合歸城考古隊:《山東龍口市歸城兩周城址調查簡報》,《考古》2011年第3期,第38—39頁。
② 周昌富:《東萊新説》,收入劉敦愿、逄振鎬主編,山東古國史研究會編《東夷古國史研究(第一輯)》,西安:三秦出版社,1988年,第157頁。

爲萊國不是齊滅萊以後東遷之萊國。而是與之有別的早在西周初期就已建國的另一個土著萊國,如果我們把定都在濰水中游附近的萊國稱做西萊,那麼建都在龍口市歸城的萊國應稱爲東萊。他們雖從地理上分別爲東西兩個國家,但他們的族屬都是東隅海濱的萊夷族,而東西萊國在歷史上統稱爲萊國,不同的是他們是萊夷族的兩個支系建立的國家。這一推論,歸城古城遺址和古城的考古發現可以爲我們提供切實的證據。①

其三認爲在今山東濰坊市昌樂縣,如王獻唐(1896—1960)《山東古國考》:

那時的萊都,既距臨朐東境甚近,臨朐東南界安邱,東北界昌樂,無疑不在安邱,便在昌樂。……如果讓我就安邱昌樂兩縣,假設一處有萊國都城,就很自然地選擇昌樂。因爲第一它在濰滋區域,第二它西北境距臨淄甚近,第三就全部萊國區域講,它又是中心地帶,它有歷史上和地理上的具備條件,不同于安邱。②

陳槃(1905—1999)《春秋大事表列國爵姓及存滅表撰異》亦云:

---

① 唐禄庭:《歸城古城歸屬問題初探》,收入劉敦愿、逄振鎬主編,山東古國史研究會編《東夷古國史研究(第二輯)》,西安:三秦出版社,1990年,第249頁。
② 王獻唐:《山東古國考》,濟南:齊魯書社,1983年,第167—168頁。

> 萊侯之居當近今昌樂。臨朐在昌樂西南，相去不過六七十里，是亦不失爲一合理之推測。《齊語》：桓公"通齊國之魚鹽于東萊"。案萊此時如居黃縣，則其地瀕海矣。萊，舊侯國也。謂侯國之居瀕海，而魚鹽猶不能自給，殆無是理。若謂其本居昌樂西南而近臨朐，則去海二百有餘里矣，自不可能有魚鹽之利、而有賴齊國之輸入矣。①

襄二（571 B.C.）《傳》謂城東陽以逼萊，襄六（567 B.C.）《傳》又謂城東陽而遂圍萊，則萊都應近東陽。王、陳二氏又從歷史、地理、商貿等角度推測萊都位於昌樂，確有一定依據。且齊滅萊後萊共公奔棠，《集解》："棠，萊邑也，北海即墨縣有棠鄉。"（第517頁）舊即墨位於今山東平度縣，《山東考古錄》："《後漢書·郡國志》：'即墨有棠鄉'，今在平度州境。"②《左傳注》："棠，萊國之邑，疑在今山東平度縣東南。"（第948頁）棠在今山東平度市。齊國自西而東伐萊，則棠應在萊都以東。若萊都位於龍口市，則萊共公當不能逆齊軍東來之向而逃至棠。綜上所述，自臨淄經東陽、萊而至棠，應爲臨淄東向交通路綫南道之一，途經都邑爲"臨淄—東陽—萊—棠"。

襄二十四（549 B.C.）《傳》："秋，齊侯聞將有晉師，使陳無宇從遠啓彊如楚，辭，且乞師。崔杼帥師送之，遂伐莒，侵介根。"（第610頁）《集解》："介根，莒邑。今城陽黔陬縣東北計基城是也。"（第610頁）《左傳注》："介根本莒舊都，在今山東高密縣東南四十里，

---

① 陳槃：《春秋大事表列國爵姓及存滅表譔異》，上海：上海古籍出版社，2009年，第744頁。
② （清）顧炎武：《山東考古錄》，卷1，第33頁。

即膠縣西南七里。"(第1091頁)崔杼伐莒侵介根,介根位於舊膠縣、今膠州市西南約七里,知自臨淄至莒之介根應有路綫以供行軍。介根鄰近夷維,《史記·管晏列傳》:"晏平仲嬰者,萊之夷維人也。事齊靈公、莊公、景公,以節儉力行重於齊。"①唐人張守節(生卒年不詳)《史記正義》:"《齊記》云:齊城三百里有夷安,即晏平仲之邑。漢爲夷安縣,屬高密國。"②《山東通志》:"夷安城,在(高密)縣東南十五里。"(卷9,第58頁)夷維在今高密市,爲晏氏食邑。晏嬰事齊靈公、莊公、景公,則臨淄與夷維間應有道路供其往返。夷維又鄰近介根,故崔杼此次侵介根較大可能是取道夷維。

　　自臨淄至夷維,或先至紀,再過今濰坊市、渡濰水,轉東南行至夷維。抑或先至東陽,再借道杞國、渡濰水,東南行至夷維。然此次出兵是崔杼送陳無宇如楚遂伐莒,應是先南行至東陽再過杞國。《大事表》:"(杞國)國于雍丘,今河南開封府杞縣。成公遷緣陵,在今山東青州府昌樂縣東南五十里。文公遷淳于,在今青州府安丘縣東北三十里。"(第568頁)緣陵在今昌樂縣河頭鄉古城村,杞國故城在今安丘縣黃旗堡鎮逢王村西。③昭元(541 B.C.)《傳》:"子相晉國,以爲盟主,於今七年矣。再合諸侯,三合大夫,服齊、狄,寧東夏,平秦亂,城淳于。"(第697—698頁)《集解》:"襄二十九年城杞之淳于,杞遷都。"(第698頁)魯昭公元年(541 B.C.)時杞都從緣陵遷至淳于,則緣陵與淳于間應有道路。綜上所述,自臨淄經東陽,東行過杞之緣陵、淳于,渡濰水再東南行經夷維而至介根,

---

① (漢)司馬遷撰,[日]瀧川資言考證:《史記會注考證》,第830頁。
② (漢)司馬遷撰,[日]瀧川資言考證:《史記會注考證》,第830頁。
③ 唐敏等編:《山東省古地名辭典》,第248、165頁。

爲臨淄東向路綫南道之二,途經都邑爲"臨淄—東陽—緣陵—淳于—夷維—介根"。

莊九(685 B.C.)《傳》:"夏,公伐齊,納子糾。桓公自莒先入。"(第145頁)宣十三(596 B.C.)《經》:"十有三年春,齊師伐莒。"(第404頁)成十七(574 B.C.)《經》:"齊高無咎出奔莒。"(第481頁)昭元(541 B.C.)《經》:"秋,莒去疾自齊入于莒。"(第696頁)昭十九(523 B.C.)《經》:"秋,齊高發帥師伐莒。"(第844頁)齊、莒往來頻繁,知兩國間必有大道。朱活據山東出土齊幣之分布曰:"齊幣出土臨淄、益都、臨朐、莒縣、沂南、莒南一綫,這是從齊都臨淄南出穆陵關通往莒的一條重要交通綫。齊國伐莒,總是南出穆陵,在春秋到戰國中期,是齊莒之間的交通要道。"①今臨淄、益都、臨朐、莒縣、沂南、莒南一綫,可應春秋臨淄、東陽、邢、穆陵、鄆、且于、莒一路,此即臨淄東南向至莒之交通幹道。

莊元(693 B.C.)《傳》:"齊師遷紀,郱、鄑、郚。"(第136—137頁)《集解》:"齊欲滅紀,故徙其三邑之民而取其地。"(第137頁)齊師遷紀之郱、鄑、郚,則臨淄至此三邑必有道路。鄑邑前文已述,《集解》:"郱在東莞臨朐縣東南,鄑在朱虛縣東南。"(第137頁)《左傳注》:"郚音吾,故城當在今安丘縣西南六十里。"(第157頁)自臨淄經東陽繼續南行可至郱,自郱東南行可至鄑。東陽再南行則可至穆陵關,《讀史方輿紀要》:"穆陵關,在青州府臨朐縣東南百有五里大峴山上。山高七十丈,周迴二十里,道逕危惡,一名破車峴。其左右有長城、書案二嶺,峻狹僅容一軌,故爲齊南天險。"②趙

---

① 朱活:《從山東出土的齊幣看齊國的商業和交通》,第59頁。
② (清)顧祖禹撰,賀次君、施和金點校:《讀史方輿紀要》,第1454頁。

益超《東周時期齊地關隘的考古學研究》認爲:"按今天的行政區劃來看,穆陵關位於臨朐縣大關南與沂水縣馬站鎮北交界的關頂村一帶。"①穆陵關爲齊國南部天險,亦是齊、莒幹道重要關隘。

成九(582 B.C.)《傳》:"楚師圍莒,莒城亦惡。庚申,莒潰,楚遂入鄆,莒無備故也。"(第448—449頁)春秋時有東、西二鄆,清人馬宗璉(1757—1802)《春秋左傳補注》:

> 《元和郡縣圖志》云:沂州沂水縣即莒、魯所爭之鄆。費縣即魯季氏邑,東南至沂州九十里,是費鄆接界,僅百餘里。武子爲費邑近鄆,故伐莒取鄆,以自廣其私邑之疆界。《漢五行志》云:成公五年秋,大水。董仲舒、劉向以爲時成幼弱,政在大夫,前此一年再用師,明年復城鄆,以疆私家。顏注:鄆,季氏邑。是鄆爲莒、魯常争之地。②

魯成公九年(582 B.C.)楚伐莒所入之鄆,應爲馬氏所云莒、魯常争之東鄆。或有學者依《集解》"鄆,莒別邑"(第447頁)之説,謂莒、魯各有一東鄆,如宋人家鉉翁(1213—1297)《春秋詳説》以爲鄆有三:"莒之別邑亦曰鄆,九年楚人入鄆是也。魯自有二鄆。"③然陳槃《不見於春秋大事表之春秋方國稿》:"虢之會,莒人以取鄆怨諸

---

① 趙益超:《東周時期齊地關隘的考古學研究》,濟南:山東大學考古學及博物館學碩士論文,2013年,第35頁。
② (清)馬宗璉:《春秋左傳補注》,臺北:復興出版社,1961年,影印文淵閣四庫全書本,卷3,第2頁。
③ (宋)家鉉翁:《春秋詳説》,收入(清)徐乾學等輯,(清)納蘭性德校刊《通志堂經解》,臺北:臺灣大通書,1970年,局影印清康熙十九年(1680)刻本,册24,卷17,第15頁。

侯,楚欲執魯使,趙孟曰:莒、魯爭鄆,爲日久矣。可證莒鄆即魯鄆也。"①故三鄆之説恐不合情理。《水經注》:"沂水又東南,逕東莞縣故城西,與小沂水合。孟康曰:縣,故鄆邑,今鄆亭是也。……《左氏傳》曰:莒、魯爭鄆,爲日久矣。今城北鄆亭是也。……《郡國志》:東莞有鄆亭。今在團城東北四十里,猶謂之'故東莞城'矣。"②《左傳注》:"鄆當在今山東省沂水縣東北五十里。"(第586頁)今臨沂市沂水縣高橋鎮徐家榮仁村有東鄆故城遺址。無論自齊國南下或自楚北上攻莒,軍隊皆攻取鄆,足見鄆是進出莒都必經之地。

襄二十三(550 B.C.)《傳》:"齊侯還自晉,不入,遂襲莒。門于且于,傷股而退。"(第607頁)《集解》:"且于,莒邑。"(第607頁)《左傳注》:"當在山東莒縣境内。"(第1084頁)齊侯襲莒且門於且于,且于在莒縣境内,距莒都不遠且位於齊、莒交通綫上。綜上所述,此路應爲臨淄東向路綫南道之三,途經都邑爲"臨淄—東陽—邿—穆陵—鄆—且于—莒"。此外,自邿又東南分出一路可達郠。

綜上所述,本節討論齊都臨淄西向、北向與東向路綫。西向路綫由臨淄至轅,所經都邑如下:"臨淄—袁婁(爰婁)—乾時—夫于—賴—犁—媦—高唐—轅";北向路綫可從《左傳》考訂者,其途經都邑爲"臨淄—葵丘(渠丘)—貝丘—薄姑"。東向路綫又分南北二道,北道途經都邑有"臨淄—鄲—紀—邶殿—密";此外,邶殿又

---

① 陳槃:《不見於春秋大事表之春秋方國稿》,上海:上海古籍出版社,2009年,第177—178頁。
② (北魏)酈道元注,(清)楊守敬纂疏,(清)熊會貞參疏:《水經注疏》,收入謝承仁主編《楊守敬集》,册4,卷25,第1567—1568頁。

北向分支一路至鄣。至於南道前段途經都邑爲"臨淄—東陽",至東陽後又分三路,由北至南依序爲"臨淄—東陽—萊—棠""臨淄—東陽—緣陵—淳于—夷維—介根""臨淄—東陽—邢—穆陵—鄆—且于—莒"。此外,上述第三路自邢又東南分出一路可達鄣,是歧出之一綫。以下依《中國歷史地圖集》①製成"圖3 齊都臨淄西向路綫圖""圖4 齊都臨淄北向路綫圖"與"圖5 齊都臨淄東向路綫圖",敬請讀者參看。

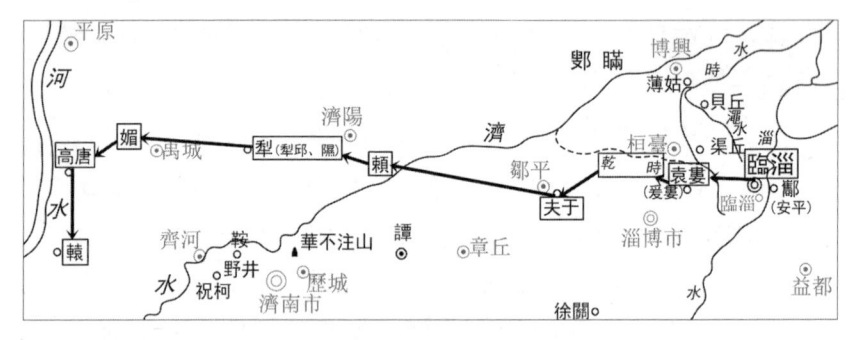

圖3 齊都臨淄西向路綫圖

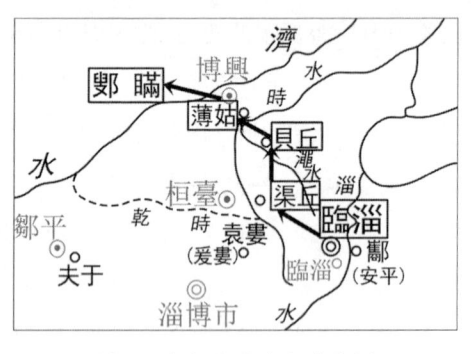

圖4 齊都臨淄北向路綫圖

---

① 譚其驤主編:《中國歷史地圖集》,册1,第26—27頁。

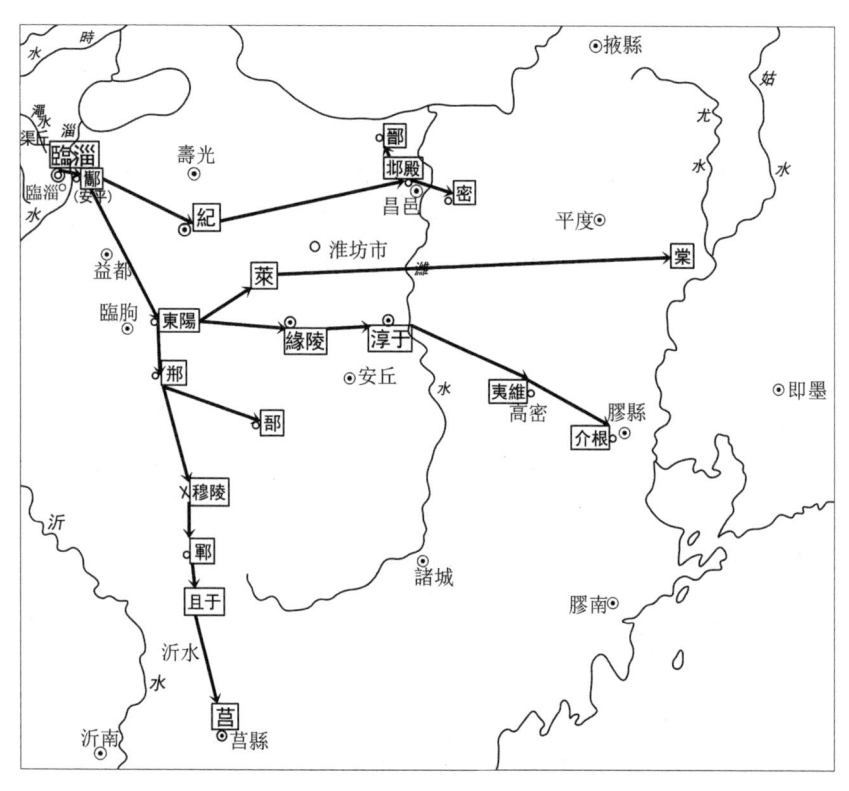

圖 5　齊都臨淄東向路綫圖

第四節　小結

　　春秋齊國交通路綫以臨淄爲核心，輻射爲南向、西南向、西向、北向、東向等五方道路。南向交通路綫主要幹道途經都邑爲"臨淄—馬陘—丘輿—艾陵"，自艾陵又再分三道續行，其一爲"艾陵—艾—堂阜"，其二爲"艾陵—平州—夾谷（祝其）"，其三爲"艾陵—

長勺—嬴—博"。西南向路綫前半段路程途經都邑爲"臨淄—袁婁（爰婁）—乾時—夫于—譚—華不注山—崔—野井—祝柯"，至祝柯後又分爲"祝柯—靡笄山""祝柯—巫山—盧—平陰"二道。平陰以下又分"平陰—防門—京兹""平陰—隔馬山—郕—靡笄""平陰—陽州"三綫，第二綫又與上述"祝柯—靡笄山"連接。此外，"平陰—陽州"一綫途歷都邑爲"平陰—防門—石門—周首—穀—鄆—陽穀—陽州"。此路途經穀時，又分支"穀—清—留舒—柯—上鄆—莘"一綫。西向路綫由臨淄至轅，途經都邑爲"臨淄—袁婁（爰婁）—乾時—夫于—賴—犁—媚—高唐—轅"。北向路綫途經都邑爲"臨淄—葵丘（渠丘）—貝丘—薄姑"。東向路綫又分南北二道，北道途經都邑有"臨淄—鄑—紀—邱殿—密"；此外，邱殿又北向分支一路至鄑。至於南道前段途經都邑爲"臨淄—東陽"，至東陽後又分三路，由北至南依序爲"東陽—萊—棠""東陽—緣陵—淳于—夷維—介根""東陽—邿—穆陵—鄆—且于—莒"。此外，上述第三路自邿又東南分出一路可達鄑，是歧出之一綫。筆者據上文之齊國交通路綫考釋，繪製爲"圖6 《左傳》齊國交通路綫圖"如下。①

---

① 底圖出自譚其驤主編《中國歷史地圖集》，册1，第26—27頁。

第一章 齊國交通路線考論

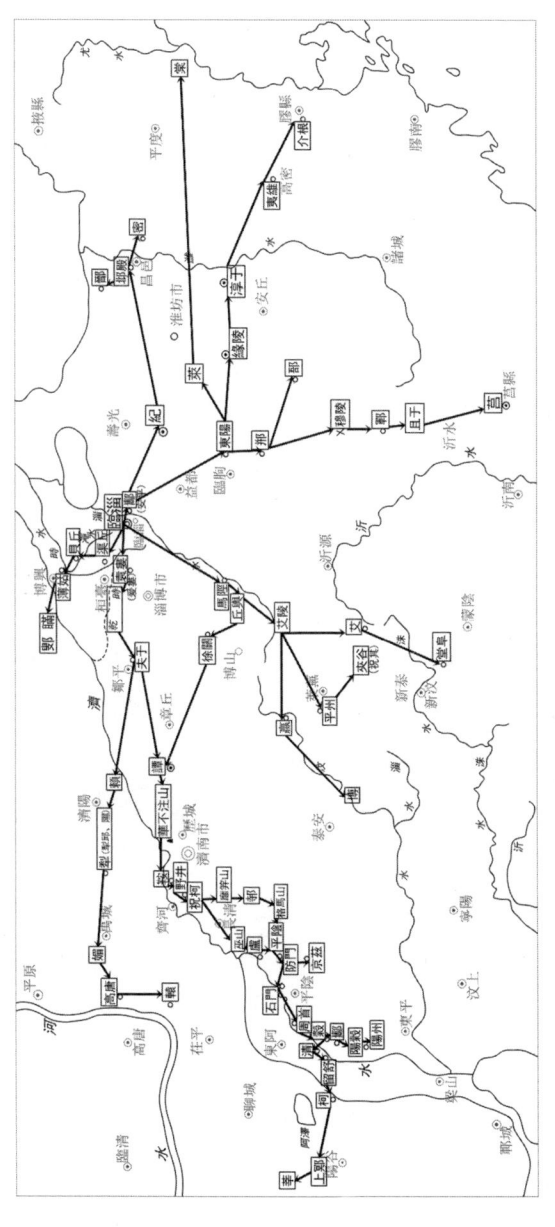

圖6 《左傳》齊國交通路線圖

第二章　衛國交通路綫考論

第一節　衛國遷都路綫

衛國始都朝歌,定四(506 B.C.)《左傳》:"分康叔以大路、少帛、綪茷、旃旌、大吕,……命以康誥,而封於殷虚。"①晉人杜預(222—285)《春秋左傳集解》:"殷虚,朝歌也。"(第 948 頁)《史記·衛康叔世家》:"以武庚殷餘民封康叔爲衛君,居河、淇間故商墟。"②《水經注·淇水》:"其水南流東屈,逕朝歌城南。……武王以殷之遺民,封紂子武庚于兹邑,分其地爲三:曰邶、鄘、衛。使管叔、蔡叔、霍叔輔之,爲三監。三監叛,周討平,以封康叔爲衛。"③《康

---

① (晉)杜預集解,(唐)孔穎達正義:《春秋左傳正義》,第 948 頁。
② (漢)司馬遷撰,[日]瀧川資言考證:《史記會注考證》,第 938 頁。
③ (北魏)酈道元注,(清)楊守敬纂疏,(清)熊會貞參疏:《水經注疏》,收入謝承仁主編《楊守敬集》,册 3,卷 9,第 655—656 頁。

侯毁》銘文:"王朿伐商邑,祉令康疾圖于衛。"①陳夢家(1911—1966)《西周銅器斷代》謂此記載周成王伐武庚後,封康叔於商邑而爲衛都,且曰:

> 此銘王所伐的商邑,當指朝歌而言。較早的《書》《詩》皆有商邑之稱,而與四方或殷國爲對文:《酒誥》:辜在商邑,越殷國滅無罹。《立政》:其在商邑,用協於厥邑;其在四方,用丕式見德。《殷武》:商邑翼翼,四方之極。《牧誓》:俾暴虐於百姓,以奸宄於商邑。《周本紀》:武王徵九牧之君,登豳之阜以望商邑。②

如此,則《康侯毁》銘文可佐證康叔封於朝歌。

《尚書·酒誥》:"明大命于妹邦。"③題漢人孔安國(156 B.C.—74 B.C.)《傳》:"周公以成王命誥康叔,順其事而言之,欲令明施大教,命於妹國。妹,地名,紂所都朝歌以北是。"④唐人孔穎達(574—648)《尚書正義》:"此妹與沫一也,故沫爲地名,紂所都朝歌以北。"⑤清人阮元(1764—1849)《校勘記》:"沫字上脱'《鄘風·桑中》之'五字,沫字下脱'鄉'字。"⑥《毛詩·鄘風·桑中》:"爰采唐

---

① 陳夢家:《西周銅器斷代》,北京:中華書局,2004年,第11頁。
② 陳夢家:《西周銅器斷代》,第12頁。
③ 題(漢)孔安國傳,(唐)孔穎達正義:《尚書正義》,臺北:藝文印書館,1993年,據清嘉慶二十年(1815)江西南昌府學版影印,第206頁。
④ 題(漢)孔安國傳,(唐)孔穎達正義:《尚書正義》,第206頁。
⑤ 題(漢)孔安國傳,(唐)孔穎達正義:《尚書正義》,第207頁。
⑥ 題(漢)孔安國傳,(唐)孔穎達正義:《尚書正義》,第216頁。

矣,沫之鄉矣。云誰之思,美孟姜矣。期我乎桑中,要我乎上宮,送我乎淇之上矣。"①漢人毛亨(生卒年不詳)《傳》:"沫,衛邑。"漢人鄭玄(127—200)《箋》:"於何采唐必沫之鄉,猶言欲爲淫亂者必之衛之都,惡衛爲淫亂之主。"②綜上所述,則"殷虛""商墟""商邑""妹""沫"皆指朝歌,即康叔始封之衛都,位於今河南省鶴壁市淇縣。③

魯閔公二年(660 B.C.)衛國爲狄人所滅,遷於曹邑,閔二(660 B.C.)《傳》:

> 冬十二月,狄人伐衛。……衛師敗績,遂滅衛。……狄人囚史華龍滑與禮孔,以逐衛人。二人曰:"我,大史也,實掌其祭。不先,國不可得也。"乃先之。至,則告守曰:"不可待也。"夜與國人出。狄入衛,遂從之,又敗諸河。……及敗,宋桓公逆諸河,宵濟。衛之遺民男女七百有三十人,益之以共、滕之民爲五千人,立戴公以廬于曹。許穆夫人賦《載馳》。(第190—191頁)

衛人從國都朝歌逃亡至曹,則朝歌與曹之間應有道路交通。《傳》謂"敗諸河""宵濟",知衛人遷徙途經渡口。《水經注·河水》:"又

---

① (漢)毛亨傳,(漢)鄭玄箋,(唐)孔穎達正義:《毛詩正義》,第113頁。
② (漢)毛亨傳,(漢)鄭玄箋,(唐)孔穎達正義:《毛詩正義》,第113頁。
③ "關於淇縣朝歌周圍的遺迹,當地文物部門曾進行過調查和試掘,收集到一些陶器和骨器等殷代文化遺物,其年代約自武丁至帝乙、帝辛時代,與安陽鄰近的浚縣、輝縣分布有殷代遺址的現象近似。"見中國社會科學院考古研究所編《殷墟的發現與研究》,北京:科學出版社,1994年,第50頁。

曰'白馬濟'。津之東南有白馬城,衛文公東徙渡河都之,故濟取名焉。"①清人顧棟高(1679—1759)《春秋大事表》(以下簡稱《大事表》):"衛之楚丘爲滑縣,有白馬津,亦曰延津,北岸爲浚縣,係衛舊都,與淇縣接界。衛文公渡河野處漕邑,是從黎陽南渡白馬津也。"②"漕邑"即"曹邑",《毛詩·鄘風·載馳》:"載馳載驅,歸唁衛侯。驅馬悠悠,言至于漕。"③知"曹"亦作"漕"。楊伯峻《春秋左傳注》:"曹,衛邑,當即今河南省滑縣西南之白馬故城。"④潘英《中國上古國名地名辭彙及索引》(以下簡稱《索引》):"曹(漕),春秋衛邑,在河南滑縣東廿里。"⑤白馬津在今河南滑縣與浚縣之間,曹邑則在今滑縣東二十里。衛人自朝歌東行至白馬津,渡河後繼續朝東南行即可至曹邑。

爾後衛人遷都楚丘,僖二(658 B.C.)《傳》:"二年春,諸侯城楚丘而封衛焉。"《集解》:"楚丘,衛邑。不言城衛,衛未遷。"(第199頁)則衛人遷楚丘似稍晚於魯僖公二年春。《史記·衛康叔世家》:"齊桓公以衛數亂,乃率諸侯伐翟,爲衛筑楚丘,立戴公弟燬爲衛君,是爲文公。"⑥前人或將此僖二(658 B.C.)《傳》之楚丘與隱七

---

① (北魏)酈道元注,(清)楊守敬纂疏,(清)熊會貞參疏:《水經注疏》,收入謝承仁主編《楊守敬集》,册3,卷5,第339頁。
② (清)顧棟高輯,吳樹平、李解民點校:《春秋大事表》,第961—962頁。
③ (漢)毛亨傳,(漢)鄭玄箋,(唐)孔穎達正義:《毛詩正義》,第125頁。
④ 楊伯峻:《春秋左傳注》,第292頁。
⑤ 潘英編:《中國上古國名地名辭彙及索引》,第173頁。
⑥ (漢)司馬遷撰,[日]瀧川資言考證:《史記會注考證》,第940—941頁。

(716 B.C.)《經》"戎伐凡伯于楚丘以歸"(第71頁)之楚丘混爲一談,①然顧棟高《春秋兩楚丘辨》辨之甚詳:

> 春秋時有兩楚丘。隱七年戎伐凡伯于楚丘,在山東曹縣東南四十里。本戎州己氏之邑,凡伯過其地因劫略之,杜注所謂濟陰成武縣西南者是也,地界曹、宋間。襄十年宋享晉侯于楚丘即此。其一爲僖四年衛遷于楚丘,在滑縣東六十里,于漢爲白馬縣。……隋開皇十六年同時置兩楚丘縣,一在漢巳氏縣,以戎伐凡伯之楚丘爲名,爲南楚丘;一在漢白馬縣,即桓公封衛者,爲北楚丘。後以曹縣有楚丘,因改名衛南縣。杜佑《通典》:"白馬,春秋衛國漕邑。衛南,衛國楚丘也。"《元和郡縣志》及《舊唐書》所載並同。而朱子《詩集注》亦云:"漕、楚丘皆在滑州",尤顯然較著。②

衛文公所都之楚丘位於滑縣東六十里,③距曹邑僅四十里。衛人自曹遷至楚丘,其間應有交通道路相連。

後三十年,衛遷都帝丘。僖三十一(629 B.C.)《經》:"狄圍衛,十有二月,衛遷于帝丘。"《集解》:"辟狄難也。帝丘,今東郡濮陽

---

① 《集解》將隱七(716 B.C.)《經》之楚丘誤認爲"衛邑",漢人班固(32—92)《漢書·地理志上》載山陽郡成武縣"有楚丘亭。齊桓公所城,遷衛文公於此。"見(漢)班固撰,(唐)顏師古注:《漢書》,臺北:宏業書局,1996年,第1570頁。曲英傑《史記都城考》:"古楚丘城在今山東曹縣東南,當即爲衛文公之都所在。"見曲英傑《史記都城考》,北京:商務印書館,2007年,第274頁。
② (清)顧棟高輯,吳樹平、李解民點校:《春秋大事表》,第889頁。
③ 潘英編:《中國上古國名地名辭彙及索引》,第198頁。

縣,故帝顓頊之虛,故曰帝丘。"(第286頁)《水經注・瓠子河》:

> 河水舊東流,逕濮陽城東北,故衛也。帝顓頊之墟。昔顓頊自窮桑徙此,號曰"商丘",或謂之"帝丘",本陶唐氏火正閼伯之所居,亦夏伯昆吾之都,殷相土又都之。故《春秋傳》曰:閼伯居商邱,相土因之。是也。衛成公自楚邱遷此,秦始皇徙衛君角于野王,置東郡,治濮陽縣。濮水逕其南,故曰"濮陽"也。①

《大明一統志》:"帝丘城,在滑縣東北七十里土山村,春秋時衛成公遷於此。"②《索引》則謂帝丘在河北濮陽西南三十里。(第147頁)今河南省濮陽縣東南五星鄉高城村南有高城東周遺址,其地理位置、規模、時代、文化内涵等皆與衛都帝丘相吻合,應爲帝丘遺址。③ 從楚丘遷都帝丘,動員人力與物力應頗盛大,兩地間當有交通路綫相連。以下依譚其驤主編《中國歷史地圖集》册一"鄭、宋、衛"地圖④製成"圖7　衛國遷都圖",提供讀者參照。

史念海《中國古都和文化》謂道路便利是選擇都城之重要條件,⑤馬正林《中國城市歷史地理》亦言:"中國早期的城市大都是

---

① (北魏)酈道元注,(清)楊守敬纂疏,(清)熊會貞參疏:《水經注疏》,收入謝承仁主編《楊守敬集》,册4,卷24,第1481—1482頁。
② (明)李賢等:《大明一統志》,西安:三秦出版社,1990年,卷4,第30頁。
③ 袁廣闊、南海森:《試論濮陽高城東周城址的性質》,《中原文物》2009年第1期,第45—47頁。
④ 譚其驤主編:《中國歷史地圖集》,册1,第24—25頁。
⑤ 史念海:《中國古都和文化》,第216—217頁。

图 7　衛國遷都圖

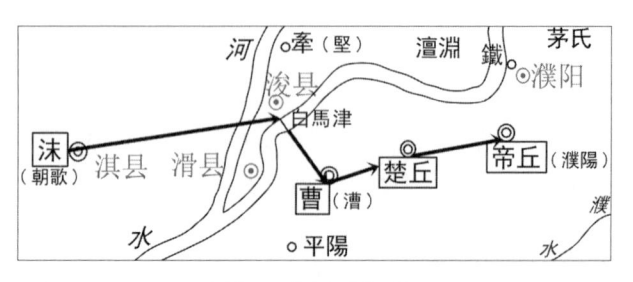

政治統治的中心,選擇城址也必須以交通方便爲原則。"①春秋諸國大抵以國都爲交通樞紐,故本書討論衛國交通路綫即以衛都爲核心開展。衛國雖多次遷都,然無論作爲都城時間長短或交通網絡之輻射狀態,帝丘無疑是衛國交通核心。本書以帝丘爲基準,分北向、東向、西向與南向等節,説明自帝丘輻射衛國全境之交通路綫。

第二節　衛都帝丘北向路綫

衛都帝丘北向幹道爲"帝丘—鐵—戚—五鹿—馬陵—沙—莘—夷儀",自戚東行經茅氏可延伸至圉,此部分於第一小節説明。此外,自戚邑由長壽津渡河可至於懿氏、柯、新築,另有一路延伸至戲陽、乾侯,是爲北向路綫之支道。以地理形勢推測,自曹邑由白馬津渡河至牽,繼續東行或亦可由澶淵至懿氏,此則置於第二小節論述。

---

① 馬正林:《中國城市歷史地理》,濟南:山東教育出版社,1998 年,第 23—24 頁。

一、帝丘—鐵—戚—五鹿—馬陵—沙—莘—夷儀

春秋時期衛國戚邑曾多次爲諸國君、卿、大夫會盟地點,如文元(626 B.C.)《經》:"秋,公孫敖會晉侯于戚。"(第 297 頁)又成十五(576 B.C.)《經》:"癸丑,公會晉侯、衛侯、鄭伯、曹伯、宋世子成、齊國佐、邾人同盟于戚。"(第 465 頁)又襄二(571 B.C.)《經》:"秋七月,仲孫蔑會晉荀罃、宋華元、衛孫林父、曹人、邾人于戚。"(第 497—498 頁)《經》又曰:"冬,仲孫蔑會晉荀罃、齊崔杼、宋華元、衛孫林父、曹人、邾人、滕人、薛人、小邾人于戚,遂城虎牢。"(第 498 頁)又襄五(568 B.C.)《經》:"公會晉侯、宋公、陳侯、衛侯、鄭伯、曹伯、莒子、邾子、滕子、薛伯、齊世子光、吳人、鄫人于戚。"(第 514 頁)又襄十四(559 B.C.)《經》:"冬,季孫宿會晉士匄、宋華閱、衛孫林父、鄭公孫蠆、莒人、邾人于戚。"(第 554 頁)如此頻繁之盟會記錄,足證戚邑應爲交通樞紐。《大事表》:"(戚)世爲孫氏邑,會盟要地。……蓋其地瀕河西,據中國之要樞,不獨衛之重地,亦晉、鄭、吳、楚之孔道也。"[1]《集解》:"戚,衛邑,在頓丘衛縣西。"(第 297 頁)《水經注・河水》:"故瀆東北逕戚城西。……今頓丘衛國縣西戚亭是也。"[2]清人惠士奇(1671—1741)《春秋地名考略》(以下簡稱《考略》):"漢高十二年封李必爲戚侯,邑于此。五代史梁貞明五年,王瓚與晉將李嗣源戰于戚城,敗還龍德。……今開州北七里有

---

[1] (清)顧棟高輯,吳樹平、李解民點校:《春秋大事表》,第 781 頁。
[2] (北魏)酈道元注,(清)楊守敬纂疏,(清)熊會貞參疏:《水經注疏》,收入謝承仁主編《楊守敬集》,册 3,卷 5,第 342 頁。

古戚城,亦謂之戚田。晉衛縣爲今東昌觀城縣,在開州東接界。"①戚位於舊開州北七里,《索引》謂在濮陽北七里(第 172 頁),今河南省濮陽縣城北約五公里戚城村有戚城遺址。②

《左傳》明載自衛都帝丘至戚邑往返之文,襄十四(559 B.C.)《傳》:"衛獻公戒孫文子、寧惠子食,皆服而朝,日旰不召,而射鴻於囿。二子從之,不釋皮冠而與之言。二子怒,孫文子如戚,孫蒯入使。……并帑於戚而入。"(第 560 頁)《左傳注》:"帑音奴,當廣指弟子臣僕一切家眾。衛自成公已遷都帝丘。此時爲發動叛亂,將家眾聚於戚地,而後率領入帝丘。"(第 1011 頁)知帝丘與戚邑應有道路貫通。結合魯哀公二年(493 B.C.)鐵之戰行軍路綫,知自戚邑至帝丘應途經鐵。哀二(493 B.C.)《傳》:

> 六月乙酉,晉趙鞅納衛大子于戚。宵迷,陽虎曰:"右河而南,必至焉。"使大子絻,八人衰絰,僞自衛逆者。告於門,哭而入,遂居之。秋八月,齊人輸范氏粟,鄭子姚、子般送之。士吉射逆之,趙鞅禦之,遇于戚。……甲戌,將戰,郵無恤御簡子,衛大子爲右。登鐵上,望見鄭師衆,大子懼,自投于車下。(第 994—996 頁)

《集解》:"是時河北流過元城界,戚在河外。晉軍已渡河,故欲出河右而南。"(第 994 頁)孔穎達《春秋左傳正義》(以下簡稱《正義》):

---

① (清)高士奇:《春秋地名考略》,第 15—16 頁。
② 廖永民:《戚城遺址調查記》,《河南文博通訊》1978 年第 4 期,第 19 頁。

"從晉而言,河西爲内,東爲外,故云:'戚在河外'也。是時晉軍已渡河矣,師人皆迷,不知戚處。陽虎憶其渡處在戚之北,河既北流,據水所向,則東爲右,故欲出河右而南行也。"(第994頁)《集解》與《正義》既云晉軍已渡河,又曰"右河而南"爲"欲出河右而南行",實已自相矛盾,知此解不確。日本竹添光鴻(1842—1917)《左傳會箋》(以下簡稱《會箋》):"河北流,戚在河東,晉在河西。涉河而南行,則河在人右,是時晉軍未渡河也。"①將"右"理解爲人之右,且認爲晉軍尚未渡河,《會箋》之見較爲確切。《左傳注》亦曰:"是時晉軍尚未渡河,其軍當自晉境直東行至今内黄縣南,其右爲河,渡河而南行即戚,再南行即鐵與帝丘。"(第1612頁)正如《左傳注》所言,晉軍應是一路東行至今内黄縣境而後渡河。

哀二(493 B.C.)《傳》載晉軍一路南進至戚邑,自戚邑續行即至鐵丘。《水經注·河水》:"河水東逕鐵邱南,……京相璠曰:'鐵,邱名也。'杜預曰:在戚南。河之北岸有古城,戚邑也。"②《考略》:"今開州北五里有鐵丘,地名王合里。"(卷7,第22頁)《索引》謂鐵在河北濮陽北(第236頁),《左傳注》:"鐵,在今濮陽縣西北五里。"(第1611頁)今河南省濮陽市西南約五公里王助鄉鐵丘村東有鐵丘遺址,③自鐵丘東南行不足二十里即達帝丘。

襄二十六(547 B.C.)《傳》:"孫林父以戚如晉。……衛人侵戚東鄙,孫氏愬于晉,晉戍茅氏。殖綽伐茅氏,殺晉戍三百人。孫蒯

---

① [日]竹添光鴻:《左傳會箋》,臺北:天工書局,1998年,第1886頁。
② (北魏)酈道元注,(清)楊守敬纂疏,(清)熊會貞參疏:《水經注疏》,收入謝承仁主編《楊守敬集》,册3,卷5,第362頁。
③ 朱光華等:《河南省濮陽市鐵丘遺址2012年發掘簡報》,《中原文物》2013年第6期,第4頁。

追之,弗敢擊。文子曰:'屬之不如。'遂從衛師,敗之圍。"(第630—631頁)戚邑此時已屬晉國勢力範圍。《集解》:"茅氏,戚東鄙。"《考略》:"今開州東有圍城。"(卷7,第19頁)《考實》:"今大名府開州東有圍城。"①《左傳注》:"圍在今濮陽縣東。"(第1114頁)開州即今河南濮陽舊名。殖綽伐茅氏殺晉戍三百,後孫蒯追衛師敗之於圍,則自戚邑至茅氏再至圍,其間應有道路相連。且戚、茅氏與圍距離相近,自戚東行出東鄙茅氏繼續東行即可至圍。

成七(584 B.C.)《經》:"公會晉侯、齊侯、宋公、衛侯、曹伯、莒子、邾子、杞伯救鄭。八月戊辰,同盟于馬陵。"(第443頁)衛侯與諸國國君同盟於馬陵,則自衛都帝丘至馬陵應有道路可達。《集解》:"馬陵,衛地。陽平元城縣東南有地名馬陵。"(第443頁)《大事表》:"今直隸大名府治東南十五里有馬陵道,即孫臏伏弩射殺龐涓處。"②《考略》:"《後漢志》魏郡元城縣有馬陵。隋開皇六年,析元城縣地,置馬陵縣。大業初,省宋人河北漕運。往往于黎陽,或馬陵道口裝卸,蓋津要之地矣。今大名府治東南十五里有馬陵道。"(卷7,第17頁)《索引》謂馬陵在河北省大名縣東南約十五里(第169頁),自五鹿沿黃河西北向即可到達。

定七(503 B.C.)《經》:"齊人執衛行人北宮結以侵衛。齊侯、

---

① (清)江永:《春秋地理考實》,卷2,第38頁。
② (清)顧棟高輯,吳樹平、李解民點校:《春秋大事表》,第1011頁。《史記·孫子吳起列傳》:"魏與趙攻韓,韓告急於齊。齊使田忌將而往,直走大梁。魏將龐涓聞之,去韓而歸,齊軍既已過而西矣。……孫子度其行,暮當至馬陵。馬陵道陝,而旁多阻隘,可伏兵……於是令齊軍善射者萬弩,夾道而伏……齊軍萬弩俱發,魏軍大亂相失。龐涓自知智窮兵敗,乃自剄。"見(漢)司馬遷撰,[日]瀧川資言考證《史記會注考證》,第1316—1317頁。齊、魏馬陵之戰戰址今主流有:一、河北大名元城;二、山東鄄城;三、山東郯城。共計三種說法,尚未有定論。

衛侯盟于沙。"(第962頁)《集解》:"陽平元城縣東南有沙亭。"(第962頁)《左傳注》:"在今河北大名縣東。"(第1560頁)衛侯與齊侯盟於沙,則自沙至帝丘應有道路可達。

在繼續討論沙至帝丘路綫前,須先說明成二(589 B.C.)《傳》所載鞌之戰道路。成二(589 B.C.)《傳》:"郤克將中軍,士燮將上軍,欒書將下軍,韓厥爲司馬,以救魯、衛,臧宣叔逆晉師,且道之。季文子帥師會之。及衛地……(晉)師從齊師于莘。"(第422—423頁)《集解》:"莘,齊地。"(第423頁)齊師伐魯、衛,衛孫桓子、魯臧宣叔皆如晉乞師。晉師出兵經衛國追蹤齊師至莘,爾後有鞌之戰。

《左傳注》:"莘有幾處。桓十六年之莘是衛地,在今山東莘縣北,莊十年之莘是蔡地,莊三十二年之莘是虢地,僖二十八年之有莘之墟又是古莘國。以地理考之,此莘當是桓十六年之莘,爲從衛至齊之要道。"(第790頁)《左傳注》認爲成二(589 B.C.)《傳》之莘應爲桓十六(696 B.C.)《傳》之莘。桓十六《傳》:"宣姜與公子朔構急子。公使諸齊。使盜待諸莘,將殺之。"(第128頁)《集解》:"莘,衛地,陽平縣西北有莘亭。"(第128頁)《索引》謂衛之莘在山東莘縣西北十三里(第178頁),《左傳注》:"莘當在今山東莘縣北八里。"(第146頁)《毛詩·邶風·二子乘舟》毛《傳》:"公令伋之齊,使賊先待於隘而殺之。"①《史記·衛康叔世家》:"宣公自以其奪太子妻也,心惡太子,欲廢之。及聞其惡,大怒,乃使太子伋於齊,而令盜遮界上殺之。與太子白旄,而告界盜,見持白旄者,殺之。"②莘位於齊、衛邊界,爲自衛至齊必經之途,亦是地勢較險要之

---

① (漢)毛亨傳,(漢)鄭玄箋,(唐)孔穎達正義:《毛詩正義》,第106頁。
② (漢)司馬遷撰,[日]瀧川資言考證:《史記會注考證》,第940頁。

隘道。鞌之戰晉軍追蹤齊軍自衛地至莘,應是一路東行至長壽津渡河,再沿黃河行軍至馬陵,爾後從馬陵沿隘道西行至莘。沙與馬陵分處大名縣東與東南,距離頗爲接近。且結合馬陵之戰、成二(589 B.C.)《傳》所載鞌之戰行軍路綫,及馬陵、沙、莘地理位置,合理推測沙應處自馬陵至莘道路之上。

僖元(659 B.C.)《經》:"夏六月,邢遷于夷儀。齊師、宋師、曹師城邢。"(第197頁)又襄二十四(549 B.C.)《經》:"公會晉侯、宋公、衛侯、鄭伯、曹伯、莒子、邾子、滕子、薛伯、杞伯、小邾子于夷儀。"(第608頁)同年《傳》:"會于夷儀,將以伐齊。水,不克。"(第610頁)又襄二十五(548 B.C.)《經》:"公會晉侯、宋公、衛侯、鄭伯、曹伯、莒子、邾子、滕子、薛伯、杞伯、小邾子于夷儀。……衛侯入于夷儀。"(第617頁)同年《傳》:"晉侯濟自泮,會于夷儀,伐齊,以報朝歌之役。"(第620頁)又定九(501 B.C.)《傳》:"秋,齊侯伐晉夷儀。"(第968頁)夷儀本是邢國都城,後邢爲衛所滅而爲衛邑。定九(501 B.C.)《傳》:"秋,齊侯伐晉夷儀。"(第968頁)齊侯伐晉之夷儀,則此時夷儀又爲晉所有。《考略》:"(夷儀)蓋實衛之邊邑,與齊皆連壤也。"(卷10,第28頁)夷儀應爲齊、衛邊邑,故上引魯襄公二十四年(549 B.C.)、二十五年(548 B.C.)晉侯兩度會諸侯伐齊皆於夷儀,蓋因夷儀與齊接壤。《考略》:"(夷儀)今在東昌府西南十二里。"(卷10,第28頁)《大清一統志》:"夷儀城,在聊城縣西南十二里,《後漢書·郡國志》:東郡聊城有夷儀聚。"①清代東昌府即今山東省聊城市,夷儀位於聊城西南十二里,②距莘僅約四十里。

---

① (清)和珅等:《欽定大清一統志》,卷132,第18頁。
② 潘英編:《中國上古國名地名辭彙及索引》,第116頁。

鞏之戰晉師從齊師於莘,魯襄公年間晉侯又兩度會諸侯於夷儀以伐齊,則莘至夷儀或爲晉國東向侵齊常用路綫。且夷儀爲衛國東北最邊鄙城邑,僅與莘邑相鄰。前文已述衛惠公命急子使齊,命盜待諸莘以殺急子,則莘應位於自衛至齊之交通要道。衛侯幾度至於夷儀,大抵亦行經莘邑。

綜上所述,"帝丘—鐵—戚—五鹿—馬陵—沙—莘—夷儀"爲衛都帝丘北向路綫,其中自戚東行經茅氏可延伸至圉。以下依《地圖集》册一"鄭、宋、衛"地圖①製成"圖8　衛都帝丘北向路綫圖之一",提供讀者參照。另有一路延伸至澶淵,此部分則於第二小節説明。

二、"戚—懿氏—澶淵""曹—牽—澶淵""懿氏—柯—新築""柯—戲陽—乾侯"

襄二十(553 B.C.)《經》:"夏六月庚申,公會晉侯、齊侯、宋公、衛侯、鄭伯、曹伯、莒子、邾子、滕子、薛伯、杞伯、小邾子盟于澶淵。"(第587—588頁)又襄二十六(547 B.C.)《經》:"公會晉人、鄭良霄、宋人、曹人于澶淵。"(第623頁)又襄三十(543 B.C.)《傳》:"冬十月,叔孫豹會晉趙武、齊公孫蠆、宋向戌、衛北宮佗、鄭罕虎及小邾之大夫會于澶淵。"(第683頁)知澶淵曾多次爲諸侯會盟之地,亦是交通輻湊之所。《集解》:"澶淵在頓丘縣南,今名繁汙,此衛地,又近戚田。"(第588頁)清人姚鼐(1731—1815)《左傳補注》:

---

① 譚其驤主編:《中國歷史地圖集》,册1,第24—25頁。

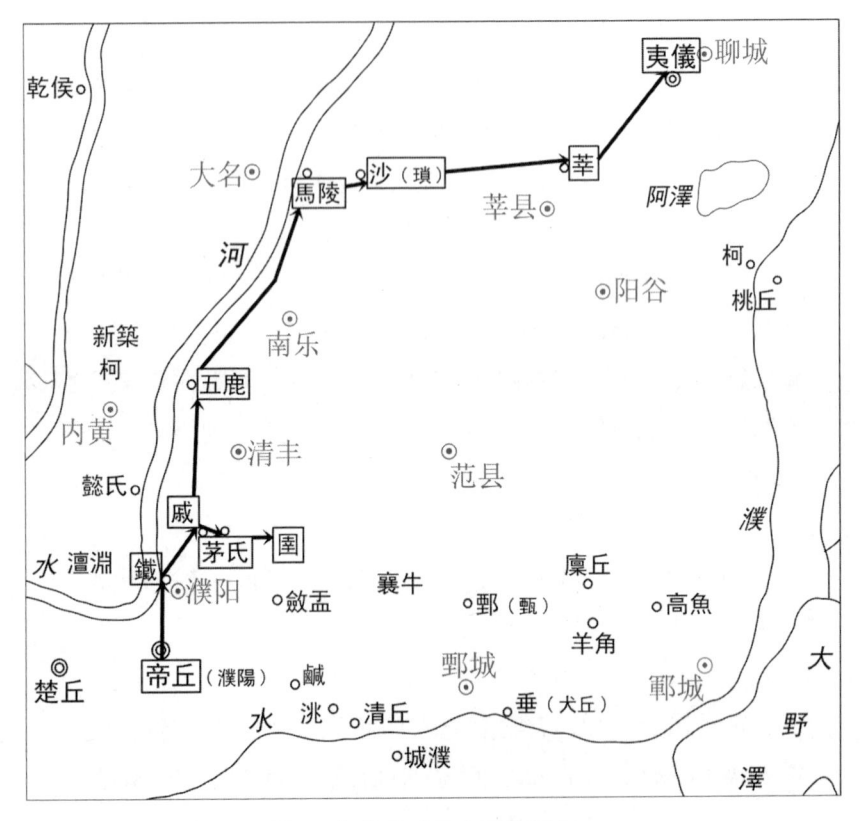

圖 8　衛都帝丘北向路綫圖之一

"此故衛地,是時已爲晉取矣。"①澶淵舊爲衛地,然上引魯襄公時期三次盟會皆由晉國主持,當如姚鼐所言,此時澶淵已屬晉所有。《考略》:"古澶淵地約當在今内黄之南,開州之西北。"(卷7,第18

---

① (清)姚鼐:《左傳補注》,收入宋志英輯《〈左傳〉研究文獻輯刊》,北京:國家圖書館出版社,2012年,第213頁。

頁)《索引》①與《左傳注》謂"澶淵在今河南濮陽縣西北。"(第1052頁)清代之開州即今河南濮陽縣,澶淵在今河南內黃縣南、濮陽縣西北。上引諸文皆見衛侯參與澶淵之盟會,則自衛都帝丘應有道路以達澶淵。

鄰近帝丘處有白馬津與長壽津,白馬津位於滑縣與浚縣之間,鄰近曹邑;長壽津位於濮陽縣,鄰近戚邑。《水經注·河水》:"河水又東北爲長壽津。……《春秋·哀公二年》,晉趙鞅率師,納衛太子蒯聵于戚,宵迷,陽虎曰:右河而南必至焉。"②趙鞅納衛太子於戚一事,可以證明自長壽津渡河南下即至戚邑。

戚邑位於黃河東岸,與之隔河相望的則是懿氏。襄二十六(547 B.C.)《傳》:"衛人侵戚東鄙,孫氏愬于晉,晉戍茅氏。……晉人爲孫氏故,召諸侯,將以討衛也。……六月,公會晉趙武、宋向戌、鄭良霄、曹人于澶淵,以討衛,疆戚田。取衛西鄙懿氏六十以與孫氏。"(第631—632頁)《集解》:"戚城西北五十里有懿城,因姓以名城。"(第632頁)《索引》謂懿氏在河北濮陽北五十七里(第236頁),《左傳注》亦言:"懿氏在戚城西北,今濮陽縣西北五十七里。"(第1116頁)晉因戚邑之糾紛而會諸侯於澶淵,伐衛國以取懿氏。懿氏與戚皆位於帝丘之北,鄰近長壽津,兩者分別位於黃河東西兩岸,則自戚邑經長壽津渡河後至懿氏,繼而南行可至澶淵,此應爲帝丘北向交通之支綫。

此外,據上引襄二十六(547 B.C.)《經》所載晉、宋、鄭、曹等國

---

① 潘英編:《中國上古國名地名辭彙及索引》,第220頁。
② (北魏)酈道元注,(清)楊守敬纂疏,(清)熊會貞參疏:《水經注疏》,收入謝承仁主編《楊守敬集》,册3,卷5,第341—342頁。

會盟於澶淵,其中宋、鄭、曹三國皆位於衛國之南,繞行至最北端之長壽津渡河參與盟會似過於迂曲。自較爲南側之白馬津渡河,或亦有道路可達澶淵。定十四(496 B.C.)《經》:"公會齊侯、衛侯于牽。"(第983頁)同年《傳》:"晉人圍朝歌,公會齊侯、衛侯于脾、上梁之間,謀救范、中行氏。"(第984頁)《集解》:"脾、上梁間,即牽。"(第984頁)《考實》:"今故牽城在内黄之西南,浚縣之北。"①《左傳注》:"牽,今河南浚縣北十餘里之地。"(第1593頁)牽位於今河南浚縣北十餘里,鄰近白馬津。定十三(497 B.C.)《傳》:"二子將伐公。……國人助公,二子敗,從而伐之。丁未,荀寅、士吉射奔朝歌。"(第982頁)范氏、中行氏兵敗逃至朝歌,晉人因圍朝歌,故齊、魯、衛三國國君會於牽以救范氏、中行氏。前文已述自朝歌渡白馬津至曹邑爲衛國首次遷都之道,故衛侯此次救朝歌亦應自曹邑由白馬津渡河後,與齊、魯會於白馬津稍北之牽,自牽東行約四十里即可至澶淵。

由晉國疆戚田、取懿氏可知,自戚邑由長壽津渡河,經懿氏可至澶淵。又因參與澶淵會盟之宋、鄭、曹等國皆地處衛國之南,推測自曹邑由白馬津渡河至牽,繼續東行或亦可至澶淵。

上文已述自戚邑渡河至懿氏後,由懿氏往南的交通路綫,下文則説明自懿氏向北的路綫,首先是由懿氏經過柯邑可至於新築。

襄公十九年(554 B.C.)《經》:"叔孫豹會晉士匄于柯。"同年《傳》:"齊及晉平,盟于大隧。故穆叔會范宣子于柯。"《集解》:"魏郡内黄縣東北有柯城。"(第629—630頁)柯邑位於今河南内黄縣,

---

① (清)江永:《春秋地理考實》,卷3,第34頁。

臨近當時黃河重要渡口長壽津。魯國大夫叔孫豹與晉國大夫士匄曾於柯邑會盟，因此可以推斷此邑應爲交通往來便利之地。由戚邑經長壽津渡河至懿氏，再北行應可至柯邑。

成公二年(589 B.C.)《經》："夏四月丙戌，衛孫良夫帥師及齊師戰于新築，衛師敗績。"同年《傳》："新築人仲叔于奚救孫桓子，桓子是以免。"(第420—422頁)新築，《左傳注》謂在今河北魏縣南。(第785頁)衛國大夫孫良夫曾率軍於新築與齊軍作戰，因此從衛都帝丘應有道路可行軍至此。從地理位置而言，新築恰好鄰近柯邑，位於柯邑稍北處，因此由帝丘沿前文所述路綫北至柯邑，再往北即可至新築。

其次，由柯邑向西北應可延伸出一條支綫由戲陽至乾侯。

昭公九年(533 B.C.)《傳》："晉荀盈如齊逆女，還，六月，卒于戲陽。"《集解》："魏郡内黃縣北有戲陽城。"戲陽與柯邑同在内黃縣，位於柯邑以西。上引襄公十九年(554 B.C.)《經》謂晉國大夫曾與魯國大夫在柯邑會盟，而昭公九年(533 B.C.)《傳》又載晉國大夫荀盈往齊逆女，回程時卒於戲陽。結合這兩則記載可知，今内黃縣(即春秋時期的柯邑、戲陽所在)應爲自晉國東出至齊、衛、魯等國的常經之地。因此從柯邑當有道路可往戲陽，并由此進入晉國。

從衛國由戲陽一綫入晉的道路終點，筆者推測應爲乾侯。昭公二十八年(514 B.C.)《經》："公如晉，次于乾侯。"《集解》："乾侯，在魏郡斥土縣，晉竟内邑。"同年《傳》："二十八年春，公如晉，將如乾侯。子家子曰：'有求於人，而即其安，人孰矜之？其造於竟。'弗聽，使請逆於晉。晉人曰：'天禍魯國，君淹恤在外，君亦不使一個辱在寡人,而即安於甥舅,其亦使逆君?' 使公復于竟,而後逆之。"(第910—911頁)《左傳注》謂乾侯在今河北省成安縣東南。(第1460頁)魯昭公前往晉都的途中,曾停駐於乾侯。乾侯位於戲陽之北,結合上文晉大夫與魯大夫在柯邑會盟,以及晉大夫從齊國返晉卒於戲陽,可以推知"柯邑—戲陽—乾侯"這條路綫,應即當時東方諸國進入晉國的交通要道。

以下依《地圖集》册一"鄭、宋、衛"地圖①製成"圖9　衛都帝丘北向路綫圖之二",提供讀者參照。

第三節　衛都帝丘東向路綫

衛都帝丘東向路綫可析爲"北道"與"南道"二路,"北道"之主幹道爲"帝丘—斂盂—襄牛—鄄—桃丘—柯—河澤",又自鄄歧出一路爲"廪丘—羊角—高魚",此置於第一小節説明。東向路綫"南道"則爲"帝丘—鹹—洮—清丘",至清丘可向東沿濮水至垂(犬丘),又可東南行至城濮,留待第二小節討論。

一、"帝丘—斂盂—襄牛—鄄—桃丘—柯—河澤""鄄—廪丘—羊角—高魚"

僖二十八(632 B.C.)《傳》:"二十八年春,晉侯將伐曹,假道于衛。衛人弗許。還,自河南濟,侵曹、伐衛。正月戊申,取五鹿。……

---

① 譚其驤主編:《中國歷史地圖集》,册1,第24—25頁。

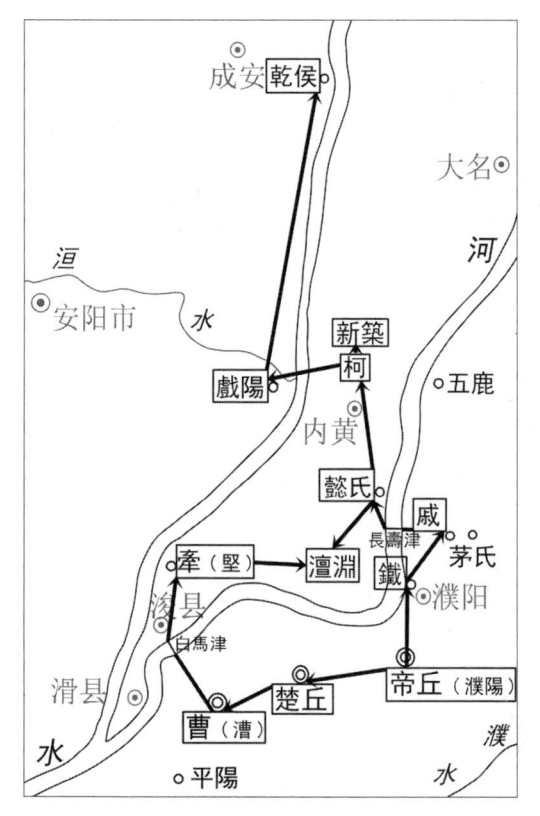

圖 9　衛都帝丘北向路綫圖之二

晉侯、齊侯盟于斂盂。衛侯請盟，晉人弗許。"（第 270 頁）又宣十七（592 B.C.）《傳》："齊侯使高固、晏弱、蔡朝、南郭偃會。及斂盂，高固逃歸。"（第 411 頁）《考略》："今開州東南有斂盂聚。"（卷 7，第 14 頁）《大事表》："今直隷大名府開州東南有斂盂聚是其地。"①《索引》言斂盂在濮陽東南(第225頁),《左傳注》亦曰:"斂盂,衛地,在今河南省濮陽縣東南。"(第452頁)濮陽舊名開州,斂盂在今濮陽東南。晉侯取五鹿後與齊侯盟於斂盂,則五鹿與斂盂間應有道路貫通。衛侯請盟於晉、齊,則自衛都至斂盂間亦應有路徑相連。此時衛國尚都楚丘,楚丘地處滑縣東六十里,帝丘位在濮陽縣北約十里,斂盂則居濮陽縣東南地區。從地理位置言,帝丘地處楚丘與斂盂之間,衛侯應是自楚丘經帝丘而至斂盂。

僖二十八(632 B.C.)《傳》:"衛侯欲與楚,國人不欲,故出其君,以說于晉。衛侯出居于襄牛。"(第270頁)又襄十(563 B.C.)《傳》:"衛侯救宋,師于襄牛。"(第540頁)《考實》:

> 衛人出君當不出其國境。以襄邑爲襄牛,應劭之說也。顏師古引圈稱說辯之,曰:襄邑,宋地,本承匡襄陵鄉也。宋襄公所葬,故曰襄陵。然則應說以爲襄牛,誤也。今考《水經注》叙濮水逕濮陽縣之東,有襄丘,此爲衛之東鄙。今曹州府濮州之地,襄牛其在此與。②

《索引》謂襄牛在山東濮縣東(第227頁),《左傳注》:"(襄牛)當在今山東省范縣境,衛之東鄙。"(第452頁)舊曹州府濮州治,即今河南省濮陽市范縣濮城鎮。魯僖公二十八年(632 B.C.)衛尚都楚丘,衛侯出居襄牛,則自楚丘自襄牛應有道路相連。魯襄公十年(563 B.C.)衛都帝丘,衛侯帥師救宋而次於襄牛,則自帝丘至襄牛應有

---

① (清)顧棟高輯,吳樹平、李解民點校:《春秋大事表》,第779頁。
② (清)江永:《春秋地理考實》,卷1,第49頁。

道路貫通。以地理位置觀之，范縣濮城鎮位於帝丘之東且鄰近斂盂，合理推測自楚丘經帝丘、斂盂可至襄牛。

莊十四（680 B.C.）《經》："冬，單伯會齊侯、宋公、衛侯、鄭伯于鄄。"（第 155 頁）又莊十五（679 B.C.）《經》："十有五年春，齊侯、宋公、陳侯、衛侯、鄭伯會于鄄。"（第 156 頁）又莊十九（675 B.C.）《經》："秋，公子結媵陳人之婦于鄄，遂及齊侯、宋公盟。"（第 159 頁）又襄十四（559 B.C.）《傳》："四月己未，子展奔齊，公如鄄。"（第 561 頁）又昭二十（522 B.C.）《傳》："衛公孟縶狎齊豹，奪之司寇與鄄。"（第 854 頁）又哀十七（478 B.C.）《傳》："十一月，衛侯自鄄入，般師出。"（第 1046 頁）魯莊公時期衛侯兩度與諸侯會於鄄，是時衛都曹邑。魯哀公十七年（478 B.C.）衛侯自鄄入國都，是時衛都帝丘，則自鄄至帝丘、曹應有交通路綫相連。《集解》："鄄，衛地，今東郡鄄城也。"（第 155 頁）《考略》：

> 漢置鄄城縣，屬濟陰郡，鄄讀絹。後漢末爲兗州治，曹操創業于此，曹植初封鄄城侯。晉亦爲鄄城縣，屬濮陽國。……後魏爲濮陽郡治，隋廢郡置濮州，自唐以後或爲郡或爲州，嘗爲治所。元仍爲濮州，明初省鄄城縣入之屬東昌府，今鄄城廢縣在州東二十里。（卷 7，第 10—11 頁）

《彙纂》："今山東東昌府濮州東二十里舊城集，故鄄城也。"①《索引》謂鄄在山東濮縣東二十里（第 193 頁），《左傳注》謂即今河南省

---

① （清）王掞等：《欽定春秋傳說彙纂》，收入（清）永瑢、紀昀等編《文淵閣四庫全書》，臺北：臺灣商務印書館，1983 年，冊 173，卷 8，第 50 頁。

濮陽市范縣濮城鎮東。(第196頁)魯僖公二十八年(632 B.C.)衛侯出居于襄牛,魯襄公十四年(559 B.C.)、魯哀公十七年(478 B.C.)衛侯出於鄄,又哀二十五(470 B.C.)《傳》:"故褚師比、公孫彌牟、公文要、司寇亥、司徒期因三匠與拳彌以作亂,皆執利兵,無者執斤。使拳彌入于公宮,而自大子疾之宮噪以攻公……乃出。將適蒲,彌曰:'晉無信,不可。'將適鄄,彌曰:'齊晉争我,不可。'"(第1050—1051頁)褚師比等人叛亂,衛侯欲出逃至鄄,雖終未成行,但足證鄄與襄牛皆爲衛侯出奔或別居在外之選擇。蓋鄄與襄牛同爲衛國東鄙都邑,鄰近齊國又距衛都不遠;既利於衛侯尋求齊國庇護,又利於衛侯與國都留守之臣保持聯繫,以便將來返國。故自帝丘至襄牛與鄄,大抵爲衛侯東向出奔常用路綫。

襄十四(559 B.C.)《傳》:"四月己未,子展奔齊,公如鄄。使子行於孫子,孫子又殺之。公出奔齊,孫氏追之,敗公徒于河澤,鄄人執之。"(第561頁)《集解》:"濟北東阿縣西南有大澤。"(第561頁)《水經注·河水》:"河水于范縣東北流,爲倉亭津。……河水右歷柯澤,《春秋左傳》襄公十四年,衛孫文子'敗公徒于阿澤'者也。又東北逕東阿縣故城西,而東北出流注。"①《考略》:"今運河所經,縣東北六十里有七級上下二閘,或以爲古阿澤是其處。今地在陽穀縣東,與東阿接界。東阿本春秋時柯邑,此獨名阿澤,即漢人所本也。"(卷7,第18頁)河澤又名阿澤、柯澤,《索引》謂地在山東陽穀東(第149頁),大致爲陽穀縣東北六十里與東阿縣交界處。衛獻公自鄄奔齊,於河澤爲孫文子所敗。則自鄄至河澤應有道路相

---

① (北魏)酈道元注,(清)楊守敬纂疏,(清)熊會貞參疏:《水經注疏》,收入謝承仁主編《楊守敬集》,册3,卷5,第367—368頁。

連,且爲衛國東向赴齊交通路綫之一。

"鄄"又名"甄",《史記·十二諸侯年表》:"七,始霸,會諸侯于鄄。"①《史記·齊太公世家》:"七年,諸侯會桓公於甄,而桓公於是始霸焉。"②知鄄、甄實爲一地。《史記·司馬穰苴列傳》:"齊景公時,晉伐阿、甄,而燕侵河上,齊師敗績。"③《史記·絳侯周勃世家》:"擊秦軍阿下,破之。追至濮陽,下甄城。"④《史記·田敬仲完世家》:"(齊威王)召阿大夫語曰:'自子之守阿,譽言日聞。然使使視阿,田野不闢,民貧苦。昔日趙攻甄,子弗能救。衛取薛陵,子弗知。是子以幣厚吾左右以求譽也。'"⑤唐人李泰(620—653)《括地志》:"東阿故城在濟州東阿縣西南二十五里。漢東阿縣城,秦時齊之阿也。"⑥錢穆《史記地名考》:"(阿、東阿)今山東陽穀縣東北五十里,即春秋之柯。"⑦阿即春秋之柯邑,莊十三(681 B.C.)《經》:"冬,公會齊侯盟于柯。"《集解》:"此柯,今濟北東阿,齊之阿邑。猶祝柯今爲祝阿。"(第154頁)《考略》:"古阿城在今陽穀縣東北五十里,曰阿城鎮。"(卷3,第11頁)柯即濟北東阿,齊之阿邑,古阿城應位於今陽穀縣東北五十里阿城鎮。

---

① (漢)司馬遷撰,[日]瀧川資言考證:《史記會注考證》,第366頁。
② (漢)司馬遷撰,[日]瀧川資言考證:《史記會注考證》,第868頁。
③ (漢)司馬遷撰,[日]瀧川資言考證:《史記會注考證》,第1311頁。
④ (漢)司馬遷撰,[日]瀧川資言考證:《史記會注考證》,第1249頁。
⑤ (漢)司馬遷撰,[日]瀧川資言考證:《史記會注考證》,第1130頁。
⑥ (唐)李泰撰,賀次君輯校:《括地志輯校》,北京:中華書局,1980年,第145頁。
⑦ 錢穆:《史記地名考》,第417頁。

《史記》二見阿、甄連言之例,①齊景公時晉國伐取阿、甄,又《絳侯周勃世家》載漢軍擊秦軍於阿,又追至濮陽縣攻取甄,足證阿、甄之間應有行軍之道。齊威王斥責阿大夫未能於甄被趙國攻伐時即刻營救,可知兩地交通便利。且自阿至甄應少經其他城邑,否則救甄之責當不必全由阿大夫承擔。桓十(702 B.C.)《經》:"秋,公會衛侯于桃丘,弗遇。"《集解》:"桃丘,衛地,濟北東阿縣東南有桃城。"(第 120 頁)《考略》:"今東阿縣安平鎮東十八里有桃城鋪,旁有一丘高可數仞,即桃丘矣。其地在縣治西南四十里,漢高帝封臣劉襄爲桃侯,邑于此。"(卷 7,第 9 頁)《索引》謂桃丘在山東東阿西南五十里(第 161 頁),距阿僅十餘里,衛侯赴桃丘大抵沿甄至阿之道。又由齊威王誅阿大夫推測,桃丘至甄或無需再經他邑即可直達。戰國之阿邑即春秋之柯邑,距河澤僅十里。戰國時自甄至阿之路,推測應即春秋時自鄄至河澤之道,故自鄄經桃丘、柯可至河澤,應爲衛國東向入齊路綫之北道。

襄二十六(547 B.C.)《傳》:"齊人城郟之歲,其夏,齊烏餘以廩丘奔晉,襲衛羊角,取之;遂襲我高魚。"(第 638 頁)又定八(502 B.C.)《傳》:"公侵齊,攻廩丘之郛。"(第 964 頁)又哀二十(475 B.C.)《傳》:"二十年春,齊人來徵會。夏,會于廩丘,爲鄭故,謀伐晉。"(第 1047 頁)又哀二十四(471 B.C.)《傳》:"二十四年夏四月,晉侯將伐齊,使來乞師。……臧石帥師會之,取廩丘。"(第 1049 頁)《水

---

① 《史記·孫子吳起列傳》:"臏生阿、鄄之間,臏亦孫武之後世子孫也。"又《史記·漢興以來諸侯王年表》:"常山以南,大行左轉,度河、濟,阿、甄以東薄海,爲齊、趙國。"見(漢)司馬遷撰,[日]瀧川資言考證《史記會注考證》,第 1315、468 頁。

經注·瓠子河》:"瓠河之北,即廩丘縣也。"①《考略》:"今廩丘城在東昌府范縣東南,瓠河之北。"(卷3,第23頁)《史記地名考》:"漢置廩丘縣,故城今山東范縣東南七十里。"②《索引》亦謂廩丘位於今山東范縣東南七十里。(第219頁)《水經注·瓠子河》引晉人京相璠(生卒年不詳)語:"今東郡廩丘縣南有羊角城。"③《考略》:"今東昌府范縣東南之義東保有廩丘城及羊角城。"(卷7,第20頁)《彙纂》:"羊角城一名義城,蓋取羊角哀爲名,在今范縣東南新安村。"④羊角位於廩丘之南,舊范縣東南新安村——今鄄城縣李胡同村。《考略》:"唐乾寧二年,朱全忠遣朱友恭圍朱瑾于兗州,朱瑄自鄆州馳救友恭,設伏敗之于高梧。胡氏曰:即高魚也,俗又訛爲交魚。今其地在鄆城東北。"(卷2,第20頁)《大清一統志》:"高魚城在曹州府范縣東南,與鄆城縣接界。"⑤高魚今地則在范縣東南與鄆城縣交界處。烏餘以廩丘奔晉,後襲取衛之羊角與魯之高魚,則自廩丘經羊角以至高魚應有道路相連。

《竹書紀年》:"晉烈公十一年(405 B.C.),田悼子卒。田布殺其大夫公孫孫,公孫會以廩丘叛於趙,田布圍廩丘,翟角、趙孔屑、韓師救廩丘,及田布戰於龍澤,田布敗逋。"⑥此事又見《呂氏春

---

① (北魏)酈道元注,(清)楊守敬纂疏,(清)熊會貞參疏:《水經注疏》,收入謝承仁主編《楊守敬集》,册4,卷24,第1489頁。
② 錢穆:《史記地名考》,第432頁。
③ (北魏)酈道元注,(清)楊守敬纂疏,(清)熊會貞參疏:《水經注疏》,收入謝承仁主編《楊守敬集》,册4,卷24,第1490頁。
④ (清)王掞等:《欽定春秋傳説彙纂》,卷27,第65頁。
⑤ (清)和珅等:《欽定大清一統志》,卷144,第27頁。
⑥ 方詩銘、王修齡:《古本竹書紀年輯證》,上海:上海古籍出版社,1981年,第93頁。

秋·不廣》:"齊攻廩丘,趙使孔青將死士而救之,與齊人戰,大敗之,齊將死。得車二千,得尸三萬,以爲二京。"①趙大夫孔青即《竹書紀年》之孔屑。又《史記·田敬仲完世家》:"宣公五十一年卒,田會自廩丘反。"②田會即《竹書紀年》之公孫會。清人雷學淇(1739—1829)《竹書紀年義證》:"龍澤即今范縣東南之大豬、黑龍等潭,蓋大野之餘波矣。"③《大清一統志》:"大瀦潭,在范縣東南五十里,相傳即大野澤之餘流也,《府志》:潭久涸,雨潦即成巨浸。墨龍潭,在范縣南十五里,相傳潭有龍,能興雲雨。宋熙寧中,禱雨有應,封其神爲妙應,立廟於潭之北。"④鄄位於濮州東二十里,范縣東南約四十七里,鄰近大瀦潭。田布圍廩邱,與翟角、趙孔屑、韓師戰於龍澤,則戰國時期廩丘至龍澤應有道路可供行軍。合理推測春秋時期鄄至廩丘大抵亦行此路,可抵齊、衛、魯交界之羊角、高魚等邑,爲衛國東向交通路綫北道之支綫。以下依《地圖集》冊一"鄭、宋、衛"地圖⑤製成"圖10 衛都帝丘東向路綫圖之北道",提供讀者參照。

二、帝丘—鹹—洮—清丘—垂(犬丘)/城濮

自衛都帝丘東向路綫另有一道有別於第一小節所陳,因位置稍南,故本書逕稱第一小節所述路綫爲"北道",本小節討論者爲

---

① 許維遹撰,梁運華整理:《吕氏春秋集釋》,北京:中華書局,2009年,第383頁。
② (漢)司馬遷撰,[日]瀧川資言考證:《史記會注考證》,第1129頁。
③ (清)雷學淇:《竹書紀年義證》,臺北:藝文印書館,1957年,卷24,第263頁。
④ (清)和珅等:《欽定大清一統志》,卷144,第18頁。
⑤ 譚其驤主編:《中國歷史地圖集》,冊1,第24—25頁。

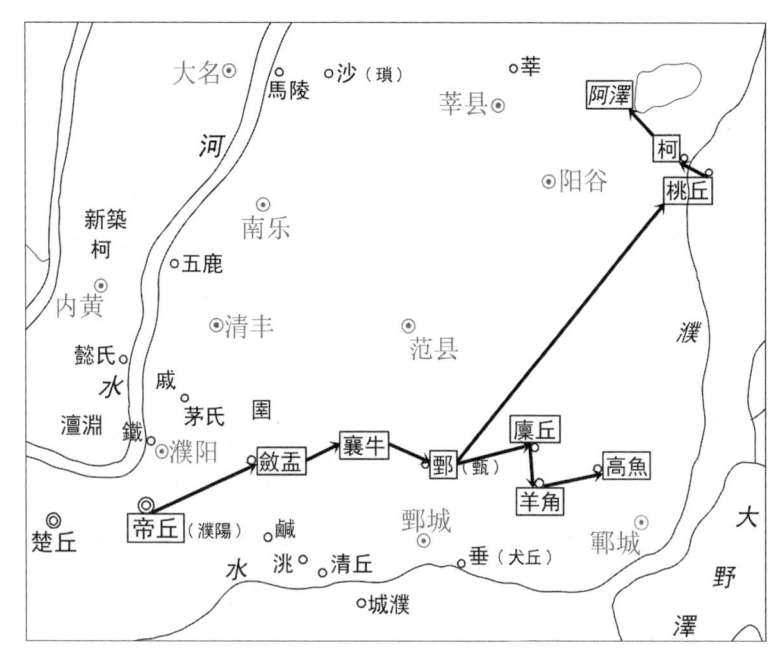

圖10 衛都帝丘東向路綫圖之北道

"南道"。僖十三(647 B.C.)《經》:"公會齊侯、宋公、陳侯、衛侯、鄭伯、許男、曹伯于鹹。"(第223頁)定七(503 B.C.)《傳》:"秋,齊侯、鄭伯盟于鹹,征會于衛。衛侯欲叛晉,諸大夫不可。使北宮結如齊,而私於齊侯曰:'執結以侵我。'齊侯從之,乃盟于瑣。"(第962頁)從上引二則記載可知,自楚丘與帝丘皆有道路抵達鹹地。《集解》:"鹹,衛地。東郡濮陽縣東南有鹹城。"(第223頁)《大事表》:"(鹹)在今直隸大名府開州東南六十里。"①《索引》謂鹹在濮陽東南六十里(第235頁),《左傳注》亦言:"在今河南省濮陽縣東南六

---

① (清)顧棟高輯,吳樹平、李解民點校:《春秋大事表》,第778頁。

十里。"(第343頁)自帝丘東南行約七十里即可至鹹。

莊二十七(667 B.C.)《經》:"二十有七年春,公會杞伯姬于洮。"(第175頁)僖八(652 B.C.)《經》:"八年春王正月,公會王人、齊侯、宋公、衛侯、許男、曹伯、陳世子款盟于洮。鄭伯乞盟。"(第216頁)僖二十五(635 B.C.)《經》:"冬十有二月癸亥,公會衛子、莒慶盟于洮。"(第262頁)僖三十一(629 B.C.)《傳》:"三十一年春,取濟西田,分曹地也。使臧文仲往,宿於重館。重館人告曰:'晉新得諸侯,必親其共。不速行,將無及也。'從之,分曹地,自洮以南,東傅于濟,盡曹地也。"(第286頁)定十四(496 B.C.)《傳》:"秋,齊侯、宋公會于洮,范氏故也。衛侯爲夫人南子召宋朝。會于洮,大子蒯聵獻盂于齊,過宋野。"(第984頁)《左傳》有二洮,一爲魯邑,在泗水縣境。魯莊公二十七年與魯僖公二十五年之洮皆爲魯邑之洮,江永《考實》已詳論之:

> 杞國都淳于,莊公會杞伯姬,安得至濮州會之?杜於昭七年季孫與謝息桃注云:魯國卞縣東南有桃墟,蓋桃即洮也,卞縣今爲兗州府泗水縣,泗水在曲阜東,伯姬自杞來,故會之。①
>
> 《傳》云衛人平莒于我,且及莒平,則此洮爲魯之内地,東近莒,即莊二十七年公會杞伯姬于洮者也,當爲卞縣洮墟,在泗水縣。②

---

① (清)江永:《春秋地理考實》,卷1,第31頁。
② (清)江永:《春秋地理考實》,卷1,第47頁。

另一洮爲曹邑,《大事表》:"今曹州府濮州西南五十里有洮城。"①《彙纂》:"今山東東昌府濮州南五十里有洮城,亦作桃城。"②《索引》謂在濮縣西南五十里(第152頁),知曹國之洮在今濮陽市范縣濮城鎮西南五十里。魯僖公八年、魯僖公三十一年、魯定公十四年之洮皆爲曹之洮,地近鹹地。知自帝丘至鹹後,東南行約十里即可至此。

宣十二(597 B.C.)《傳》:"晉原縠、宋華椒、衛孔達、曹人同盟于清丘,曰:'恤病,討貳。'於是卿不書,不實其言也。"(第400頁)《集解》:"清丘,衛地,今在濮陽縣東南。"(第388頁)《考略》:"今開州東南七十里有清丘,高五丈。唐置清丘驛,五代唐同光初,李紹興敗梁游兵于清丘驛南,即此。"(卷7,第16頁)《左傳注》:"(清丘)當在今河南省濮陽縣東南七十里,即鄄城縣西南四十里。"(第717頁)衛卿孔達與晉、宋、曹之卿大夫同盟於清丘,則自衛都帝丘至清丘應有道路相連。清丘距洮僅十里,則自帝丘沿鹹至洮,再東南行十里可至清丘。

隱八(715 B.C.)《經》:"八年春,宋公、衛侯遇于垂。"(第72頁)同年《傳》:"八年春,齊侯將平宋、衛,有會期,宋公以幣請於衛,請先相見。衛侯許之,故遇于犬丘。"(第73頁)垂與犬丘爲一地二名,《傳》稱犬丘,《經》則稱垂。如桓元(711 B.C.)《經》:"三月,公會鄭伯于垂,鄭伯以璧假許田。"(第88頁)又莊四(690 B.C.)《經》:"夏,齊侯、陳侯、鄭伯遇于垂。"(第139頁)春秋時期宋、衛

---

① (清)顧棟高輯,吳樹平、李解民點校:《春秋大事表》,第786頁。
② (清)王掞等:《欽定春秋傳説彙纂》,卷10,第19頁。又,濮州清初屬東昌府,雍正十三年(1735)後改屬曹州府。

皆有犬丘,如襄元(572 B.C.)《傳》:"秋,楚子辛救鄭,侵宋吕、留。鄭子然侵宋,取犬丘。"(第497頁)《考實》:"《傳》鄭子然侵宋,取犬丘。杜注:譙國酇縣東北有犬丘城,迂回,疑《彙纂》案犬丘地不近鄭,故杜以爲疑。然是時楚方侵宋取吕、留,鄭蓋爲楚取也。今歸德府永城縣西北三十里有犬丘集,今按此酇縣在永城。"①《索引》謂犬丘在河南永城西北三十里(第108頁),《左傳注》同此説。(第918頁)

襄十(563 B.C.)《傳》:"衛侯救宋,師于襄牛。……故鄭皇耳帥師侵衛,楚令也。孫文子卜追之,獻兆於定姜。……衛人追之,孫蒯獲鄭皇耳于犬丘。"(第540頁)《左傳注》:"在今鄄城縣東南十五里。"(第56頁)知衛之犬丘在鄄城縣東南十五里。衛侯救宋師於襄牛,爾後孫文子追鄭師,獲鄭皇耳於犬丘。須釐清者爲,孫文子隨衛侯陳師襄牛,爾後率師自襄牛至犬丘獲鄭皇耳;抑或衛侯征戰在外,鄭國乘機侵衛,孫文子從國都帝丘出兵,獲鄭皇耳於犬丘?從《傳》言"獻兆於定姜"推測,定姜不可能隨軍至襄牛,應仍留守國都。故孫文子於衛侯出征時,因卜筮及定姜之建議而決定發兵追擊鄭軍,知帝丘至犬丘應有道路以供行軍。犬丘位於鄄城縣東南十五里,與清丘同在濮水北岸,則自清丘沿濮水一路東行應可至於犬丘。

由上所陳可知,自衛都帝丘東向路綫之"南道"爲"帝丘—鹹—洮—清丘—垂(犬丘)"。然自清丘向東南行亦可至城濮,莊二十七(667 B.C.)《經》:"公會齊侯于城濮。"(第175頁)僖二十八(632

---

① (清)江永:《春秋地理考實》,卷2,第25頁。

B.C.)《傳》:"正月戊申,取五鹿。……晉侯、齊侯盟于斂盂。……晉侯圍曹,門焉,多死。……三月丙午,入曹。……退三舍。楚衆欲止,子玉不可。夏四月戊辰,晉侯、宋公、齊國歸父、崔夭、秦小子憖次于城濮。"(第270—272頁)

《考略》:"今濮州南七十里有臨濮城,或曰僖二十八年晉文公敗楚師于城濮,即此也。漢爲城陽縣地,隋開皇十六年析置臨濮縣,大業初省入雷澤縣,唐初復置屬濮州,宋因之,金廢爲臨濮鎮,或謂之小濮,蒙古呼必賚南侵嘗駐兵於小濮,即此。"(卷7,第11頁)《左傳注》:"城濮,衛地,今山東省舊濮縣(一九六五年已并入范縣)南七十里有臨濮城,當即古城濮地。"(第235頁)濮州即山東省舊濮縣,并入范縣後即今范縣濮城鎮。

晉文公先攻取五鹿,於斂盂與齊侯會盟後,乃率軍南下攻曹;爾後"退避三舍"至城濮,則斂盂、曹、城濮間應有道路相連。無論從《傳》文叙述或地理位置觀察,晉軍不應從斂盂迂迴至當時衛都楚丘,再從楚丘至鹹。原因是如此行軍不僅路綫過於曲折,且以他國國都爲軍隊集結之地亦不符常理,筆者推測晉軍應自斂盂直接南下。以地理位置觀之,鹹位於斂盂之南,地近斂盂,又是可供多國會盟之交通樞紐,應是衛國東向道路重要都邑,推測晉軍應自斂盂沿鹹、洮、清丘一路南下至曹。且晉軍自曹退避三舍北上城濮路綫,理應亦是晉軍原本南下攻曹之道。晉軍應自清丘渡濮水至城濮,繼而南下至曹,如此則"五鹿—斂盂—鹹—洮—清丘—城濮"又別爲不經衛都之道路。至於五鹿至斂盂具體路綫因無更多資料可供繫聯,僅能闕而不論以待來者。以下依《地圖集》冊一"鄭、宋、衛"地圖①製成"圖 11　衛都帝丘東向路綫圖之南道",提供讀者參照。

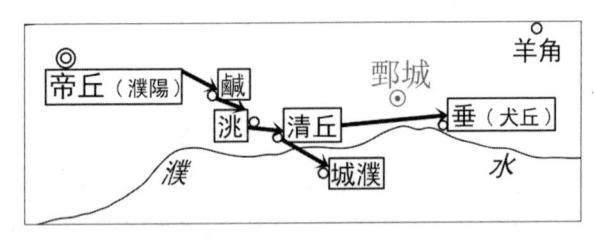

圖 11　衛都帝丘東向路綫圖之南道

綜上所述,衛都帝丘東向路綫可分"北道"與"南道","北道"爲"帝丘—斂盂—襄牛—鄄—桃丘—柯—河澤",自鄄又有"鄄—廩丘—羊角—高魚"支綫。"南道"爲"帝丘—鹹—洮—清丘",自清丘可向東沿濮水至垂(犬丘),或轉向東南以達城濮。此外,"五鹿—斂盂—鹹—洮—清丘—城濮"又别爲不經衛都之道路,此路綫暫不於"圖 11"繪製,將留至下文"圖 15"再予呈現。

第四節　衛都帝丘西向與南向路綫

衛都帝丘西向路綫爲"帝丘—楚丘—曹—平陽—廩延—朝歌",因地理位置明確且單純,爲顧及篇幅安排而設爲第一小節,與衛都帝丘南向路綫合爲一節。又因南向道路乃自曹轉向南行,亦有與西向路綫合并説明之必要,故置於第二小節討論。南向路綫經平陽、瓦至訾婁,訾婁西南向可至宛濮,東南向則可達匡,匡有道

---

① 譚其驤主編:《中國歷史地圖集》,册 1,第 24—25 頁。

路分至蒲與平丘。

一、帝丘—楚丘—曹—平陽—廩延—朝歌

哀十六(479 B.C.)《傳》:"六月,衛侯飲孔悝酒於平陽,重酬之。大夫皆有納焉。醉而送之,夜半而遣之。載伯姬於平陽而行,及西門,使貳車反祏於西圃。"(第1041頁)《水經注·河水》:"河水又東,右逕滑臺城北……城即故鄭廩延邑也,下有延津。《春秋傳》曰:孔悝爲蒯聵所逐,載伯姬于平陽,行于延津是也。廩延南故城,即衛之平陽亭也,今時人謂此津爲延壽津。"①衛侯飲孔悝酒於平陽,則自帝丘至平陽間應有道路交通。《考略》:"今滑縣東南五十里有韋城,韋城西二十里有平陽城,亦曰平陽亭。"(卷7,第24頁)《左傳注》:"平陽在今河南滑縣東南,距衛都約七十餘里"(第1699頁);《索引》亦同此見。(第112頁)平陽位於滑縣東南,鄰近衛之舊都曹邑。前文據衛都遷徙情況已推知曹邑、楚丘、帝丘間應有交通往來,則衛侯自帝丘沿楚丘、曹邑南下即可至平陽。

孔悝載伯姬於平陽,後行於延津。依上引《水經注》,知延津乃鄰近廩延之渡口。隱元(722 B.C.)《傳》:"鄭共叔之亂,公孫滑出奔衛。衛人爲之伐鄭,取廩延。"(第40頁)魯隱公元年衛國尚都於朝歌,則朝歌與廩延間應有道路以供行軍。《集解》:"廩延,鄭邑,陳留酸棗縣北有延津。"(第36頁)《左傳注》:"(廩延)當在今河南省延津縣北而稍東。"(第13頁)廩延在今河南省延津縣東北,黃河

---

① (北魏)酈道元注,(清)楊守敬纂疏,(清)熊會貞參疏:《水經注疏》,收入謝承仁主編《楊守敬集》,册3,卷5,第336頁。

故道南岸,孔悝與伯姬自平陽沿黃河西南行即可至廪延。鄭共叔之亂衛軍自朝歌南行,於延津渡河後即至廪延。以下依《地圖集》册一"鄭、宋、衛"地圖①製成"圖12　衛都帝丘西向路綫圖",提供讀者參照。

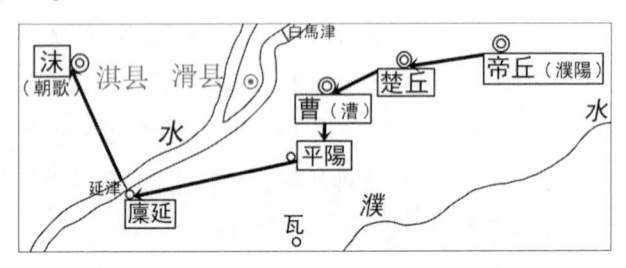

圖12　衛都帝丘西向路綫圖之南道

綜上所述,自帝丘經楚丘—曹—平陽—廪延可至朝歌,爲衛都帝丘西向交通路綫。南向道路因與西向路綫於"帝丘—楚丘—曹—平陽"部分重疊,此段則不再贅述,下文第二小節則逕自平陽之後都邑論起。

二、帝丘—楚丘—曹—平陽—鄆澤/瓦—訾婁—匡—蒲/平丘

定八(502 B.C.)《傳》:"夏,齊國夏、高張伐我西鄙,晉士鞅、趙鞅、荀寅救我。公會晉師于瓦,……晉師將盟衛侯于鄆澤。"(第964頁)《集解》:"瓦,衛地,將來救魯,公逆會之,東郡燕縣東北有瓦

---

① 譚其驤主編:《中國歷史地圖集》,册1,第24—25頁。

亭。"（第964頁）《大事表》："今衛輝府滑縣東南瓦岡集，古瓦亭也。"①《左傳注》："瓦即今河南滑縣南之瓦崗集"（第1562頁），知瓦位於今河南省安陽市滑縣南部瓦崗寨鄉。晉師與魯君會於瓦，後與衛侯盟於鄟澤，則衛都帝丘、鄟澤、瓦之間應有道路交通。《集解》："自瓦還，就衛地盟。"（第964頁）鄟澤今已不詳其地，依《集解》知其爲衛地。

晉軍自瓦還師，應是由距離瓦較近之"南河"渡口濟河。此段黃河有三處津渡，分別爲衛之延津（白馬津）、鄭之"延津"（廩延）與晉之"南河"。此時晉方與鄭、衛兩國交惡，定七年（503 B.C.）衛叛晉屬齊，《傳》："秋，齊侯、鄭伯盟于鹹，徵會于衛。衛侯欲叛晉，諸大夫不可。使北宮結如齊，而私於齊侯曰：'執結以侵我。'齊侯從之，乃盟于瑣。"（第962頁）故晉大夫與衛侯盟於鄟澤時，有意折辱衛侯。定八年（502B.C.）《傳》云："衛人請執牛耳。成何曰：'衛，吾溫、原也，焉得視諸侯？'將歃，涉佗捘衛侯之手，及捥。"（第965頁）

鄭國此時身處齊、衛陣營，且因前年伐周之事爲晉、魯所討，定六（504 B.C.）《傳》："鄭於是乎伐馮、滑、胥靡、負黍、狐人、闕外。六月，晉閻沒戍周，且城胥靡。"（第961頁）同年《傳》："二月，公侵鄭，取匡，爲晉討鄭之伐胥靡也。"（第960頁）又定八（502 B.C.）《傳》："秋，晉士鞅會成桓公侵鄭，圍蟲牢，報伊闕也。"（第965頁）

綜上所述，筆者推測晉國應無法假道於鄭、衛，僅能自"南河"

---

① （清）顧棟高輯，吳樹平、李解民點校：《春秋大事表》，第784頁。

渡河。"南河"位於廩延西南,①亦約在瓦之西南。晉師自瓦回國,若與衛侯盟於鄆澤,推測鄆澤應近於瓦,或在瓦之西南方。

僖十八(642 B.C.)《傳》:"冬,邢人、狄人伐衛,圍菟圃。衛侯以國讓父兄子弟。及朝眾,曰:'苟能治之,燬請從焉。'眾不可,而後師于訾婁。狄師還。"(第238頁)菟圃不詳今所在,《左傳注》引高岱《春秋地名考補》引或說,②"當在今河南省長垣縣境。"(第378頁)衛軍師於訾婁,則自衛都楚丘至訾婁應有道路相連。《大事表》:"今河南衛輝府滑縣西南六十里有訾婁城,西北與直隸大名府長垣縣接界。"③《左傳注》:"訾婁在今河南省滑縣西南,與長垣縣接界。"(第378頁)訾婁位於滑縣西南六十里與長垣縣接界處,④在瓦西南約二十里。上文已述瓦位於平陽南二十餘里,雖無資料明證平陽至瓦有道路貫通,然衛軍既可師於訾婁,推測平陽與瓦、訾婁間當有大道以爲行軍。

文元(626 B.C.)《傳》:"晉文公之季年,諸侯朝晉,衛成公不朝,使孔達侵鄭,伐緜、訾及匡。"(第298—299頁)《左傳注》:

> 緜,不詳今何地,當與匡邑相近。訾疑即僖十八年《傳》之訾婁,本爲衛邑,後則屬鄭,故今衛又伐之。匡當即今河南省長垣縣西南十五里之匡城,亦即《論語·子罕》"子畏于匡"之匡,八年《傳》所謂"晉侯使解揚歸匡、戚之田于衛"者。本爲衛

---

① 黃聖松:《〈左傳〉黃河津渡考論》,《清華中文學報》2017年第18期,第15—20頁。
② 高岱《春秋地名考補》今不見傳本,不知《左傳注》所引出處。
③ (清)顧棟高輯,吳樹平、李解民點校:《春秋大事表》,第779—780頁。
④ 潘英編:《中國上古國名地名辭彙及索引》,第201頁。

邑,鄭奪之,衛今又伐之。(第512頁)

衛國侵鄭,伐取緐、訾及匡三邑,則緐、訾、匡應皆爲衛、鄭邊境上邑,且距離相近。匡位於長垣縣西南十五里,①訾婁位於滑縣西南六十里與長垣縣交界處,則匡與訾婁同爲衛國南疆之邑且位置比鄰。《左傳注》認爲訾疑即訾婁,這一推測確實較爲合理,如此則自訾婁至匡應有道路相連。

僖二十八(632 B.C.)《傳》:"六月,晉人復衛侯,甯武子與衛人盟于宛濮。"(第275頁)《集解》:"陳留長垣縣西南有宛亭,近濮水。"(第275頁)《考實》:"今按長垣今屬大名府,(宛濮)故城在今(長垣)縣西南三十五里。"②宛濮位於長垣縣西南五十里,鄰近訾婁與匡。以地理位置觀之,則自訾婁至宛濮或亦有道路可通。

《史記・孔子世家》載孔子困於匡曰:

> 孔子遂適衛。……居頃之,或譖孔子於衛靈公。靈公使公孫余假一出一入。孔子恐獲罪焉,居十月,去衛。將適陳,過匡。……匡人聞之,以爲魯之陽虎。陽虎嘗暴匡人,匡人於是遂止孔子。……孔子使從者爲甯武子臣於衛,然後得去。去即過蒲。③

孔子去衛適陳而途經匡邑,可證衛都帝丘至匡當有道路貫通,即前文所述帝丘—楚丘—曹—平陽—瓦—訾婁—匡之南向路綫。孔子

---

① 潘英編:《中國上古國名地名辭彙及索引》,第115頁。
② (清)江永:《春秋地理考實》,卷1,第50頁。
③ (漢)司馬遷撰,[日]瀧川資言考證:《史記會注考證》,第1151—1152頁。

去匡過蒲,而桓三(709 B.C.)《傳》:"夏,齊侯、衛侯,胥命于蒲,不盟也。"(第103頁)成九(582 B.C.)《經》:"公會晉侯、齊侯、宋公、衛侯、鄭伯、曹伯、莒子、杞伯同盟于蒲。"(第447頁)知蒲曾爲多國會盟之地,是衛國南疆重鎮。《戰國策》:"衛所以爲衛者,以有蒲也。"①又《考略》:"蒲爲衛之巖邑矣。"(卷7,第9頁)又《集解》:"蒲,衛地,在陳留長垣縣西南。"(第447頁)又《水經注·濟水》:"濮渠又東逕蒲城北,故衛之蒲邑。"②又《括地志》:"故蒲城在滑州匡城縣北十五里。"③又《彙纂》:"今直隸大名府長垣縣治,故蒲城是也。"④蒲即長垣縣治,前文已謂匡城在長垣縣西南十五里,則蒲在匡東北十五里,與《括地志》所載相合。孔子自匡至蒲,則兩地間應有道路相連。

昭十三(529 B.C.)《經》:"秋,公會劉子、晉侯、齊侯、宋公、衛侯、鄭伯、曹伯、莒子、邾子、滕子、薛伯、杞伯、小邾子于平丘。"(第804頁)《集解》:"平丘在陳留長垣縣西南。"(第804頁)《大事表》:"《寰宇記》:在封丘縣東四十里,⑤蓋縣與封丘接境。"⑥《考實》:"今(平丘)故城在開封府陳留縣北九十里。"⑦舊開封府陳留縣即今河南省開封縣陳留鎮,陳留鎮北九十里與封丘縣東四十里,

---

① (漢)劉向輯錄:《戰國策》,上海:上海古籍出版社,1985年,第1161頁。
② (北魏)酈道元注,(清)楊守敬纂疏,(清)熊會貞參疏:《水經注疏》,收入謝承仁主編《楊守敬集》,册3,卷8,第561頁。
③ (唐)李泰撰,賀次君輯校:《括地志輯校》,第131頁。
④ (清)王掞等:《欽定春秋傳說彙纂》,卷4,第25頁。
⑤ 《太平寰宇記》:"平丘城,在(陳留)縣北九十里。"見(宋)樂史撰,王文楚等點校:《太平寰宇記》,第11頁。
⑥ (清)顧棟高輯,吳樹平、李解民點校:《春秋大事表》,第784頁。
⑦ (清)江永:《春秋地理考實》,卷3,第13頁。

以地望推之則所言實同,故平丘位於與封丘縣東四十里長垣縣接界處。衛侯至平丘赴會,則帝丘與平丘間應有交通道路。

《戰國策》:"王申息衆二年,然後復之,又取蒲、衍、首垣,以臨仁、平丘、小黄、濟陽嬰城,而魏氏服矣。"①《史記·春申君列傳》:"王休甲息衆,三年而後復之,又并蒲、衍、首垣,以臨仁、平丘、黄、濟陽嬰城而魏氏服。"②唐人司馬貞(679—732)《史記索隱》:"此蒲在衛之長垣蒲鄉也。……仁及平丘,二縣名,謂以兵臨此二縣,則黄及濟陽等自嬰城而守也。"③秦昭王(325 B.C.—251 B.C.)吞并蒲、衍、首垣後,順勢兵臨仁、平丘,於是黄、濟陽嬰城自守,魏國歸服。由此可見戰國時期自蒲、衍、首垣,至仁、平丘,再至黄、濟陽,應有道路可供秦師快速行軍以吞并魏邑,蒲即上引桓三(709 B.C.)《傳》與成九(582 B.C.)《經》所載長垣縣之蒲。《史記地名考》:

> 《水經·濟水注》謂:"封丘縣爲燕縣延鄉,在《春秋》爲長丘。漢高封翟盱。"④《藝文類聚》引《陳留風俗傳》:"高祖厄於延鄉,有翟母免其難,故以延鄉爲封丘封翟母。"⑤《漢志》封丘

---

① (漢)劉向輯録:《戰國策》,第 242 頁。
② (漢)司馬遷撰,[日]瀧川資言考證:《史記會注考證》,第 1463 頁。
③ (漢)司馬遷撰,[日]瀧川資言考證:《史記會注考證》,第 1463 頁。
④ 《水經注·濟水》:"濟瀆又東逕封邱縣北,南燕縣之延鄉也,其在《春秋》爲'長邱'焉。應邵曰:《左傳》宋'敗狄于長邱,獲長狄緣斯'是也。漢高帝封翟盱爲侯國。"見(北魏)酈道元注,(清)楊守敬纂疏,(清)熊會貞參疏:《水經注疏》,收入謝承仁主編《楊守敬集》,册 3,卷 7,第 536—537 頁。
⑤ 《藝文類聚·封爵部·婦人封》:"封丘者,高祖與項氏戰,厄於延鄉,有翟母者免其難,故以延鄉爲封丘縣,以封翟母焉。"見(唐)歐陽詢等編纂,汪紹楹校《藝文類聚》,上海:上海古籍出版社,1982 年,第 930 頁。

屬陳留,孟康注:"今翟溝。"此侯翟旴必翟母子。蓋"衍""燕""延"音近而譌也。封丘故城,今河南封丘縣治。①

衍爲今河南封丘縣治。《史記地名考》:"(首垣)故城今河北長垣縣東北。"②又云:"(平丘)今河北長垣縣西南五十里。"③即上引昭十三(529 B.C.)《經》之平丘。唐人張守節(生卒年不詳)《史記正義》:"仁,一作任,今任州城,屬濟州。《地志》云:任城,屬東平國。"④任在今山東濟寧,距離過遠,《正義》之説有誤。《史記地名考》:"《後漢書》延熹二年,封歐陽參爲修武仁亭侯。修武,今獲嘉縣治,仁亭當在其境。"⑤獲嘉縣在河南省新鄉市,距長垣縣亦遠,且間有黄河相隔,此説亦不可信。

秦軍臨仁、平丘,南朝宋人裴駰(生卒年不詳)《史記集解》引晉人徐廣(352—425):"屬陳留。"⑥《漢書·地理志》:"(陳留郡)縣十七:陳留、小黄、成安、寧陵、雍丘、酸棗、東昏、襄邑、外黄、封丘、長羅、尉氏、傿、長垣、平丘、濟陽、浚儀。"⑦又《晉書·地理志》:"陳留國:小黄、封丘、酸棗、濟陽、長垣、雍丘、尉氏、襄邑、外黄。"⑧漢置陳留郡,晉代陳留範圍略微縮小;至徐廣時,蒲、衍、首垣、平丘、黄、濟陽皆仍屬陳留郡,即今長垣、封丘、蘭考縣一帶。清人錢大昕

---

① 錢穆:《史記地名考》,第1141頁。
② 錢穆:《史記地名考》,第655頁。
③ 錢穆:《史記地名考》,第676頁。
④ (漢)司馬遷撰,[日]瀧川資言考證:《史記會注考證》,第1463頁。
⑤ 錢穆:《史記地名考》,第675頁。
⑥ (漢)司馬遷撰,[日]瀧川資言考證:《史記會注考證》,第1463頁。
⑦ (漢)班固撰,(唐)顏師古注:《漢書》,第1558—1559頁。
⑧ (唐)房玄齡等:《晉書》,北京:中華書局,1974年,第418—419頁。

(1728—1804)《廿二史考異》:"黄即陳留之外黄。"① 《史記地名考》:"《漢志》陳留郡有小黄縣,今陳留縣東北,此黄恐是。"② 黄一説爲外黄,一説爲小黄,然皆位於陳留。從地理位置推斷,仁應如徐廣所言,與蒲、衍、首垣等地同位於陳留郡,今地則不詳。

秦昭王吞并蒲、衍、首垣,兵臨仁、平丘,於是黄、濟陽嬰城自守,則自蒲至平丘再至濟陽應有一條交通路綫。自平丘至濟陽後,繼續沿濟水西行,即可至春秋時期曹國都城陶丘。以下依《地圖集》册一"韓、魏"地圖③製成"圖13　秦昭王進攻路綫圖",提供讀者參照。

圖13　秦昭王進攻路綫圖

上引成九(582 B.C.)《經》諸侯會於蒲,昭十三(529 B.C.)

---

① (清)錢大昕撰,孫開萍等點校:《廿二史考異》,收入陳文和主編《嘉定錢大昕全集》,南京:江蘇古籍出版社,1997年,第84頁。
② 錢穆:《史記地名考》,第396頁。
③ 譚其驤主編:《中國歷史地圖集》,册1,第35—36頁。

《經》諸侯會於平丘，二次會盟曹伯皆列名其中，知自曹都陶丘沿濟水經濟陽至平丘再至蒲之道，春秋時期即已存在，唯蒲與平丘間或需繞道匡邑。以下依《地圖集》册一"鄭、宋、衛"地圖①製成"圖14衛都帝丘南向路綫圖"，提供讀者參照。

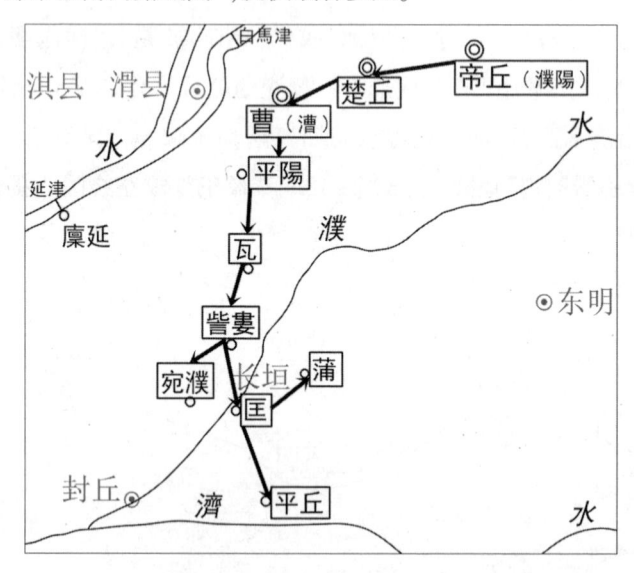

圖14　衛都帝丘南向路綫圖

綜上所述，衛都帝丘西向路綫爲"帝丘—楚丘—曹—平陽—廪延—朝歌"，其中"帝丘—楚丘—曹—平陽"與南向道路共用相同路段。南向路綫則自平陽轉向南行，主要路徑爲"平陽—瓦—訾婁—匡"，由匡分爲二道分至蒲與平丘。此外，平陽另有一路西南行可至鄖澤，唯該地確切位址已不可考。又訾婁向西南行可達宛濮。

---

① 譚其驤主編：《中國歷史地圖集》，册1，第24—25頁。

第五節　小結

　　《左傳》所載春秋時代衛國交通路綫乃以帝丘爲核心，輻射爲北向、東向、西向與南向等四方道路。北向交通路綫主要幹道途經都邑爲"帝丘—鐵—戚—五鹿—馬陵—沙—莘—夷儀"，其中自戚東行經茅氏可延伸至圉。自戚由長壽津渡河可至懿氏、柯、新築，另有一路延伸至戲陽、乾侯，是爲北向路綫之支道。以地理形勢推測，自曹邑由白馬津渡河至牽，繼續東行或亦可由澶淵至懿氏。東向路綫可分南北二道，"北道"爲"帝丘—斂盂—襄牛—鄄—桃丘—柯—河澤"，此路途經鄄時，又分支"鄄—廩丘—羊角—高魚"一綫。"南道"爲"帝丘—鹹—洮—清丘—城濮"，自清丘又東向分支一路至垂（犬丘）。此外，"五鹿—斂盂—鹹—洮—清丘—城濮"又別爲不經帝丘之道路，雖知五鹿有道路可至斂盂，唯中途所經都邑不甚明朗，故於下圖乃以虛綫表示。西向道路爲"帝丘—楚丘—曹—平陽—廩延—朝歌"，南向道路前段與西向道路重疊"帝丘—楚丘—曹—平陽"一段，自平陽以南路綫爲"瓦—訾婁—匡"，自匡又分二道可至蒲與平丘。以下依《地圖集》①製成"圖15　衛國交通路綫圖"，提供讀者參照。

---

① 譚其驤主編：《中國歷史地圖集》，冊1，第24—25頁。

圖 15　衛國交通路綫圖

第三章　晉國交通路綫考論（上）

第一節　晉國都城考

　　《左傳》中提及之晉都共有翼、絳（故絳）、新田（新絳）三處,桓二（710 B.C.）《傳》:"惠之四十五年,曲沃莊伯伐翼,弑孝侯。"（第98頁）《集解》:"翼,晉國所都。"（第98頁）僖十三（647 B.C.）《傳》:"秦於是乎輸粟于晉,自雍及絳相繼,命之曰泛舟之役。"（第224頁）《集解》:"雍,秦國都。絳,晉國都。"（第224頁）成六（585 B.C.）《傳》:"晉人謀去故絳……夏四月丁丑,晉遷于新田。"（第441—442頁）其中,據近代多次考古發現及學者反復考證,已可確定新田位於今侯馬市晉國都城遺址。① 而關於翼與絳之地望,則至今仍未有定論。或認爲翼、絳實爲一地,在今山西翼城縣境,②或認爲翼、絳應爲兩地,則兩地分別位於何處又有較大之分歧。

鄒衡《論早期晉都》認爲翼或位於翼城縣南梁故城遺址,絳則與晉國初封之唐同地,位於翼城縣與曲沃縣交界處之天馬—曲村遺址。③ 李伯謙《天馬—曲村遺址發掘與晉國始封地的推定》認爲唐、翼同地,位於天馬—曲村遺址。④ 謝堯亭《北趙晉侯墓地初識》認爲天馬—曲村遺址絶非絳,應爲翼或早於翼的另一晉都。⑤ 周

---

① 顧鐵符以晉都於澮水、水土問題、疐祁之宮、南方屏障、鑄造遺址等五條依據分析侯馬遺址應爲晉都新田,見顧鐵符《侯馬遺址是晉都新田說的提出》,《文物》1991年第7期,第65—67頁。黄景略:"1961年侯馬晉國遺址公布爲全國重點文物保護單位時,還不敢明確地指出它就是'新田'所在,1962年以後,臺神、馬莊、呈王、北塢等古城的發現與發掘,呈王路祭祀遺址的發現與發掘,盟誓遺址的發現與研究,牛村古城南鑄銅遺址的大規模發掘以及遺址内墓葬群的發現和鳳城、趙康等古城的勘察,都充分説明這是一處春秋晚期至戰國早期的都城遺址,'新田'之所在當無疑義了。"見黄景略《晉都新田》,太原:山西人民出版社,1996年,第4頁。
② 《水經注·澮水注》:"澮水東出絳高山,亦曰河南山,又曰澮山。西逕翼城南。按《詩譜》言:晉穆侯遷都于絳,暨孫孝侯,改絳爲翼,翼爲晉之舊都也。後獻公又北廣其城,方二里,又命之爲絳。故司馬遷《史記·年表》稱,獻公九年,始城絳都。《左傳·莊公二十六年》,晉士蒍城絳以深其宫是也。"見(北魏)酈道元注,(清)楊守敬纂疏,(清)熊會貞參疏《水經注疏》,收入謝承仁主編《楊守敬集》,册3,卷6,第452—453頁。相同主張又見於王應麟《詩地理考》、顧棟高《春秋大事表》等。田建文認爲翼、絳爲一地,可能位於今翼城縣葦溝—北壽城遺址。見田建文《晉國早期都邑探索》,《三晉考古(第一輯)》,太原:山西人民出版社,1994年,第27—29頁。譚其驤主編《中國歷史地圖集》將翼、絳標於一地,應也是認同此種説法。見譚其驤主編《中國歷史地理圖集》,册1,第22—23頁。
③ 鄒衡:《論早期晉都》,《文物》1994年第1期,第29—32、34頁。
④ 李伯謙:《天馬—曲村遺址發掘與晉國始封地的推定》,《迎接二十一世紀的中國考古學國際學術討論會論文集》,北京,科學出版社,1998年。
⑤ 謝堯亭:《北趙晉侯墓地初識》,《文物集刊》1998年第3期,第71頁。

健、侯毅《關於晉文化研究的幾個問題》認爲天馬—曲村遺址應爲絳,翼城縣南梁故城遺址、葦溝—北壽城遺址應爲翼。① 王立新《關於天馬—曲村遺址性質的幾個問題》認爲天馬—曲村遺址并非唐、翼或絳,而最有可能爲燮父所徙居的晉。翼城縣葦溝—北壽城遺址可能爲絳,南梁故城遺址可能爲翼。② 任偉《西周封國考略》認爲翼在天馬—曲村遺址,絳在葦溝—北壽城遺址。③ 馬保春《晉國歷史地理研究》認爲葦溝—北壽城遺址并非是絳,絳須在澮水流域中流鄰近絳山處進一步尋找。④ 以下爲山西翼城縣、曲沃縣天馬—曲村遺址、葦溝—北壽城遺址、南梁故城遺址分布圖,提供讀者參照。

綜上所述,近代多次考古發掘使得學界已基本認同翼、絳應爲二地。早期學者或認爲絳當在天馬—曲村遺址,但隨着後續新的考古進展,尤其是天馬—曲村遺址北趙晉侯墓地的發現,天馬—曲

---

① 周健、侯毅:《關於晉文化研究的幾個問題》,《文物世界》2002 年第 2 期,第 35 頁。
② 王立新:《關於天馬—曲村遺址性質的幾個問題》,《中原文物》2003 年第 1 期,第 24 頁。
③ 任偉:《西周封國考略》,北京:社會科學文獻出版社,2004 年,第 110—111 頁。
④ 馬保春:《晉國歷史地理研究》,北京:文物出版社,2007 年,第 155 頁。

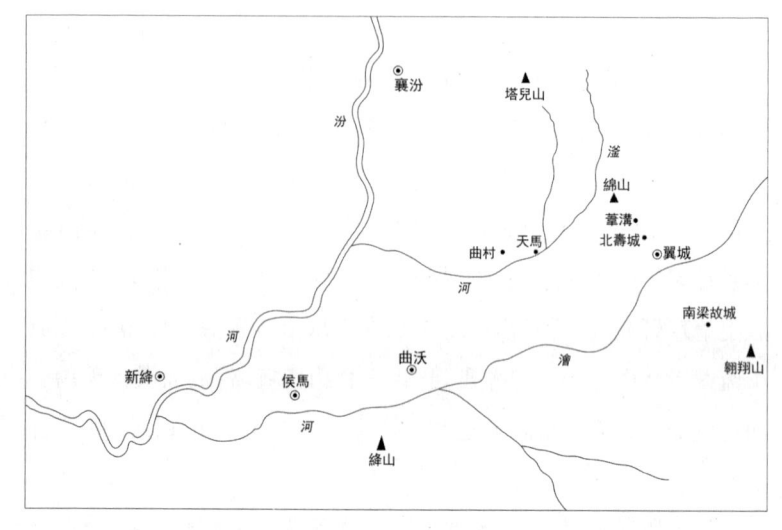

圖 16　山西翼城、曲沃古代遺址位置圖①

村遺址作爲絳都的可能性已基本排除。② 此後王立新、任偉等學者多認爲絳應在葦溝—北壽城遺址，但也存在一些異議，如馬保春《晉國歷史地理研究》："絳都之得名，當與'絳山''絳水'有關，所以，其位置或許在絳山周圍附近，而今葦溝—北壽古城距離絳山相

---

① 底圖改繪自北京大學歷史系考古專業山西實習組、山西省文物工作委員會：《翼城曲沃考古勘察記》，收入北京大學考古系編《考古學研究（一）》，北京：文物出版社，1992 年，第 125 頁。
② 考古發現證明天馬—曲村遺址作爲都城最晚只能至翼都時期，而不應晚至絳都時期。王立新："1992 年，圍繞天馬—曲村遺址的考古工作又有了重大突破。這就是位於遺址中部偏北的北趙晉侯墓地的發現。自此，天馬—曲村遺址是早期晉都似成定論。"見王立新《關於天馬—曲村遺址性質的幾個問題》，第 23 頁。謝堯亭："北趙晉侯墓地所在之都有下列幾種可能：（一）是翼。則僅發現了翼都期間的部分晉侯墓。（二）早於翼的另一晉都，都名不詳。……北趙晉侯墓地所在的天馬—曲村遺址非故絳明矣。"見謝堯亭《北趙晉侯墓地初識》，第 71 頁。

對較遠,所以這裏恐怕不是故絳之所在。"①然而鄒衡《論早期晉都》:"葦溝—北壽城遺址曾發現戰國至秦的'降亭'陶文,'降亭'即'絳亭'。我曾以爲'晉之絳地,字本作降','絳地名的涵義,很有可能就是從山坡上降到平地的意思。'"②鄒衡根據葦溝—北壽城遺址曾發現戰國至秦的"降亭"陶文,認爲"絳"本義爲"降"確實有一定道理。而葦溝—北壽城遺址之地勢則正如《翼城曲沃考古勘察記》所言:

> 葦溝—北壽城遺址本身也可分爲兩部分:北部在山坡上,南部在平地上;第一期遺址都發現在北部,而從第二期開始主要分布在南部,"降亭"陶文也恰好出土在南部。這樣,從早期到晚期,從北部到南部,人們就不難形成"降"的概念。③

任偉《西周封國考疑》亦曰:

> 葦溝—北壽城遺址可分爲南北二部分,北部包括後葦溝村與葦溝村之間,鳳家坡村亦在其內,地處綿山(覆釜山)東南,屬於由西北而向東南,高差約 50 米的坡地,南部包括葦溝村以南,老君溝村以東,北壽城村亦在其內,與翼城縣城連成一片,則屬於平坦的盆地。南北兩部分落差 50 米左右,古城

---

① 馬保春:《晉國歷史地理研究》,第 155 頁。
② 鄒衡:《論早期晉都》,第 32 頁。
③ 北京大學歷史系考古專業山西實習組、山西省文物工作委員會:《翼城曲沃考古勘察記》,第 221 頁。

位於盆地,正好形成降的概念,或許絳都之名正由此而來。①

且即使"絳"真與"絳山""絳水"有關,葦溝—北壽城遺址只是相對新田遺址與天馬—曲村遺址而言距離絳山較遠,其本身距絳山不過十餘公里。

其餘認爲葦溝—北壽城遺址并非絳都的主要理由還包括其遺址規模較小與距離聞喜縣(曲沃)較遠等,但這皆是當初相較於天馬—曲村遺址而言。如今天馬—曲村遺址已基本不可能作爲絳都,則葦溝—北壽城遺址成爲絳都的可能性應重新受到重視,對此王立新《關於天馬—曲村遺址性質的幾個問題》一文已做過論辯,②此處不再贅述。

葦溝—北壽城南部平地遺址的繁盛期恰好是從西周中晚期開始的,就年代而言具備作爲絳都的條件。③ 而在出土文物方面,葦溝—北壽城亦含有大量晉文化遺存,《翼城曲沃考古勘察記》:"在遺址南部平地,葦溝村與北壽城之間,我們發現了一座城址。在此城址內,晉文化連綿成片,地面上遺物俯拾皆是,斷崖上的灰層、灰坑隨處可見。"④

綜上所述,在未有新的考古發現以前,現存的遺址中葦溝—北

---

① 任偉:《西周封國考略》,第113—114頁。
② 王立新:《關於天馬—曲村遺址性質的幾個問題》,第24頁。
③ 北京大學歷史系考古專業山西實習組、山西省文物工作委員會:《翼城曲沃考古勘察記》,第222頁。
④ 北京大學歷史系考古專業山西實習組、山西省文物工作委員會:《翼城曲沃考古勘察記》,第207頁。

壽城遺址爲絳的可能性最高。①

翼都地望主流説法大抵分爲天馬—曲村遺址與南梁故城遺址兩派,王立新《關於天馬—曲村遺址性質的幾個問題》:

> 《史記·晉世家》:"翼,晉君都邑也。"司馬貞《索隱》云:"翼本晉都,自孝侯已下一號翼侯。"雖未明言徙都於翼,但由晉侯而稱翼侯,自當是國都更遷的緣故。與魏國遷都大梁之後,於王名前加"梁"字乃是類似的情况。故孔穎達《毛詩唐譜正義》就更直接地説:"昭侯以下又徙於翼。"可見,晉國都翼可能始於昭侯。而天馬—曲村遺址則至少從西周中期偏早即已步入了繁榮時期,顯然與以翼爲都的年代不合。再者,昭侯別封文侯之弟成師於曲沃之後,曲沃發展很快,以至於"邑大於翼"。今聞喜西南古城址即所謂古曲沃的規模遠小於天馬—曲村遺址。顯然,以天馬—曲村遺址當翼是很不合適的。②

本書交通路綫之論述以《左傳》記載的時間範圍爲斷限,涉及翼都的部分極少,因天馬—曲村遺址難以作爲翼都,且翼城、曲沃縣一帶又并無新的考古遺址發掘,所以本書暫將翼的位置定於南梁故城遺址。

晉國雖曾多次遷都,然無論作爲都城時間長短或交通網絡之輻射狀態,新田無疑是晉國交通核心。本書以晉都新田爲基準,分

---

① 即使未來新的考古發現否定了這一推論,但絳都的遺址大抵仍在今山西翼城縣一帶,至遠不過至曲沃縣境,對於本書交通路綫的論述并不會造成根本性的影響。
② 王立新:《關於天馬—曲村遺址性質的幾個問題》,第24頁。

北向、東北向、東向、西南向四節,説明自新田輻射晉國全境之交通路綫。

第二節　晉都新田北向路綫

一、翼—陘庭—新田—汾隰—賈—狐厨、受鐸、平陽、昆都—高梁—楊—留吁

　　桓三(709 B.C.)《傳》:"三年春,曲沃武公伐翼,次于陘庭。韓萬御戎,梁弘爲右。逐翼侯于汾隰,驂絓而止,夜獲之,及欒共叔。"(第 103 頁)曲沃一説在今山西聞喜縣,一説在今山西曲沃縣。本書認同馬保春《晉國歷史地理研究》之考辨,認爲:

　　　　晉成侯所遷、桓叔所封之曲沃可能在今曲沃縣城附近,即在峨嵋嶺以北,它是一個由曲沃邑及其周圍很小地區組成的一個都邑名;曲沃武公時期,隨着其勢力的增强,將統治中心遷於嶺南今聞喜縣境,但原嶺北之曲沃地仍然屬於作爲區域地名的曲沃範圍之内。①

本書所論述之《左傳》晉國交通大抵已屬於曲沃武公時期以後,因此作爲都邑名概念之曲沃已遷至今山西聞喜縣。今聞喜縣西南約十里上郭村至邱家莊一帶,曾發現大範圍周代遺址,包含城址與墓

---

① 馬保春:《晉國歷史地理研究》,第 154 頁。

葬,或即曲沃所在。①

陘庭,清人齊翀(生卒年不詳)《三晉見聞錄》:"曲沃縣東北十里庭城村,《左傳》晉武公伐翼次于陘庭,即此。"②光緒十八年(1892)《山西通志》:"陘庭故城在(曲沃)縣西北,《左傳》曲沃武公伐翼,次於陘庭。舊志曲沃縣東北數里庭城村是也,方言譌聽城。"③謝鴻喜《〈水經注〉山西資料輯釋》:"庭城:又名陘庭,今稱聽城,在曲沃縣東北13里處。"④今曲沃縣東北約十三里處仍有聽城村,應是陘庭所在。

歷來學者常將陘庭與翼城縣東南七十五里之熒庭混淆爲一地,如《讀史方輿紀要》:"陘庭城……亦謂之熒庭。襄二十三年:'齊侯遂伐晉取朝歌,爲二隊,入孟門,登太行,張武軍於熒庭。'"⑤《彙纂》:"(翼城)縣東南七十五里有熒庭,城志云即陘庭也。"(卷4,第22頁)《考實》:"陘庭即熒庭亦即榮庭,在翼城東南者爲是。"(卷1,第17頁)《左傳注》亦曰:"陘庭在今翼城縣東南七十五里,舊有熒庭城。"(第95頁)然而曲沃在今聞喜縣,翼則在今翼城縣,兩地之間有鳳凰嶺與中條山脈餘脉等山嶺,曲沃武公伐翼

---

① 北京大學歷史系考古專業山西實習組、山西省文物工作委員會:《翼城曲沃考古勘察記》,第222頁。
② (清)齊翀:《三晉見聞錄》,收入董光和、齊希編《中國地方稀見史料集成》,北京:學苑出版社,2010年,據清光緒六年[1880]刻本影印),第96頁。
③ (清)曾國荃等修,(清)王軒、(清)楊篤纂:《山西通志》,清光緒十八年(1892)刻本,卷53,第7頁。
④ 謝鴻喜:《〈水經注〉山西資料輯釋》,太原:山西人民出版社,1990年,第89頁。
⑤ (清)顧祖禹撰,賀次君、施和金點校:《讀史方輿紀要》,北京:中華書局,2005年,第1883頁。

僅能走侯馬西南隘道的鐵刹關或翼城縣南的"槐泉—下村隘道",①若繞道至翼城縣東南七十五里、今沁水縣中村鎮附近之熒庭,顯然不合情理。或有學者認爲侯馬西南鐵刹關的隘道在先秦時期尚未形成官道,如田建文、楊林中《軹關陘絳縣段的考古學考察》云:

> 宋王欽若等編修《册府元龜·帝王部·神助》,"漢高祖(劉邦)②即位初,自晉赴雒,次絳郡,有司奏置頓厄口鎮。帝曰:'地名稍惡,安可宿之? 朕記此別有好路!'乃遣人尋之,果坦夷而至於聞喜縣。有從騎槀繇厄口者,多爭路墜於絶壑。從臣嘆曰:'昔高皇帝避柏人之名,其智若神,我帝惡厄口而入聞喜,真千載之暗合邪!'"可見五代時期這道關口并不通暢,古代驛道絶不可能"墜於絶壑"的,所以鐵刹關在五代還没有通驛道。③

---

① "槐泉—下村隘道"亦即"軹關陘絳縣段",田建文、楊林中《軹關陘絳縣段的考古學考察》:"軹關陘,從古絳州到曲沃、翼城後,經絳縣的大交鎮、南樊鎮、古絳鎮、橫水鎮到垣曲、濟源,這大交鎮、南樊鎮、古絳鎮、橫水鎮,本書稱爲軹關陘絳縣段。"見田建文、楊林中《軹關陘絳縣段的考古學考察》,《史志學刊》2016年第1期,第68頁。
② 田建文、楊林中於原文"漢高祖"後加括號注釋爲劉邦,然此處所載應爲後漢高祖劉暠(劉知遠),《山西歷史地名錄》:"鐵嶺關在侯馬南十二里,五代晉置鐵嶺關,亦名厄口,即今絳山上之隘口村。後漢天福十二年(947),漢主劉知遠出兵自晉赴洛,有司奏頓厄口鎮,帝惡其名,別路至聞喜縣。從騎由厄口者,多爭道墮絶壑。即此。"見山西省圖書館編《山西歷史地名錄》,太原:山西省圖書館,1977年,第200頁。
③ 田建文、楊林中:《軹關陘絳縣段的考古學考察》,第72頁。

然而此則《册府元龜》中的記載未曾見於正史,從行文風格觀察亦更接近小説家筆法,似是後人爲突顯後漢高祖劉暠之正面形象附會編撰而成,未必足以采信。《軹關陘絳縣段的考古學考察》一文又從同屬"陶寺上層文化"的遺址分布路徑分析,認爲"槐泉—下村陘道"才是先秦時期的主要交通道路。有考古證據支持固然可以證成交通路綫之存在,然而暫無考古證據支持却不能用以判斷交通路綫之無。桓二(710 B.C.)《傳》:"哀侯侵陘庭之田。陘庭南鄙啓曲沃伐翼。"桓三(709 B.C.)《傳》:"三年春,曲沃武公伐翼,次于陘庭。"此兩則記載皆説明春秋早期即有自曲沃經陘庭至翼之路綫。且從晉國遷都於今侯馬市之新田,亦可看出侯馬西南之陘道應在春秋時期已有道路交通存在。

又或有將陘庭與陘城混爲一地者,如《嘉慶重修一統志》:"陘庭城,在曲沃縣西北十里。……《史記·韓世家》:桓惠王九年,秦拔我陘庭城汾旁。①《括地志》:陘庭城,在曲沃縣西北二十里,絳州東北三十五里汾水之旁。按《白起傳》謂之陘城,《范雎傳》謂之汾陘,皆此地也。"②譚其驤主編《中國歷史地理圖集》將陘庭標於曲沃縣西北約二十里,緊鄰汾水,應亦是采納此種説法。③然陘城與陘庭實爲二地,前者位於絳州曲沃縣西北約二十里之汾水旁,後者位於曲沃縣東北約十三里之聽城村,馬保春《陘庭、熒庭、陘城小

---

① 《史記·韓世家》原文爲:"桓惠王元年,伐燕。九年,秦拔我陘,城汾旁",非"陘庭"。《一統志》此處誤引原文,將陘庭與陘城混爲一地。
② (清)穆彰阿等:《嘉慶重修一統志》,上海:商務印書館,1934年,據上海涵芬樓景印清史館藏進呈寫本,卷138,第25頁。
③ 譚其驤主編:《中國歷史地理圖集》,册1,第22—23頁。

考》已辨析之。①

曲沃武公伐翼次于陘庭,其路綫應自曲沃東北行,途經今侯馬市西南之陘道,繼續東北行至陘庭,後東向伐翼。

翼侯逃奔至汾隰,《集解》:"汾隰,汾水邊。"(第103頁)《考略》:"(汾隰)蓋翼地之近汾者,今曲沃縣西三十里有汾水自太平縣南流經縣界,折而西入絳州境。"(卷4,第7頁)《左傳注》:"汾隰猶言汾水下濕之地,亦以爲地名。"(第98頁)馬保春《晉汾隰考——兼說晉都新田之名義》:"由今天晉都新田遺址的位置及有關文獻看,所謂的'隰'或'汾隰',可能就是汾河河曲一帶,其中自今襄汾永固以南至汾澮交匯處是隰地的核心地段。"②汾隰蓋汾水流經自今襄汾縣至與澮水交匯處的兩岸,因地勢低窪而潮濕的部分。

翼侯應是自翼沿澮水西行經陘庭、新田一路逃奔至汾水,繼而沿汾水東岸向東北方向繼續逃奔,此段汾水東岸地勢低窪處即汾隰所在。

桓九(703 B.C.)《傳》:"秋,虢仲、芮伯、梁伯、荀侯、賈伯伐曲沃。"(第120頁)莊二十八(666 B.C.)《傳》:"晉獻公娶于賈,無子。"(第177頁)晉獻公娶于賈,則自賈國至絳都應有交通路綫相連。賈之地望主流說法有兩種,一說在今陝西省蒲城縣西南十八

---

① 馬保春:《陘庭、熒庭、陘城小考》,《中國歷史地理論叢》2005年第1期,第77—81頁。馬保春考證陘庭、熒庭、陘城應爲三地,本書贊同其結論,然其論述的過程中將陘庭與陘城混淆的錯誤根源歸結爲唐人張守節《史記·白起王翦列傳》正義將"陘城"誤爲"陘庭"則疏於考證,張守節原文確爲"陘城",應是後人轉引時誤將陘城、陘庭視爲一地以致傳抄錯誤。

② 馬保春:《晉汾隰考——兼說晉都新田之名義》,《考古與文物》2005年第3期,第62頁。

里之賈城,如《讀史方輿紀要》:"今陝西華州蒲城縣西南十八里有賈城,即古賈國。"①《春秋大事表》:"今陝西同州府蒲城縣西南十八里有賈城。"②《春秋左氏傳地名補注》:"宋次道《長安志》:'賈城在蒲城縣西南十八里',蒲城今屬同州府。"③

一說在今山西省襄汾縣東之賈鄉,如《彙纂》:"今山西平陽府臨汾縣有賈鄉。"(卷5,第38頁)《左傳注》:"賈,姬姓國,《元和姓纂》三十五馬韻謂周康王封唐叔虞少子公明於此。當在今山西省襄汾縣東。"(第126頁)

又或有兼采二說而不知孰是者,如《路史·國名記》:"賈,伯爵,華之蒲城西南十八里有故城、賈大夫冢,伐曲沃者。又臨汾有賈鄉。"④《考略》:"《博物記》:'臨汾有賈鄉,古賈伯邑',今在絳州界。又今華州蒲城縣西南十八里有賈城,二說未知孰是。"(卷13,第13頁)

文六(621 B.C.)《傳》:"賈季曰:'不如立公子樂,辰嬴嬖於二君,立其子,民必安之。'"(第315頁)《左傳注》:"賈季即狐射姑。"(第550頁)清人洪亮吉(1746—1809)《更生齋文集·春秋時晉大夫皆以采邑爲氏論》:"晉大夫皆以采邑爲氏……偃之子又食采邑于賈,故又稱賈季。韋昭《晉語》注:'賈佗,狐偃之子射姑、太師賈季也,食邑于賈,字季佗。'"⑤《春秋大事表》:"(賈),桓九年見。不

---

① (清)顧祖禹撰,賀次君、施和金點校:《讀史方輿紀要》,第18頁。
② (清)顧棟高輯,吳樹平、李解民點校:《春秋大事表》,第576頁。
③ (清)沈欽韓:《春秋左氏傳地名補注》,收入(清)永瑢、紀昀等編《文淵閣四庫全書》,臺北:臺灣商務印書館,1983年,卷1,第17頁。
④ (宋)羅泌:《路史》,浙江大學圖書館藏《欽定四庫全書》本,卷28,第49頁。
⑤ (清)洪亮吉:《洪亮吉集》,北京:中華書局,2001年,第985—986頁。

知何年滅于晉,後以賜狐射姑爲邑。"①從文公六年時狐射姑被稱作"賈季"可知,此時賈已成爲狐射姑之采邑,故其以采邑爲氏,稱作賈氏。則在此之前賈國已被晉國所滅,滅國時間不詳。

若賈爲今陝西省蒲城縣西南十八里之賈城,則似乎過於偏遠,未必在當時晉國之疆域範圍内,更難以作爲狐射姑之采邑,現論述如下:

魯文公六年即晉襄公七年,馬保春《晉國歷史地理研究》推測當時晉國西南邊境大抵在今陝西省澄城、大荔縣一帶,其言曰:

> (晉國)在西南方,與秦界于河曲、汪、彭衙等地。《國語·晉語五》:"趙宣子言韓獻子于靈公,以爲司馬,河曲之役,趙孟使人以其乘車干行,獻子執而戮之。"韋昭注:"河曲,晉地,魯文十二年,秦伐晉,戰於河曲。"魯文公十二年乃公元前615年,于晉爲靈公六年,秦、晉戰于河曲,則河曲爲二國邊境一帶的地域,且屬於晉。襄公初年,與秦戰於彭衙、且取其汪地。②

晉襄公在位之末年即魯文公六年,這一年前後晉國與秦國數次主要的交戰如下:文二(625 B.C.)《傳》:"冬,晉先且居、宋公子成、陳轅選、鄭公子歸生伐秦,取汪及彭衙而還,以報彭衙之役。"(第304頁)文四(623 B.C.)《傳》:"秋,晉侯伐秦,圍邧、新城,以報王官之役。"(第306頁)文十(617 B.C.)《傳》:"十年春,晉人伐

---

① (清)顧棟高輯,吴樹平、李解民點校:《春秋大事表》,第576頁。
② 馬保春:《晉國歷史地理研究》,第251頁。

秦,取少梁。夏,秦伯伐晉,取北徵。"(第322頁)晉、秦互相伐取之邊鄙城邑汪、彭衙、邧、新城、少梁、北徵,皆位於今澄城縣附近。① 因此馬氏將晉襄公末期晉國疆域之西陲定於今澄城、大荔縣一帶,應是較爲合理的。以下依《中國歷史地圖集》②製成"魯文公時期晉秦邊界交戰地點示意圖",敬請讀者參看。

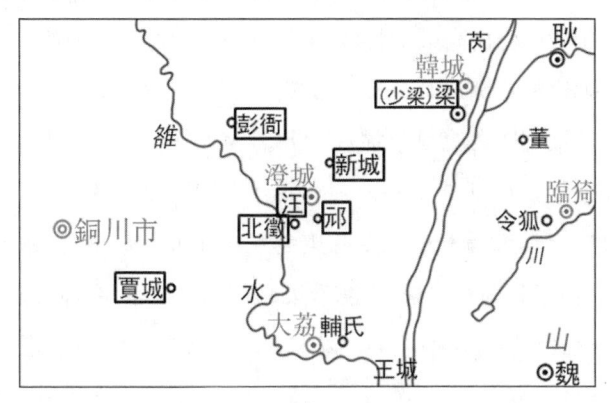

圖17　魯文公時期晉秦邊界交戰地點示意圖

賈城位於蒲城縣西南十八里,澄城縣西南約九十里,其間又有洛水相隔。從晉襄公時期晉、秦數次城邑攻伐之情況推測,此時晉國疆域應僅至洛水以東,賈作爲狐射姑的采邑若位於今洛水以西、蒲城縣西南之賈城是極不合情理的。因此筆者認爲賈國地望應以山西省襄汾縣賈鄉一説爲是。自絳沿澮水西行至新田,沿汾水北上經過低窪的汾隰地帶即可至賈。

僖二十四(636 B.C.)《傳》:"二十四年春王正月,秦伯納之。

---

① 具體地望之考證敬請參見下文"秦國交通路綫考論"部分。
② 譚其驤主編:《中國歷史地圖集》,册1,第22—23頁。

……壬寅,公子入于晉師。丙午,入于曲沃。丁未,朝于武宮。戊申,使殺懷公于高梁。"(第253—254頁)《國語·晉語四》:"公子濟河,召令狐、臼衰、桑泉,皆降。晉人懼,懷公奔高梁。……壬寅,公入于晉師。甲辰,秦伯還。丙午,入于曲沃。丁未,入絳,即位於武宮。戊申,刺懷公于高梁。"①晉懷公自絳奔至高梁,晉文公入絳後派人刺殺懷公於高梁,則自絳至高梁應有交通路綫相連。

《水經注·汾水》:"汾水又南逕高梁故城西,故高梁之墟也。"②《括地志》:"高梁故城在晉州臨汾縣東北二十七里。"③《讀史方輿紀要》引《括地志》作"三十七里"。④《太平寰宇記》亦曰:"高梁城。《河北圖》云:'在縣東北三十七里。'"⑤《路史·國名紀》則云:"春秋高梁之虛,今臨汾東北三十有故城,有高梁亭、高梁堰,春秋屬晉。"⑥《左傳注》:"高梁,晉邑,當在今山西省臨汾市東北。"(第330頁)高梁在臨汾東北約二十七至三十七里處,馬保春《晉國地名考》:"據考古工作者調查,今臨汾市北樊店、梁村、店頭村附近跨南同蒲鐵路,有古城址。由於磚窯取土和洪水沖刷,自然破壞十分嚴重。出土物中春秋中期以後的陶器殘片較多。⑦ 這裏

---

① (三國吳)韋昭:《國語韋昭注》,第267頁。
② (北魏)酈道元注,(清)楊守敬纂疏,(清)熊會貞參疏:《水經注疏》,收入謝承仁主編《楊守敬集》,册3,卷6,第443頁。
③ (唐)李泰撰,賀次君輯校:《括地志輯校》,第60頁。
④ (清)顧祖禹撰,賀次君、施和金點校:《讀史方輿紀要》,第1873頁。
⑤ (宋)樂史撰,王文楚等點校:《太平寰宇記》,第900頁。
⑥ (宋)羅泌:《路史》,卷30,第10頁。
⑦ 陶正剛:《山西境内東周古城址調查》,見山西省考古研究所編《晉文化研究座談會紀要》,太原:山西省考古研究所,1985年,第32—36頁。

可能就是'高梁'的所在。"①梁村—店頭村一帶位於今臨汾市東北,或即高梁所在。

高梁距離汾水尚有約二十里之距離,因此晉懷公應是先沿汾水東岸行至緊鄰汾水之昆都,再自昆都至高梁。僖十六(644 B.C.)《傳》:"秋,狄侵晉,取狐厨、受鐸,涉汾,及昆都,因晉敗也。"(第236頁)《集解》:"狐厨、受鐸、昆都,晉三邑,平陽臨汾縣西北有狐谷亭,汾水出太原,南入河。"(第236頁)《考略》:"今平陽府西北有狐谷亭,孔氏以爲即狐厨邑。"(卷4,第12頁)《彙纂》:"今屬平陽府襄陵縣。"(卷14,第5頁)《左傳注》:"其地當在今山西省襄陵舊治西(襄陵本置縣,今已并入襄汾縣,但襄汾縣治在汾水之東,此則在汾水之西)。"(第370頁)今襄汾縣西北有襄陵鎮,即舊襄陵縣,位於汾水西岸,狐厨則位於襄陵鎮西。受鐸,《考實》:"狐厨、受鐸皆在汾北。"②《左傳注》:"受鐸地亦當在襄陵舊治附近。"(第370頁)受鐸應與狐厨鄰近,皆位於今襄陵鎮附近,汾水西岸。

昆都,《考略》:"今平陽府南有昆都聚,或引安邑昆吾鄉,太遠,非。"(卷4,第12頁)《春秋大事表》:"今平陽府臨汾縣南有昆都聚。是時狄自西來薄平陽境,狐厨、受鐸在汾西,昆都在汾東,故涉汾而及昆都也。今平陽府治臨汾縣城西二里即逼汾水。"③昆都位於汾水東岸,與狐厨、受鐸隔汾水相對,狄人自西向東侵略晉國,先攻取汾水西岸之狐厨、受鐸兩地,再涉過汾水攻取東岸之昆都。從地理位置來看,狄人過汾水處應是在當時的晉邑平陽附近。

---

① 馬保春:《晉國地名考》,北京:學苑出版社,2010年,第96頁。
② (清)江永:《春秋地理考實》,卷1,第43頁。
③ (清)顧棟高輯,吳樹平、李解民點校:《春秋大事表》,第804頁。

昭二十八(514 B.C.)《傳》:"秋,晉韓宣子卒,魏獻子爲政,分祁氏之田以爲七縣,分羊舌氏之田以爲三縣。……趙朝爲平陽大夫,僚安爲楊氏大夫。"(第912—913頁)《水經注》:"汾水又南逕平陽縣故城東,晉大夫趙鼂之故邑也。"①《考略》:"平陽即堯所都,春秋時爲晉邑,其後韓貞子居此。漢爲平陽縣……今爲平陽府治。"(卷5,第17頁)劉緯毅《山西歷史地名通檢》:"平陽縣,西漢置,屬河東郡,新莽改名香平,東漢復舊,魏晉俱屬平陽郡,北魏太平真君六年(445)并入禽昌,太和十一年(487)復置,屬平陽郡,隋開皇元年(581)改爲平河縣。故治初在今臨汾市西南二十里金殿鎮。"②平陽縣舊治位於今臨汾市金殿鎮,緊鄰汾水西岸,且恰好位於狐厨、受鐸與昆都之間,因此據狄人入侵路綫合理推測,自狐厨、受鐸至平陽過汾水至昆都應有一條東西向的交通道路。《水經注·汾水》:"汾水南與平河水合,水出平陽縣西壺口山,《尚書》所謂'壺口治梁及岐'也。其水東逕狐谷亭北,春秋時,'狄侵晉,取狐厨'者也。又東逕平陽城南,東入汾。"③平河水發源自壺口山,向東依次流逕狐厨北與平陽城南後,匯入汾水。筆者推測自狐厨至平陽渡汾水的路綫,大抵即是沿平河水流域。

《史記·韓世家》:"晉頃公十二年,韓宣子與趙、魏共分祁氏、羊舌氏十縣。晉定公十五年,宣子與趙簡子侵伐范、中行氏。宣子卒,子貞子代立。貞子徙居平陽。……哀侯元年,與趙、魏分晉國。

---

① (北魏)酈道元注,(清)楊守敬纂疏,(清)熊會貞參疏:《水經注疏》,收入謝承仁主編《楊守敬集》,册3,卷6,第444頁。
② 劉緯毅:《山西歷史地名通檢》,太原:山西教育出版社,1990年,第151—152頁。
③ (北魏)酈道元注,(清)楊守敬纂疏,(清)熊會貞參疏:《水經注疏》,收入謝承仁主編《楊守敬集》,册3,卷6,第444—445頁。

二年,滅鄭,因徙都鄭。"①平陽初爲羊舌氏邑,後爲韓氏所有,晉定公十五年(497 B.C.)韓宣子卒後,韓貞子徙居平陽,三家分晉後平陽即成爲韓國首都,直至韓哀侯二年(375 B.C.)遷都鄭。前後一百二十餘年間平陽一直是韓氏政治勢力盤踞之中心,因此在晉靜公二年(376 B.C.)靜公從新田被遷居屯留以前,平陽與新田間應有較爲頻繁之交通往來,自新田沿汾水北行即可達平陽,平陽往西爲受鐸、狐厨,往東爲昆都、高梁,自高梁繼續往東北行可至楊縣(楊國)。

襄二十九(544 B.C.)《傳》:"叔侯曰:'虞、虢、焦、滑、霍、揚、韓、魏,皆姬姓也,晉是以大。若非侵小,將何所取?"(第667頁)昭二十八(514 B.C.)《傳》:"秋,晉韓宣子卒,魏獻子爲政,分祁氏之田以爲七縣,分羊舌氏之田以爲三縣。……趙朝爲平陽大夫,僚安爲楊氏大夫。"(第912—913頁)《考略》:"應劭曰:'楊,侯國,伯僑自晉歸周,封於楊,晉滅楊以賜羊舌赤。'"(卷5,第18頁)楊縣舊爲楊國,後爲晉國所滅,賜予羊舌赤爲邑,《水經注·汾水》:"澗水東出穀遠縣西山,西南逕霍山南,又西逕楊縣故城北,晉大夫僚安之邑也。應劭曰:故楊侯國。王莽更名'有年亭'也。其水西流入于汾水。汾水逕楊城西。"②《考略》:"漢置楊縣,屬河東郡,魏屬平陽郡,晉因之,後魏改屬永安郡,隋屬晉州,義寧初改爲洪洞縣,唐以後因之。"(卷5,第18頁)《春秋大事表》:"今洪洞縣東南十八里有古楊城,在范東村,一名范城,叔向所築。"③楊縣位於汾水東岸,

①(漢)司馬遷撰,[日]瀧川資言考證:《史記會注考證》,第1117頁。
②(北魏)酈道元注,(清)楊守敬纂疏,(清)熊會貞參疏:《水經注疏》,收入謝承仁主編《楊守敬集》,册3,卷6,第442頁。
③(清)顧棟高輯,吳樹平、李解民點校:《春秋大事表》,第826頁。

141

澗水支流南,今山西洪洞縣西南十八里,高梁東北約三十里,晉國滅楊國應是自汾水東岸北上經昆都、高梁後至楊。且據上揭文昭二十八《傳》,平陽、楊縣同爲羊舌氏之邑且地理位置鄰近,相互之間有交通往來亦屬合情合理,因此從平陽經昆都、高梁至楊縣應有一條路綫。

又僖九(651 B.C.)《傳》:"齊侯以諸侯之師伐晉,及高梁而還,討晉亂也。令不及魯,故不書。"(第220頁)《史記·晉世家》:"秦繆公乃發兵送夷吾於晉。齊桓公聞晉内亂,亦率諸侯如晉。秦兵與夷吾亦至晉,齊乃使隰朋會秦俱入夷吾,立爲晉君,是爲惠公。齊桓公至晉之高梁而還歸。"①齊桓公率領諸侯之師征討晉國内亂,命隰朋先行會秦軍,一同護送夷吾入絳都立爲晉君。待晉國内亂平定後,齊桓公自高梁還歸齊國。從高梁的地理位置來看,齊桓公此次應是自齊國東行渡河後自邯鄲沿滏口陘進入上黨地區(今長治盆地一帶),繼續西行至楊縣、高梁。自滏口陘翻越太行山出入上黨地區之路綫留待下文説明。自高梁至平陽沿汾水南下即可至新田、絳。史念海《戰國時期的交通道路》亦認爲春秋時期自新田進出今長治市一帶,可以沿汾水北上至平陽,再東行自今安澤縣穿過山嶺進入今長治盆地,其文曰:

> 韓國最初本是都於平陽的。……韓國以平陽爲交通中心,向南可以通到晉國的舊都新田和魏國的都城安邑,向北可以通到趙國的晉陽。韓國的疆土,平陽以東有上黨。春秋之世,

---

① (漢)司馬遷撰,[日]瀧川資言考證:《史記會注考證》,第973—974頁。

由晉國都城新田通行太行山,就須經過位於今山西沁縣之南的銅鞮縣,和位於今山西黎城縣的壺口。這是橫穿上黨的道路,中間就經過平陽,韓國正是利用晉國的舊績來統治上黨的。①

從齊桓公自高梁還歸可以推測出,史氏所謂的戰國時期自韓都平陽東行出入上黨的路綫,在春秋時期應已經存在。蓋因齊軍行軍路綫若是下文將詳述的"滏口陘—上黨—黃父—絳"一綫,或"朝歌—南陽—軹關陘—絳"一綫,皆不會途經高梁。而若是走井陘沿汾水南下,雖會途經高梁,但路綫過於曲折繞遠,完全無此必要,且亦很有可能來不及與秦軍一同送夷吾入絳都。所以齊桓公此次入晉應即是自上黨地區西行至楊、高梁。但筆者與史氏有分歧的一點是,筆者認爲銅鞮地理位置過於偏北,并非出入上黨的必經之所,自楊縣至留吁後,西行至壺口即可從滏口陘至太行山東側。銅鞮、留吁、壺口等城邑的地理位置分析詳見下文。

綜上所述,自新田向汾水西行即可進入汾隰地域,繼續北向可至賈、平陽,西行爲受鐸、狐厨,向東過汾水爲昆都、高梁、楊,自楊西行可至留吁。賈、狐厨、受鐸、平陽位於汾水西岸,新田、昆都、高梁、楊則位於汾水東岸,因此筆者認爲沿汾水兩岸皆有交通道路,兩岸之間往來既可徒行涉河,亦有固定之橋梁。

上揭文"狄侵晉,取狐厨、受鐸,涉汾。"涉,漢人許慎(約58—

---

① 史念海:《戰國時期的交通道路》,收入氏著《河山集》第七集,西安:陝西師範大學出版社,1999年,第142頁。

約147)《説文解字》:"𣻤,徒行厲水也。从㑺从步。"①清人段玉裁（1735—1815)《説文解字注》認爲:

> 濿,各本作厲,誤。濿,或砅字也。砅本履石渡水之稱,引申爲凡渡水之偁。《釋水》曰:"繇膝以上爲涉。"毛傳同。許云徒者,以别於以車及方之、舟之也。許意詩所言揭、厲皆徒行也,皆涉也,故字從步。從㑺步。②

《説文解字注》認爲涉字從步,意爲徒行過河。陳克炯《左傳詳解詞典》亦曰:"涉,動詞。徒步過河。"③此次狄人侵晉涉汾,應即是徒行過河,可見汾水至少有部分流域水深較淺、水勢較小,可以直接涉水過河。

又《水經注•汾水》:"汾水西逕虒祁宫北,横水有故梁,截汾水中,凡有三十柱,柱徑五尺,裁與水平,蓋晉平公之故梁也。物在水,故能持久而不敗也。"④晉平公在魯襄公十六年(557 B.C.)至魯昭公十年(532 B.C.)間在位,昭公八年(534 B.C.)《傳》曰:"於是晉侯方築虒祁之宫。"(第768頁)《左傳注》:"(虒祁之宫)當在今侯馬市附近。"(第1301頁)虒祁之宫外之橋梁或亦建造於昭公八年前後。由此可見春秋時期晉國應已具備在汾水之上造橋之技術,

---

① (漢)許慎撰,(清)段玉裁注:《説文解字注》,臺北:藝文印書館,2007年,第573頁。
② (漢)許慎撰,(清)段玉裁注:《説文解字注》,第573頁。
③ 陳克炯:《左傳詳解詞典》,鄭州:中州古籍出版社,2004年,第752頁。
④ (北魏)酈道元注,(清)楊守敬纂疏,(清)熊會貞參疏:《水經注疏》,收入謝承仁主編《楊守敬集》,册3,卷6,第447頁。

通過橋梁亦可往來于汾水兩岸。

二、平陽—霍—隨—鄔—中都—祁—塗水—魏榆—馬首—井陘—鮮虞—昔陽—肥

閔元(661 B.C.)《傳》:"晉侯作二軍,公將上軍,大子申生將下軍。趙夙御戎,畢萬爲右,以滅耿、滅霍、滅魏。"(第188頁)滅耿與滅魏留待下文西、南向交通處詳述。霍國,《集解》:"永安縣東北有霍大山。"(第188頁)《水經注·汾水》:"(汾水)又南過永安縣西。故彘縣也。周厲王流于彘,即此城也。王莽更名'黄城',漢順帝陽嘉三年改曰'永安縣',霍伯之都也。"①《考略》:"漢置彘縣,東漢改爲永安,屬河東郡,晉屬平陽郡,隋改爲霍邑縣,自魏至唐屢置州郡,不久旋廢,更以縣他屬。金置霍州,元因之,明以州治霍邑縣省入,今因之。古霍城在州西十六里。"(卷13,第22頁)《左傳注》:"霍,姬姓國,文王子叔處所封。故城在今霍縣西南十六里。"(第258頁)霍位於今霍縣西南十六里,汾水西岸,自平陽沿汾水北上即可至霍。

隱五(718 B.C.)《傳》:"曲沃莊伯以鄭人、邢人伐翼,王使尹氏武氏助之,翼侯奔隨。"(第60—61頁)《考略》:"晉士會食邑于隨即此。今介休縣東有隨城。"(卷4,第6頁)《左傳注》:"今山西省介休縣東稍南約二十五里有古隨城。"(第45頁)隨位於今山西省介休市東南約二十五里,距離汾水東岸約三十里,翼侯先自翼沿澮

---

① (北魏)酈道元注,(清)楊守敬纂疏,(清)熊會貞參疏:《水經注疏》,收入謝承仁主編《楊守敬集》,册3,卷6,第439頁。

水西行,繼而沿汾水北上,進入介休縣境後東行約三十里即可至隨。

昭二十八(514 B.C.)《傳》:"晉祁勝與鄔臧通室。"(第911頁)《考略》:"(鄔)今故址在介休縣東北二十七里。"(卷5,第15頁)《嘉慶重修一統志》:"故鄔城在(介休)縣東北二十七里,今爲鄔城店。"①今山西省介休市東北有鄔城店村,應爲鄔邑所在。《史記·曹相國世家》:

> 取平陽,得魏王母妻子,盡定魏地,凡五十二城。賜食邑平陽。因從韓信擊趙相國夏說軍於鄔東,大破之,斬夏說。韓信與故常山王張耳引兵下井陘,擊成安君,而令參還圍趙別將戚將軍於鄔城中。戚將軍出走,追斬之。②

曹參攻取平陽後與韓信攻夏說於鄔城東,繼而兵分兩路,韓信從井陘向東追擊成安君,曹參則包圍鄔城。錢穆《史記地名考》:"井陘關在井陘縣東北井陘山上,與獲鹿縣接界,亦曰土門關;《呂氏春秋》'九塞'之一,'太行八陘'之第五陘也。其山四面高中央下,故曰'井陘'。"③由此可見西漢初年自平陽至鄔,再由鄔經井陘橫過太行山至獲鹿縣,應有一條交通路綫。

具體而言,此條綫路應是自平陽沿汾水北上至鄔縣,經中都、祁縣、塗水至馬首,由馬首西行經井陘至太行山東側。且不僅是西

---

① (清)穆彰阿等:《嘉慶重修一統志》,卷144,第16頁。
② (漢)司馬遷撰,[日]瀧川資言考證:《史記會注考證》,第1221頁。
③ 錢穆:《史記地名考》,第813頁。

漢初年,向前推至春秋戰國時期,這條綫路既已存在,以下詳述之。

昭二十八(514 B.C.)《傳》"分祁氏之田以爲七縣,分羊舌氏之田以爲三縣。司馬彌牟爲鄔大夫,賈辛爲祁大夫……知徐吾爲塗水大夫,韓固爲馬首大夫。"(第 912 頁)《太平寰宇記》:"故祁城,漢祁縣城也,在(祁)縣東南五里。晉大夫賈辛邑。……祁奚墓在縣東南七里。"①《讀史方輿紀要》:"故祁城,祁縣東南七里。漢縣治此,後魏徙今治。今曰故縣邨,亦曰祁城村。"②《彙纂》:"今太原府祁縣東南八里有古祁城。"(卷 33,第 21 頁)史載祁位於祁縣東南五里、七里或八里,皆在測量誤差範圍内。今祁縣東南有祁城村,在今祁縣政府東南約六里。

塗水,《彙纂》:"榆次縣有塗水鄉,今塗水故城在太原府榆次縣西南二十里。"(卷 33,第 21 頁)《嘉慶重修一統志》:"塗水城在榆次縣西南二十里。"③《左傳注》:"塗水在今山西榆次市西南二十里。"(第 1494 頁)塗水位於今山西晉中市榆次區西南二十里。

马首,據《考略》曰:

> 《元和郡縣志》:"馬首故城在壽陽縣東南十五里,韓固爲馬首大夫即此也。"漢爲榆次之東境,晉置受陽縣,屬樂平郡,永嘉後省,隋改置壽陽縣,屬并州。唐屢改隸,仍還并州,宋因之。金興定二年屬平定州,元屬太原路,今屬太原府。縣東南十五里有馬首村。(卷 5,第 16 頁)

---

① (宋)樂史撰,王文楚等點校:《太平寰宇記》,第 850 頁。
② (清)顧祖禹撰,賀次君、施和金點校:《讀史方輿紀要》,第 1821 頁。
③ (清)穆彰阿等:《嘉慶重修一統志》,卷 136,第 21 頁。

今山西省晉中市壽陽縣西南十五里仍有馬首鄉。

祁縣、塗水、馬首同爲祁氏采邑，相互間有交通往來實屬合情合理，且以地理位置觀之，《水經注·洞渦水》："洞渦水又西北，黑水西出山，三源合舍，同歸一川，東流南屈，逕受陽縣故城東。……西過榆次縣南，又西到晉陽縣南。榆次縣，故塗水鄉，晉大夫智徐吾之邑也。《春秋·昭公八年》，晉侯築虒祁之宫，有石言晉之魏榆。服虔曰：魏，晉邑；榆，州里名也。"①"受陽"即壽陽，即馬首所在；"塗水"即塗水，榆次縣即塗水所在。昭八（534 B.C.）《傳》："八年春，石言于晉魏榆。……於是晉侯方築虒祁之宫。"（第768頁）《考略》："今榆次縣西北有榆次故城，杜佑曰：晉魏榆邑也。"（卷5，第14頁）魏榆在今山西晉中市榆次區西北。自馬首沿洞渦水西行即可至魏榆、塗水，祁縣則位於塗水東南，其間爲平原地勢，極便於往來，又據馬保春《晉國地名考》：

> 《貨系·先秦卷》著録了山西博物館、上海博物館藏及馬定祥所提供的9枚（1840—1847、1849）"祁"地方足布②，其中，1840號就是1961年山西祁縣出土的；1841號是1963年在山西陽高縣出土的，該書1103頁《釋文表》認爲："祁，地名，戰國趙地，今河北省無極縣境，或山西省祁縣東南。"③今河北無極

---

① （北魏）酈道元注，（清）楊守敬纂疏，（清）熊會貞參疏：《水經注疏》，收入謝承仁主編《楊守敬集》，册3，卷6，第475—476頁。
② 馬飛海總主編，汪慶正主編：《中國歷代貨幣大系·先秦貨幣》，上海：上海人民出版社，1988年，第479—480頁。
③ 馬飛海總主編，汪慶正主編：《中國歷代貨幣大系·先秦貨幣》，第1103頁。

縣位於東出太行山的井陘不遠的地方，由此可知，晉中或太行山之東西兩邊，將是通過井陘來聯繫的。據此可推斷晉中與太行山之東當是"祁"方足布的流通範圍。①

馬氏由"祁"地貨幣方足布的分布和流通，推測可通過井陘往來於太行山東西二側。彭信威《中國貨幣史》："平首布就是首不空的布，首不空的布種類更多，普通也是根據形狀而分爲尖足布、方足布和圓足布三種……以方足布爲最多，重約五六公分。多有兩個字，差不多都是戰國時的地名。"②黃錫全《先秦貨幣研究》："平首方足布，是戰國時期使用的主要的貨幣形式，它包括所謂的銳角布、類方足布、小方足布等數種。銳角布屬於韓或魏。橋形布屬魏。類方足布爲尖足布系統，屬趙。"③方足布是戰國時期三晉地區主要的流通貨幣，則由馬氏的推論可知經井陘來往於太行山東西側的道路在戰國時期應已存在。

又昭十二（530 B.C.）《傳》："晉荀吳偽會齊師者，假道於鮮虞，遂入昔陽。秋八月壬午，滅肥，以肥子綿皋歸。"（第 790—791 頁）鮮虞，《集解》："白狄別種，在中山新市縣。"（第 790 頁）《彙纂》："今直隸真定府新樂縣西南有新市故城，俗名新城鋪，其地有鮮虞亭。"（卷 30，第 36 頁）《考實》："真定府，今改正定府，新樂屬本府之晉州。"（卷 3，第 12 頁）《左傳注》："今河北正定縣北四十里新城鋪即其國都所在。戰國時爲中山國。"（第 1330 頁）鮮虞位於今河

---

① 馬保春：《晉國地名考》，第 238—239 頁。
② 彭信威：《中國貨幣史》，上海：群聯出版社，1954 年，第 25 頁。
③ 黃錫全：《先秦貨幣研究》，北京：中華書局，2001 年，第 117 頁。

北省正定縣北四十里新城鋪鎮。昔陽，《考略》："今平定州樂平縣東五十里有昔陽城，俗呼爲夕陽城。"（卷14，第35頁）《考實》："昔陽者，今正定府之晉州，鼓子之國也。"（卷3，第12頁）《左傳注》："昔陽在今河北晉縣西。"（第1334頁）昔陽位於今河北晉縣西，鮮虞東南。肥，《集解》："鉅鹿下曲陽縣西，有肥累城。"（第791頁）《考略》："今藁城縣西南七里。"（卷14）《集解》所謂鉅鹿下曲陽縣在今河北省晉縣，晉縣西與藁城區西南實爲一地，故肥國位於今河北省石家莊市藁城區西南七里，昔陽西南。

齊國位於晉國之東，則晉師必是向東行才可假作匯合齊師。若晉師是沿後文將論述的"南陽—朝歌—邯鄲"一綫，或"留吁—壺口—邯鄲"一綫進入太行山東側，則自邯鄲經邢國攻打昔陽，必是自南向北行軍。如此，則鮮虞更位於昔陽之北，晉師并無需假道於鮮虞。因此，從《傳》文所述晉軍假道於鮮虞，先攻昔陽，再滅肥國的順序來看，荀吳此次出兵走的應是井陘，如此，晉軍出井陘後才可自北向南依次攻入昔陽與肥。且從地理位置觀之，鮮虞、昔陽、肥皆位於太行山西側東出井陘不遠處，可見井陘自春秋時已是晉國東出太行赴鮮虞、齊國的交通路綫之一。

昭二（540 B.C.）《傳》："夏四月，韓須如齊逆女，齊陳無宇送女，致少姜，少姜有寵於晉侯，晉侯謂之少齊，謂陳無宇非卿，執諸中都。"（第719頁）《集解》："中都，晉邑，在西河界休縣東南。"（第719頁）《考略》："今中都在汾州府平遥縣西十二里，西南至界休五十里。"（卷5，第13頁）"界休"即介休，中都位於今山西省介休市東北五十里。前文已言鄔縣位於介休市東北約三十里鄔城店村，祁縣位於今祁縣東南約六里祁城村，介休市東北不足一百一十里。

可見中都正位於鄔縣與祁縣之間,又《水經注·汾水》:

> 侯甲水又西北歷宜歲郊,逕太谷,謂之太谷水。出谷西北流,逕祁縣故城南,自縣連延,西接鄔澤,是爲祁藪也。……侯甲水又西北逕中都縣故城南,城臨際水湄。《春秋·昭公二年》,晉侯執陳無宇于中都者也。……侯甲水又西,合于嬰侯之水,逕鄔縣故城南,晉大夫司馬彌牟之邑也。謂之鄔水,俗亦曰慮水,慮、鄔聲相近,故因變焉。又西北入鄔陂,而歸于汾流矣。①

侯甲水(太谷水)流經祁縣、中都、鄔縣後匯入汾水,則此三縣間的交通大抵亦是沿侯甲水北岸相互往來。雖然文獻中并無鄔、中都、祁三縣有相互往來交通的記載,但從地形地貌觀之,鄔、中都、祁三縣皆處於平原地區,其間又有侯甲水相連,沿河岸形成交通路綫應是較爲順其自然的。

中都位於晉國北部,陳無宇被執諸中都,若他行經的道路是"朝歌—南陽"一綫,或"壺口—留吁"一綫,都完全没有必要繞行至北方的中都。因此從陳無宇被執獲的地點來看,此次齊國的送親路綫應是走井陘一綫。如此,則昭二年的此則記載即可以作爲昭十二年"荀吴偽會齊師"一則的佐證,證明井陘在春秋時期已經成爲往來太行山脈東西兩側的重要路綫之一,又可以證明自東向西翻越太行山脈後,進入晉國境内的交通路綫之一,大抵是沿祁氏采

---

① (北魏)酈道元注,(清)楊守敬纂疏,(清)熊會貞參疏:《水經注疏》,收入謝承仁主編《楊守敬集》,册3,卷6,第435—436頁。

邑的分布,自馬首、魏榆、塗水至祁縣、中都、鄔縣。

綜上所述,自平陽沿汾水可至霍、隨、鄔,自鄔經中都、祁、塗水、魏榆、馬首,可以東向進入井陘,出井陘後即到達太行山脉西側,經鮮虞可至昔陽、肥。

三、狐厨—鄂—屈—采桑—白狄、少梁

隱六(717 B.C.)《傳》:"翼九宗五正頃父之子嘉父逆晉侯于隨,納諸鄂,晉人謂之鄂侯。"(第70頁)鄂,《考實》:

> 《史記·晉世家》注引《世本》云:"唐叔虞居鄂。"宋忠曰:"鄂地今在大夏。"張守節《正義》曰:"《括地志》云:故鄂城在慈州昌寧縣東二里,與絳州夏縣相近,故云在大夏。"唐慈州今爲吉州,昌寧今爲鄉寧縣,在平陽府太平縣之西,吉州之東南,近黄河也。(卷1,第10頁)

《嘉慶重修一統志》:"鄂城,在鄉寧縣南一里。……《縣志》:'今謂之鄂侯故壘。'"①《括地志》謂鄂城在慈州昌寧縣東二里,昌寧縣後改名鄉寧縣。《一統志》謂鄂城在鄉寧縣南一里,則或是因爲自唐至清鄉寧縣治略有改易,以至文獻記載稍有不同。許文勝《山西鄉寧故鄂城遺址調查》寫道:

---

① (清)穆彰阿等:《嘉慶重修一統志》,卷138,第25—26頁。

2008年12月,全國第三次文物普查鄉寧隊員在鄉寧舊縣城南山(玉環山)文筆塔東南發現夯土牆基。地方學者在縣級雜志上簡單報道了這一新發現,認爲是春秋時期的鄂侯故壘。……筆者於2009年3月對縣城周邊大面積範圍作了仔細踏勘調查,在舊縣城北山(印臺山)發現了夯土板築城垣遺址,確定了一南一北兩城址。①

考古人員在山西省鄉寧縣鄂河流域發現了故鄂城遺址。鄂河自西向東流經鄉寧縣境,將鄂城遺址分爲南北兩部分,南城址位於鄉寧縣玉環山北,北城址位於鄉寧縣印臺山南,兩城隔河相望,②城址與典籍記載鄂城所在相符。

嘉父逆晉侯于隨,納諸鄂,前一小節論"翼侯奔隨"處,已言隨位於今山西省介休市東南約二十五里,汾水東岸約三十里。汾水西有吕梁山脉,因此晉侯自隨至鄂,應是先沿汾水南下至平陽,《水經注·汾水》:"汾水南與平河水合,水出平陽縣西壺口山,《尚書》所謂'壺口治梁及岐'也。其水東逕狐谷亭北,春秋時,'狄侵晉,取狐廚'者也。又東逕平陽城南,東入汾。"③平陽南有汾水支流平河水,沿平河水西行可至狐谷亭,即狐廚。《水經注·河水》:"河水又南至崿谷,傍谷東北窮澗,水源所導也。西南流注于河。"④《鄉寧

---

① 許文勝:《山西鄉寧故鄂城遺址調查》,《文物世界》2017年第6期,第12頁。
② 許文勝:《山西鄉寧故鄂城遺址調查》,第12—13頁。
③ (北魏)酈道元注,(清)楊守敬纂疏,(清)熊會貞參疏:《水經注疏》,收入謝承仁主編《楊守敬集》,册3,卷6,第444—445頁。
④ (北魏)酈道元注,(清)楊守敬纂疏,(清)熊會貞參疏:《水經注疏》,收入謝承仁主編《楊守敬集》,册3,卷4,第241頁。

縣志》:"鄉寧闔境皆山,以崿谷、狐谷分南北。……其出崿谷之北,與吉州連者,曰:高嶺,即高天山,鄂水出焉。其西即羅峪水所源之雲臺山也。南至縣城,合於鄂水。其城所傍者,曰:鄂侯壘。"①《水經注》所謂崿谷東北之窮澗,即鄂水,今稱鄂河。鄂水西南流經鄂侯壘,即鄂城。因鄉寧縣全境皆山,自狐厨至鄂城之道路多爲山路,崎嶇曲折,難以確知。根據當地河流水文推測,或是沿平河水入狐谷後,西南行至崿谷北部高天山一帶,再沿鄂水至鄂城。

莊二十八(667 B.C.)《傳》:"曲沃,君之宗也;蒲與二屈,君之疆也;不可以無主。……夏,使大子居曲沃,重耳居蒲城,夷吾居屈,群公子皆鄙。"(第177頁)僖四(656 B.C.)《傳》:"十二月戊申,縊于新城。姬遂譖二公子曰:'皆知之。'重耳奔蒲,夷吾奔屈。"(第204頁)僖五(655 B.C.)《傳》:"初,晉侯使士蒍爲二公子築蒲與屈,不慎,置薪焉。"(第206頁)僖六(654 B.C.)《傳》:"六年春,晉侯使賈華伐屈。夷吾不能守,盟而行。將奔狄,郤芮曰:'後出同走,罪也,不如之梁。梁近秦而幸焉。'乃之梁。"(第214頁)從以上數則有關"屈"的記載來看,自都城絳至屈,以及自屈至狄、自屈至梁,皆應有交通路綫。《考略》:

(屈)戰國屬魏,漢置北屈縣,屬河東郡……後漢如故,魏晉屬平陽郡……神䴥元年,擒赫連昌,因于北屈置禽昌縣,後改置定陽縣于今吉州治,又置定陽郡南汾州治焉。隋改縣名曰吉昌。五代唐又改吉鄉,自北齊至元,州名屢改。至元曰吉

---

① (清)葛清纂修:《鄉寧縣志》,清光緒七年(1881)刻本,卷5,第9—10頁。

州,省吉鄉縣入之,明仍之。今北屈廢縣在州治東北二十一里。(卷4,第8頁)

《左傳注》:"二屈,北屈、南屈,兩屈蓋毗鄰,故夷吾一人鎮之。北屈在今吉縣東北,南屈當在其南。"(第240頁)《路史·國名紀》:"屈,夷邑,麗姬曰:'蒲、屈,君之疆也。'今隰州有故屈城,南屈也。翟章救鄭,次南屈者(《汲古文》)。"①據《傳》文晉有二屈,北屈在今山西吉縣東北,南屈一説毗鄰北屈,在北屈之南;一説在今山西隰縣。然山西隰縣在吉縣北,如此則南屈反在北屈之北,似不合于情理,故仍以《左傳注》所言爲是。夷吾所奔之北屈位於今山西吉縣東北二十一里,鄂縣西北五十餘里。鄂、屈之間山峰綿延,道路不能確知,但從《傳》文推測其間應有交通路綫相連。

魯僖公六年(654 B.C.)賈華伐屈,夷吾欲奔狄,宣十五年(594 B.C.)《正義》:"狄有赤狄、白狄。就其赤白之間,各自別有種類。……謂之赤、白,其義未聞。蓋其俗尚赤衣、白衣也。"(第406頁)狄有白狄、赤狄二種,因其風俗所崇尚之衣服顏色不同,而分別以赤狄、白狄稱之。《春秋大事表》:"赤狄種類至多。"②陳槃《春秋大事表列國爵姓及存滅表譔異》:"潞氏爲赤狄別種。東山皋落氏、廧咎如、甲氏、留吁、鐸辰并然,居地亦有別。"③赤狄聚落較多,分布亦廣,如潞氏、東山皋落氏、廧咎如、甲氏、留吁、鐸辰等,多數位於晉國東、南一帶。屈位於晉國西部邊鄙,因此夷吾欲投奔之狄應非

---

① (宋)羅泌:《路史》,卷28,第24頁。
② (清)顧棟高輯,吳樹平、李解民點校:《春秋大事表》,第602頁。
③ 陳槃:《春秋大事表列國爵姓及存滅表譔異》,第1072頁。

赤狄,而是晉國西方之白狄。

白狄所在地歷來典籍記載不盡相同,現羅列主要説法如下:《集解》:"故西河郡有白部胡。"(第291頁)《括地志》:"近延州、綏州、銀州,本春秋時白狄所居,七國屬魏,後入秦。"①《通典》謂鄜州、延州、丹州、綏州、銀州皆春秋白狄之地。②《太平寰宇記》謂鄜州、坊州、丹州、延州、綏州、銀州爲春秋時白狄所居。③《路史·國名紀》:"今鄜、坊、綏、延間皆其(白狄)地。"④《考實》:"白狄在西河之西,今陝西延安府地也。《傳》云:'余從狄君以田渭濱',則其地南至渭水。又告秦人云:'白狄及君同州',是與秦同在雍州也。"(卷1,第52頁)陳槃《春秋大事表列國爵姓及存滅表撰異》:

> 江氏所考蓋近是。氏所謂延安府,即《括地志》等所謂延州,府治即今陝西延安縣。由此南至渭水,五百數十里。延安東去晉都翼城、四百餘里,由翼城西去渭濱、五百餘里。《通典》等所謂鄜州,州治即今陝西鄜縣,在延安南百二十里。云坊州,其治即今黄陵縣治,在延安南百九十餘里。云丹州,其治即今宜川縣治,在延安東南百六十里。此三地去渭濱尤近,亦是也。至《括地志》等所謂綏州,州治在今綏德縣,南去延安二百三十里。又云銀州,治在今米脂縣西北八十里,南去延安三百六十餘里,至渭濱則八百數十里矣。疑遠。若杜氏所謂

---

① (唐)李泰:《括地志輯校》,第44頁。
② (唐)杜佑撰,王文錦等點校:《通典》,北京:中華書局,1988年,第4524、4526、4527、4528頁。
③ (宋)樂史撰,王文楚等點校:《太平寰宇記》,第735、739、743、752、798、802頁。
④ (宋)羅泌:《路史》,卷29,第59頁。

故西河郡者,未知所指。……如謂即汾陽縣……則距離渭濱仍嫌太遠。①

《左傳注》:"今陝西省延安、安塞、延川、延長、宜川、黃龍,以及清澗諸縣皆曰白狄之境。"(第501頁)

陳槃根據各地距離渭水之遠近,推測典籍所載延州、鄜州、坊州、丹州,即陝西延安、鄜縣(今富縣)、黃陵縣、宜川縣應爲白狄所在地。而綏州、銀州,即今陝西綏德縣、米脂縣,距離渭水過遠,似不合於《傳》文。然而筆者將前人對於白狄所居地的記載總結爲"表1 諸家所列白狄所居地異同表",發現前人說法雖略有出入,却一致將綏州列爲白狄所在地之一。

表1 諸家所列白狄所居地異同表

書名	白狄所居地					
《括地志》	延州	綏州	銀州			
《通典》	延州	綏州	銀州	鄜州	丹州	
《太平寰宇記》	延州	綏州	銀州	鄜州	丹州	坊州
《路史》	延州	綏州		鄜州		坊州

僖二十四(636 B.C.)《傳》:"蒲城之役,君命一宿,女即至。其後余從狄君以田渭濱,女爲惠公來求殺余,命女三宿,女中宿至。雖有君命,何其速也。"(第254頁)其中"余從狄君以田渭濱"確實

---

① 陳槃:《春秋大事表列國爵姓及存滅表譔異》,第1042—1043頁。

可以證明白狄之居處向南應鄰近於渭水。然據史册所載可知白狄分布地域綿延數州、較爲廣闊。《傳》文所載僅能證明白狄之國南境距離渭河不遠,且都城或許亦處於較爲偏南的區域,因此晉文公能够與狄君田獵於渭濱。然這并不妨礙白狄北境擴張至距離渭水較遠的綏州。既然歷代文獻皆將綏州視爲春秋時白狄所居,則仍不宜僅因《傳》文一則較爲模糊的記載,即排除當時白狄勢力向北已延伸至綏州(今綏德縣)的可能性。

《左傳注》謂白狄之境向北可至今陝西安塞、延川、清澗等縣。清澗等縣位於延州(今延安市)之北,綏州(今綏德縣)之南,則《左傳注》似是采用了較爲折中的説法。楊建華《陝西清澗李家崖東周墓與"河西白狄"》:

> 1983年,陝西省考古研究所陝北考古工作隊在陝北清澗李家崖文化古城周圍的套場坪、峰家塔和星星原三座土丘上發掘了一批東周墓葬和秦墓葬。……通過對陝北清澗縣李家崖東周墓地兩種文化性質的陶器的研究,可以看出雙耳罐與三足鬲具有北方文化的因素。根據李家崖墓地的年代和古代文獻可以確認,這批墓葬是東周時期河西白狄的遺存,而且隨葬陶器的文化性質和文獻都印證了白狄與晉國有着密切的聯繫。①

清澗縣李家崖東周墓地白狄遺存的發現,證明白狄北境至少應至

---

① 楊建華:《陝西清澗李家崖東周墓與"河西白狄"》,《考古與文物》2008年第5期,第34、38頁。

今陝西清澗縣，《左傳注》的説法是較爲可信的。至於清澗縣以北的綏德、米脂等縣是否爲白狄居處，則有待進一步的考古發掘。

白狄位於黄河之西，屈縣位於黄河之東，兩岸之間應是通過采桑津渡河。僖八(652 B.C.)《傳》："晉里克帥師，梁由靡御，虢射爲右，以敗狄于采桑。"(第216頁)《集解》："平陽北屈縣西南有采桑津。"(第216頁)《嘉慶重修一統志》："采桑津，在鄉寧縣西，大河津濟處也。"①采桑津位於今山西省臨汾市鄉寧縣西，屈縣與黄河之間。《水經注·河水》："河水又南，羊求水入焉。水東出羊求川，西逕北屈縣故城南，城即夷吾所奔邑也。王莽之'朕北'也。……其水西流注于河。河又南爲采桑津。"②自北屈沿羊求水西行至黄河東岸，自采桑津渡河後即可進入白狄之境。

僖六(654 B.C.)《傳》："將奔狄，郤芮曰：'後出同走，罪也，不如之梁。梁近秦而幸焉。'乃之梁。"(第214頁)夷吾本欲奔狄，在郤芮的勸諫下改去梁。《太平寰宇記》："梁國在今(韓城)縣理南二十二里，有少梁故城。"③《元和郡縣圖志》："梁國在今(韓城)縣理南二十三里，有少梁故城。"④《考略》："古少梁城在(韓城)縣南二十里。"(卷13，第13頁)史載少梁城位於韓城縣南約二十餘里。

今韓城市南10公里處曾發現一處遺址，考古工作者附會典籍

---

① (清)穆彰阿等：《嘉慶重修一統志》，卷138，第30頁。
② (北魏)酈道元注，(清)楊守敬纂疏，(清)熊會貞參疏：《水經注疏》，收入謝承仁主編《楊守敬集》，册3，卷4，第239頁。
③ (宋)樂史撰，王文楚等點校：《太平寰宇記》，第600頁。
④ (唐)李吉甫撰，賀次君點校：《元和郡縣圖志》，第38頁。

記載,認爲是古少梁城。① 城内包括城北村、芝原村、瓦頭村、芝川鎮、芝西村、西少梁村、東少梁村等十餘個村莊,範圍涉及今韓城市南的芝川、龍亭兩鎮。今芝川鎮所在地基本上是少梁故城的中部位置。② 然周若祁等根據地形、地勢等條件分析,認爲芝川鎮一帶作爲少梁城的可能性不大:其一,芝川一帶爲南北長、東西窄的細長盆地,只有東側有一豁口直面黄河,且又是涺水、芝水匯合處。因此芝川川道其實是周圍臺塬區排洪的主要通道,是由於長期水土流失和沖刷所形成的條狀沖積平原。如此河川匯集的低地實在不適合作爲都城。其二,黄河兩岸自古多水患,古時治水防洪能力低下,構築堤防耗資巨大,芝川之東即黄河邊廣闊灘地,建立都邑過於危險。其三,梁國身爲小諸侯國,城邑選址需考慮安全性,以易守難攻爲最佳。芝川一帶地勢低且平緩,修建城池無險可依。③ 吴朋飛、張慧茹亦認爲考古人員所勘查的十餘個村莊所組成的少梁遺址區域,作爲一個都城的城址規模而言範圍過大,更有可能是梁國封國的轄地。④

1987年陝西省考古研究所在今韓城市西南11公里高門塬東角發現一古城遺址,城址東西1.75公里,南北1.5公里,東、西、南三面城墻尚存,位於今芝川鎮瓦頭村以西,吕莊村以北,堡安村以東

---

① 高增岳、呼林貴等:《陝西發現春秋梁國少梁城遺址》,《中國文物報》1990年10月25日第41期。
② 韓城文物志編纂委員會:《韓城市文物志》,西安:三秦出版社,1991年,第3頁。
③ 周若祁、張光:《韓城村寨與黨家村居民》,西安:陝西科學技術出版社,1999年,第14頁。
④ 吴朋飛、張慧茹:《司馬遷所居"夏陽"城址考辨》,《求索》2007年第10期,第211頁。

一帶。考古工作者根據城址内磚瓦遺物判斷此處爲秦漢夏陽古城。①《史記·秦本紀》載秦惠文王十一年(314 B.C.):"更名少梁曰夏陽。"②則秦之夏陽城即春秋之少梁。周若祁根據地理位置判斷此處夏陽古城遺址更可能爲少梁城,其言曰:"城依塬而建,位於澽水、芝水交匯處之西的源頭上,東距黄河夏陽渡3公里,南距魏長城不過4公里,此處西倚梁山,東瞰黄河,進可攻,退可守,與芝川相比,更符合古代建設城邑的要求和條件。"③且此遺址位於韓城市西南11公里,亦與典籍所載相符。夷吾自屈城沿羊求水西行至黄河東岸,從采桑津渡河後沿黄河南行,即可至少梁。

四、"霍—箕—交剛—樓""霍—瓜衍—平陵—梗陽—晉陽(大原)—魏榆""梗陽—塗水—陽""晉陽(大原)—盂縣—霍人"

僖三十三(627 B.C.)《傳》:"狄伐晉,及箕。八月戊子,晉侯敗狄于箕。郤缺獲白狄子。"(第290—291頁)成十三(578 B.C.)《傳》:"君亦不惠稱盟,利吾有狄難,入我河縣,焚我箕、郜,芟夷我農功,虔劉我邊陲,我是以有輔氏之聚。"(第462頁)昭二十三(519 B.C.)《傳》:"叔孫旦而立,期焉。乃館諸箕。舍子服昭伯於他邑。"(第877頁)昭二十四(518 B.C.)《傳》:"晉士彌牟逆叔孫于箕。"(第855頁)從以上數則《傳》文記載可知,自晉都絳、新田至箕,再

---

① 呼林貴:《陝西韓城秦漢夏陽古城遺址勘查記》,《考古與文物》1987年第6期。
② (漢)司馬遷撰,[日]瀧川資言考證:《史記會注考證》,第133頁。
③ 周若祁、張光:《韓城村寨與黨家村居民》,第14頁。

自箕至白狄,其間應有交通路綫相連。前人關於箕之地望的説法主要可分爲三類:

其一,箕位於山西省榆社縣南三十里之箕城鎮。《太平寰宇記》:"古箕城,在(榆社)縣東南三十里。……春秋僖公三十三年,'晉人敗狄于箕',即此也。"①《嘉慶重修一統志》:"箕城在榆社縣南三十里,春秋僖公三十三年晉人敗狄於箕即此。"②

其二,箕位於山西省太谷縣東三十五里。《水經注·洞渦水》:"《魏土地記》曰:晉陽城東南百一十里至山有蔣谷大道,度軒車嶺,通于武鄉。水自蔣溪西北流,西逕箕城北。《春秋》僖公三十三年,'晉人敗狄于箕'。"③《讀史方輿紀要》:"箕城,(太谷)縣東三十五里。"④《嘉慶重修一統志》:"箕城在太原府太谷縣東三十五里,《左氏春秋》僖公三十有三年,晉人敗狄於箕。"⑤《考略》:"太原府(太谷)縣東三十五里有箕城。"(卷4,第18頁)

其三,箕位於山西省蒲縣東北三十里之箕城。《太平寰宇記》:"今(蒲)縣東北三十里故箕城。"⑥《寰宇記》記載蒲縣東北有箕城,但認爲晉人敗狄之箕城應在榆社縣。《考實》:"山西隰州蒲縣本漢河東郡蒲子縣地,東北有箕城。……晉人敗狄于箕當在此。"(卷1,第52頁)《左傳注》:"江永説較可信。"(第493頁)

---

① (宋)樂史撰,王文楚等點校:《太平寰宇記》,第927頁。
② (清)穆彰阿等:《嘉慶重修一統志》,卷159,第8頁。
③ (北魏)酈道元注,(清)楊守敬纂疏,(清)熊會貞參疏:《水經注疏》,收入謝承仁主編《楊守敬集》,册3,卷6,第477頁。
④ (清)顧祖禹撰,賀次君、施和金點校:《讀史方輿紀要》,第1819頁。
⑤ (清)穆彰阿等:《嘉慶重修一統志》,卷136,第21頁。
⑥ (宋)樂史撰,王文楚等點校:《太平寰宇記》,第1011頁。

榆社縣與太谷縣接界,位於太谷縣東南。《嘉慶重修一統志》既曰"箕城在榆社縣南三十里",又曰"箕城在太原府太谷縣東三十五里",且皆云"晉人敗狄於箕",則該書編者應認爲此兩句所指處爲同一地點。1956年考古人員於今山西省太谷縣東北約三十餘里的白燕村發掘出一處遺址。白燕遺址時期上自新石器時代中期,下至西周早期,地理位置與文獻所載箕城地望相符合。① 陳旭等撰《山西太谷縣的古箕城》認爲白燕遺址中有一片區域從古至今名爲"聚箕場",應爲古箕城遺址,"晉侯敗狄于箕"之處。② 由此可見太谷縣東三十五里確實有古箕城,該地位於榆社縣北約三十里,榆次縣(今晉中市榆次區)南約三十里,則"榆社縣南三十里"或爲傳寫訛誤,其所代指之箕城應與太谷縣東三十五里之箕城爲一地。

　　太谷縣雖有箕城遺址,但此箕城未必如前人所言即《傳》文中"晉人敗狄於箕"之箕,《左傳注》:"從卜辭及周初銅器銘文考之,榆社南之箕城鎮,恐是商及周初之箕,其字作'異',非此箕也。"(第493頁)王獻唐《黃縣䣙器》總結現有出土之䣙器,西周春秋時期共13件,8件確定爲山東黃縣出土,1件應爲山東出土,4件出土地點難以確定。根據銘文詞例書題來看,其中12件大抵都是春秋時期器物,僅1件䣙仲作朋生壺或能推到西周末尾。③ 因此王獻唐《黃縣䣙器》根據傳世文獻及出土器物推斷:"春秋時期的䣙國,約在莒

---

① 晉中考古隊:《山西太谷白燕遺址第一地點發掘簡報》,《文物》1989年第3期,第1—21頁。晉中考古隊:《山西太谷白燕遺址第二、三、四地點發掘簡報》,《文物》1989年第3期,第22—34頁。
② 陳旭、李錦琦、王文魁:《山西太谷縣的古箕城》,《滄桑》2009年第4期,第34—35頁。
③ 王獻唐:《黃縣䣙器》,收入氏著《山東古國考》,第117—118頁。

國以北,萊國東南,淳于和杞的西南,處於山東東南僻遠的山區地帶。"①顧頡剛(1893—1980)曰:"依杜、江兩家説,太谷和蒲縣都有箕城,兩城一在汾東,一在汾西,有相當的距離,也許箕國經過遷徙,所以雙方都以'箕'爲名。但無論怎麽説,箕國初在秦、晉之間而其後被滅於晉,是無疑的事實。"②陳槃《不見於春秋大事表之春秋方國稿》亦云:"余疑箕之初國本亦在山西,故山西有兩箕城;漸遷河南,故登封縣東南有箕山;最後始遷山東。姜姓之别如吕氏,其轉徙史迹,約略相同,是其比矣。"③箕國曾幾經遷徙,造成晉國境内有不止一處箕城,王氏根據山東黄縣出土之員器判斷,春秋時員國已遷至山東東南偏遠山區,而太谷縣白燕遺址的時期僅至西周初年,這也與上述顧、陳二氏認爲箕國曾多次遷徙的猜測相符合。

綜上所述,因箕國曾多次遷徙,所以有多處地點皆名爲箕城,僅從考古遺址或出土青銅器并無法判斷"晉人敗狄於箕"之所在,因此仍需從《傳》文本身着手。顧炎武《日知録》:"陽邑在今之太谷縣,襄公時未爲晉有。《傳》言'秦伐晉及箕',猶之言齊伐我及清也,④必其近國之地也。成公十三年,厲公使吕相絶秦曰:'入我河縣,焚我箕、郜。'又必其邊河之邑,秦、狄皆可以争。"⑤《考實》亦曰:

---

① 王獻唐:《黄縣員器》,收入氏著《山東古國考》,第155頁。
② 顧頡剛:《三監的結局——周公東征史事考證四之三》,《文史》1988年第30輯,第11—12頁。
③ 陳槃:《不見於春秋大事表之春秋方國稿》,第84—85頁。
④ 哀十一(484 B.C.)《傳》:"十一年春,齊爲鄎故,國書、高無丕帥師伐我,及清。"(第1015頁)
⑤ (清)顧炎武撰,陳垣校注:《日知録校注》,第1789頁。

此年伐狄者,白狄也。白狄在西河,渡河而伐晉,箕地當近河。成十三年《傳》云:秦入我河縣,焚我箕、郜,是近河有箕。今山西隰州蒲縣本漢河東郡蒲子縣地,東北有箕城。隋初移治此,後改蒲縣,唐移今治,而箕城在縣東北,晉人敗狄于箕當在此。若太谷之箕,去白狄遠,別是一地。(卷1,第52頁)

白狄位於黃河以西,東向渡河伐晉及箕,則箕應當鄰近黃河。蒲縣之箕城距黃河較近,太谷縣之箕城則過於遙遠,白狄很難亦沒有必要長途跋涉以攻取太谷縣之箕城。更何況正如顧氏所言,晉襄公時期晉國之疆域向北還未包含太谷縣。近人馬保春《晉國歷史地理研究》分析各個時期晉國疆域情況,亦認爲晉襄公時期,晉國北疆大抵位於臨汾盆地與太原盆地的界隔一帶(今山西省晉中市靈石縣),①遠未及太谷縣。因此晉與白狄交戰之箕應爲蒲縣東北三十里之箕城,晉軍沿汾水北上,至汾水西岸今霍縣西南十六里的霍邑,西行約八十里即可至箕城。白狄則自采桑津渡河後,沿黃河北上,經樓、交剛至箕。

成十二(579 B.C.)《傳》:"狄人間宋之盟以侵晉,而不設備。秋,晉人敗狄于交剛。"(第458頁)《考實》:"此年之狄,白狄也,交剛當在河東之地,與河西延安府相近。"(卷2,第21頁)《考略》:"或曰在平陽府隰州界。"(卷5,第4頁)平陽府隰州今爲山西省臨汾市隰縣,隰縣位於河東且鄰近白狄,晉亦曾與白狄交戰於此,則

---

① 馬保春:《晉國歷史地理研究》,北京:文物出版社,2007年,第251—252頁。

箕與交剛一綫或爲白狄東向渡河侵晉慣常使用的行軍路綫之一。

僖二十四(636 B.C.)《傳》:"文公妻趙衰,生原同、屏括、樓嬰。"(第254頁)《集解》:"原、屏、樓,三子之邑。"(第254頁)《考略》:"今隰州永和縣南十里有樓山城。"(卷4,第14頁)《大事表》:"今隰州永和縣南十里有樓山城,隋嘗置樓山縣。"①樓邑爲趙衰之子趙嬰的采邑,位於今山西省臨汾市永和縣南十里,隰縣西約五十里,黃河東岸。以地理位置觀之,樓恰好位於交剛與黃河之間,因此自霍西行進入吕梁山脉,經過箕、交剛、樓,渡河至白狄,或爲晉國西北向至白狄的交通路綫之一。現根據典籍記載僅知鄉寧縣西有采桑津,采桑津更往北則不知是否仍有黃河津渡,因此暫且認爲白狄是自采桑津渡河後,沿黃河北向行至今臨汾市永和縣,再東向侵晉。

宣十五(594 B.C.)《傳》:"晉侯賞桓子狄臣千室,亦賞士伯以瓜衍之縣。"(第409頁)《考略》:"吴氏曰:汾州孝義縣北十里瓜城,晉滅虞、虢,遷其民於此。"(卷5,第1頁)《嘉慶重修一統志》:"虢城,在孝義縣北,亦名瓜城。《寰宇記》:瓜城在孝義縣北十里,本虢城也。《縣志》:今名虢城村,在縣北田同里。"②今山西省孝義市北十里仍有小虢城村。晉滅虞、虢之事在僖五年(655 B.C.),《傳》曰:"冬十二月丙子,朔,晉滅虢。虢公醜奔京師。師還,館于虞,遂襲虞,滅之。執虞公及其大夫井伯,以媵秦穆姬,而修虞祀,且歸其職貢於王。"(第209頁)虞、虢皆在晉南,晉滅虞、虢,遷其民於瓜衍。瓜衍位於孝義市北,汾水西岸,則虞、虢之民遷徙路綫應

---

① (清)顧棟高輯,吴樹平、李解民點校:《春秋大事表》,第806頁。
② (清)穆彰阿等:《嘉慶重修一統志》,卷144,第19頁。

是沿汾水一路北上以至瓜衍。

昭元(541 B.C.)《傳》:"晉中行穆子敗無終及群狄于大原,崇卒也。"(第704—705頁)《正義》:"大原郡,晉陽縣是也。"(第704頁)定十三(497 B.C.)《傳》:

> 晉趙鞅謂邯鄲午曰:"歸我衛貢五百家,吾舍諸晉陽。"午許諾。歸告其父兄。父兄皆曰:"不可。衛是以爲邯鄲,而置諸晉陽,絕衛之道也。不如侵齊而謀之。"乃如之,而歸之于晉陽。趙孟怒,召午,而囚諸晉陽。……秋七月,范氏、中行氏伐趙氏之宫,趙鞅奔晉陽,晉人圍之。……十二月辛未,趙鞅入于絳,盟于公宫。(第981—982頁)

《考實》:"(晉陽)在(太原)府治西南四十五里。"(卷3,第34頁)據《晉陽古城遺址2002—2010年考古工作簡報》,晉陽城始建於春秋時期,歷經漢晉、南北朝、隋唐、五代,毀於宋太平興國四年(979),從建成到廢弃連續使用一千五百年,城址没有大的移動。今太原市西南約二十公里的晉源區晉源鎮古城營村一帶有晉陽古城遺址。① 自瓜衍沿汾水西北行即可至晉陽,其間將途經平陵、梗陽二邑。昭二十八(514 B.C.)《傳》:"秋,晉韓宣子卒,魏獻子爲政,分祁氏之田以爲七縣,分羊舌氏之田以爲三縣。……司馬烏爲平陵大夫,魏戊爲梗陽大夫。"(第912頁)《水經注·汾水》:

---

① 太原市文物考古研究所:《晉陽古城遺址2002—2010年考古工作簡報》,《文物世界》2014年第5期,第3頁。

汾水西逕晉陽城南……汾水又南逕梗陽縣故城東,故榆次之梗陽鄉也。魏獻子以邑大夫魏戊也。京相璠曰:"梗陽,晉邑也。今太原晉陽縣南六十里榆次界有梗陽城。"……又南過大陵縣東。昔趙武靈王游大陵,夢處女鼓琴而歌,想見其人,吳廣進孟姚焉。①

"大陵"即"平陵",《考略》:"晉平陵邑,趙曰大陵,亦曰大陸,《史記》:'趙肅侯六年,游大陸至于鹿門';又'武靈王十六年,游大陵,夢處女鼓瑟而歌',劉昭曰:'大陵即大陸也。'……今文水縣東北二十里有大陵城。"(卷5,第15—16頁)平陵位於今山西省呂梁市文水縣東北二十里。自瓜衍沿汾水經平陵、梗陽,可至晉陽。

自晉陽向東、南可至太原盆地諸邑,哀二十七(468 B.C.)《傳》:"趙襄子由是愍知伯,遂喪之。知伯貪而愎,故韓、魏反而喪之。"(第1054頁)《史記·春申君列傳》:"昔智氏見伐趙之利,而不知榆次之禍。……智氏之信韓、魏也,從而伐趙,攻晉陽城,勝有日矣,韓、魏叛之,殺智伯瑤於鑿臺之下。"②《水經注·洞渦水》:"(榆次)縣南側水有鑿臺,韓、魏殺智伯瑤于其下,'刳腹絕腸,折頸摺頤'處也。"③《新序》所謂"榆次之禍"即指"魏榆";"鑿臺"位於魏榆南四里,《元和郡縣圖志》:"鑿臺,在(榆次)縣南四里。"④《水

---

① (北魏)酈道元注,(清)楊守敬纂疏,(清)熊會貞參疏:《水經注疏》,收入謝承仁主編《楊守敬集》,冊3,卷6,第432頁。
② (漢)司馬遷撰,[日]瀧川資言考證:《史記會注考證》,第1463—1464頁。
③ (北魏)酈道元注,(清)楊守敬纂疏,(清)熊會貞參疏:《水經注疏》,收入謝承仁主編《楊守敬集》,冊3,卷6,第476頁。
④ (唐)李吉甫撰,賀次君點校:《元和郡縣圖志》,第367頁。

經注·洞渦水》:"《春秋》昭公八年,晉侯築虒祁之宮,有石言晉之魏榆。服虔曰:魏,晉邑;榆,州里名也。《漢書》曰:榆次。"①《元和郡縣圖志》:"榆次縣本漢舊縣,即春秋時晉魏榆地。"②《考略》:"今榆次縣西北有榆次故城,杜佑曰:晉魏榆邑也。服虔曰:魏,晉地;榆,州里名。後謂之榆次。"(卷5,第14頁)可見春秋時之"魏榆"即戰國後之"榆次"。

自晉陽至魏榆,根據當地的河流分布推測,一條可能的路綫是自晉陽沿汾水至梗陽,再自梗陽沿洞渦水經塗水至魏榆。晉陽至梗陽、塗水至魏榆的路綫前文皆已說明。梗陽與塗水間有道路交通,一是因爲兩地間有洞渦水相連,沿河流易形成交通路綫;二是因爲塗水東南尚有陽邑,爲晉大夫陽處父之采邑,自絳都至陽邑最爲合理的道路爲沿汾水北上至梗陽後經洞渦水至塗水再沿塗水或蔣溪至陽邑。《水經注·洞渦水》:"水自蔣溪西北流……水北即陽邑縣故城也。……蔣溪又西合塗水,亂流西北入洞過澤也。"③

然而自晉陽經梗陽、塗水至魏榆難免有繞路之嫌,所以第二條可能的綫路是自晉陽東行直接至魏榆。因晉陽、魏榆皆處於太原盆地,地勢平緩、交通便利,往來并無山陵阻隔,無需特意繞行。且晉陽爲趙氏大宗之政治中心,戰國後更是成爲趙國之都城,相應的交通網絡亦應較爲發達。知伯奔鑿臺之事雖在春秋以後十餘年,但晉陽至魏榆的道路應在春秋時期就已存在。

---

① (北魏)酈道元注,(清)楊守敬纂疏,(清)熊會貞參疏:《水經注疏》,收入謝承仁主編《楊守敬集》,册3,卷6,第476頁。
② (唐)李吉甫撰,賀次君點校:《元和郡縣圖志》,第367頁。
③ (北魏)酈道元注,(清)楊守敬纂疏,(清)熊會貞參疏:《水經注疏》,收入謝承仁主編《楊守敬集》,册3,卷6,第477—478頁。

自晉陽向北，可經由盂縣至於霍人。昭公二十八年（514 B.C.）《傳》："秋，晉韓宣子卒，魏獻子爲政，分祁氏之田以爲七縣，分羊舌氏之田以爲三縣。……孟丙爲盂大夫。"（第192頁）盂縣位於今山西陽曲縣東北大盂鎮。① 晉陽西爲呂梁山脉，東爲太行山脉，故東西交通備受地形限制，但南北交通却可取道山間盆地而暢通無阻。盂縣正位於今太原盆地以北、忻定盆地南部，故由晉陽北上即可至盂縣。

　　襄公十年（563 B.C.）《傳》："五月庚寅，荀偃、士匄帥卒攻逼陽，親受矢石，甲午，滅之。……晉侯有間，以逼陽子歸，獻于武宮，謂之夷俘。逼陽，妘姓也。使周内史選其族嗣納諸霍人，禮也。"《正義》："必知霍人爲霍邑者，班固《漢書·樊噲傳》云：'攻霍人'，是霍人，邑名也。劉炫云：'霍，晉邑人，掌邑大夫，猶鄒邑大夫稱鄒人紇。'"（第539—540頁）正如《正義》所言，"霍人"應爲晉國縣邑名稱，位於今山西繁峙縣東，② 自盂縣向北穿越忻定盆地即可至霍人，此亦即漢高祖七年（200 B.C.），劉邦北擊韓王信與匈奴聯軍一戰中，所行經的路綫。③

　　綜上所述，自晉都絳、翼沿澮水西行經陘庭可至晉都新田。晉都新田北向路綫，前半段路程爲"新田—汾隰—賈—平陽—昆都—高梁—楊—霍"，其中自平陽向西有一支綫"平陽—狐厨—鄂—屈—采桑—白狄、少梁"，自平陽向東經高梁、楊穿過山嶺可至位於

---

① 戴均良等：《中國古今地名大詞典》，第1656頁。
② 戴均良等：《中國古今地名大詞典》，第3258頁。
③ 詳參拙著《〈史記〉〈漢書〉交通路綫比較研究》，香港：香港中文大學中國語言及文學系博士論文，2022年，第277—299頁。

今長治盆地的留吁。至霍後又分爲西向、北向二道,西向爲"霍—箕—交剛—樓",北向則分爲"霍—隨—鄔—中都—祁—塗水—魏榆—馬首—井陘—鮮虞—昔陽—肥""霍—瓜衍—平陵—梗陽—晉陽(大原)—魏榆""晉陽(大原)—盂縣—霍人"三綫,於梗陽又分支"梗陽—塗水—陽"一綫。以下依《中國歷史地圖集》①製成"圖18 晉都新田北向路綫圖",敬請讀者參看。

---

① 譚其驤主編:《中國歷史地圖集》,册1,第22—23頁。

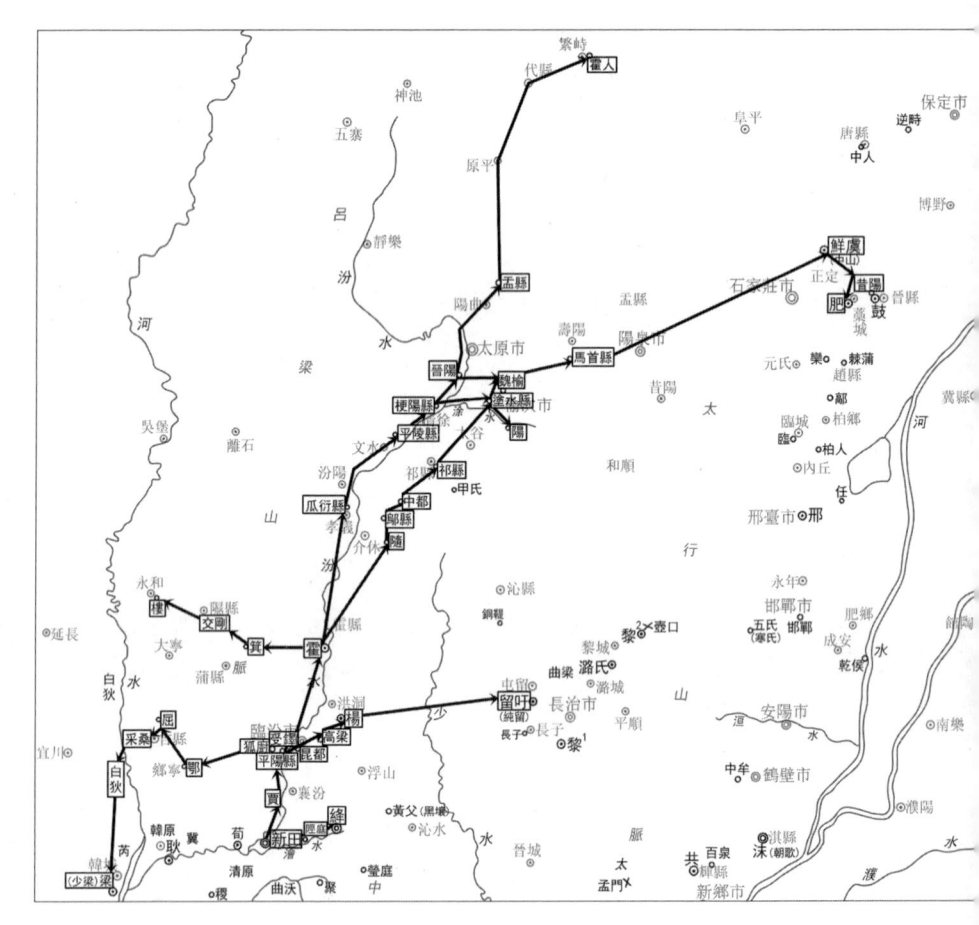

圖 18　晉都新田北向路綫圖

第三節　晉都新田東北向路綫

一、新田—絳—黄父—長子—純留—銅鞮—祁

文十七（610 B.C.）《傳》："晉侯搜于黄父，遂復合諸侯于扈，平宋也。"（第349頁）宣七（602 B.C.）《經》："冬，公會晉侯、宋公、衛侯、鄭伯、曹伯于黑壤。"（第377頁）同年《傳》："晉侯之立也，公不朝焉，又不使大夫聘，晉人止公于會。盟于黄父，公不與盟。以賂免。故黑壤之盟不書，諱之也。"（第378頁）昭二十五（517 B.C.）《經》："夏，叔詣會晉趙鞅、宋樂大心、衛北宫喜、鄭游吉、曹人、邾人、滕人、薛人、小邾人于黄父。"（第886頁）據宣七年《傳》可知"黄父"即"黑壤"。晉侯與晉大夫先後多次於黄父會盟，足見新田與絳皆有道路可至黄父。《水經注·澮水》："其水（澮水）又西南合黑水。水導源東北黑水谷（會貞按：《一統志》水'在翼城縣北，源出烏嶺山'），西南流逕翼城北，右引北川水，出平川，南流注之亂流，西南入澮水。"①《考略》："黑壤山在澤州沁水縣西北四十里，後周宇文泰小字黑獺，諱之，改爲烏嶺。……今烏嶺與平陽府翼城接界。"（卷4，第23頁）"黑壤"後因避諱改稱"烏嶺"，名稱沿用至今。靳生禾（1932—2019）、謝鴻喜寫道：

---

① （北魏）酈道元注，（清）楊守敬纂疏，（清）熊會貞參疏：《水經注疏》，收入謝承仁主編《楊守敬集》，册3，卷6，第453頁。

翼城、沁水交界處有嶺溝村,村北2.5千米爲烏嶺主峰佛爺山,海拔1556米。……佛爺山迤南呈"人"字形分脈爲東西二嶺,在西者稱西烏嶺,在東者稱東烏嶺,前者屬翼城,後者屬沁水,二嶺相距1千米。……二嶺之間爲澮河源頭,河谷海拔1200米。這二嶺一谷高程反差,形成一個巨大的隘口,隘口左旋右轉,上下回環,形勢極險,却又是東西交通襟喉和戰略重隘。長期以來,人們習稱它爲"烏嶺關"。古來黃父、黑壤,本指這座烏嶺關。①

今烏嶺位於山西省臨汾市翼城縣與晉城市沁水縣交界處,自新田沿澮水東行至絳,繼續東行約五十餘里即可至黃父。

襄十八(555 B.C.)《傳》:"夏,晉人執衛行人石買于長子,執孫蒯于純留,爲曹故也。"(第576頁)長子,《水經注·濁漳水》:"濁漳水出上黨長子縣西發鳩山。……又東逕長子縣故城南。周史辛甲所封邑也。《春秋》襄公十八年,'晉人執衛行人石買于長子',即是縣也。"②《讀史方輿紀要》:"長子城,在(長子)縣治西南。晉邑也。"③《左傳注》:"長子在今山西長子縣西郊。"(第1035頁)今山西省長子縣西南孟家莊村一帶有長子東周古城址。④

---

① 靳生禾、謝鴻喜:《長平之戰——中國古代最大戰役之研究》,太原:山西人民出版社,1998年,第57—58頁。
② (北魏)酈道元注,(清)楊守敬纂疏,(清)熊會貞參疏:《水經注疏》,收入謝承仁主編《楊守敬集》,册3,卷10,第697—698頁。
③ (清)顧祖禹撰,賀次君、施和金點校:《讀史方輿紀要》,第1960頁。
④ 山西省考古研究所:《山西長子縣東周墓》,《考古學報》1984年第4期,第503—505頁。

純留,《水經注·濁漳水》:"漳水東逕屯留縣南,又屈逕其城東,東北流,有絳水注之。水西出穀遠縣東發鳩之谷,謂之爲濫水也。東逕屯留縣故城南,故留吁國也。潞氏之屬。《春秋》襄公十八年,晉人'執孫蒯于純留'是也。"①《讀史方輿紀要》:"純留城,在(屯留)縣東南十里。春秋時潞子國,亦赤狄種也。宣十六年晉人滅留吁,遂爲晉邑,謂之純留。"②光緒《屯留縣志》:"屯留故城,在縣南十三里,即古城村,周七里,遺址尚存。"③純留舊爲留吁國,春秋初爲赤狄別種之一,後爲晉邑。今山西省屯留區李高鄉古城村東北有東周城址,④據《屯留縣志》記載或即純留遺址。

"純留"戰國時又名"屯留",《竹書紀年》:"梁惠成王元年(369 B.C.),韓共侯、趙成侯遷晉桓公于屯留。"⑤《史記·趙世家》:"(趙成侯)十六年(359 B.C.),與韓、魏分晉,封晉君以端氏。……肅侯元年(349 B.C.),奪晉君端氏,徙處屯留。"⑥晉侯曾從新田被遷至屯留,後又遷至端氏,最終又遷回屯留。《史記地名考》:"(端氏)今沁水縣東北。"⑦光緒《沁水縣志》:"三家分晉,遷晉軍於端氏聚,今(沁水)縣東四十五里有西城,即古端氏聚,非今之端氏鎮

---

① (北魏)酈道元注,(清)楊守敬纂疏,(清)熊會貞參疏:《水經注疏》,收入謝承仁主編《楊守敬集》,册3,卷10,第699—700頁。
② (清)顧祖禹撰,賀次君、施和金點校:《讀史方輿紀要》,第1962頁。
③ (清)劉鐘麟、(清)何金聲修,(清)楊篤、(清)任來樸纂:《屯留縣志》,清光緒十一年(1885)刻本,卷1,第21頁。
④ 國家文物局主編:《中國文物地圖集·山西分册(中)》,北京:中國地圖出版社,2006年,第293頁。
⑤ 方詩銘、王修齡:《古本竹書紀年輯證》,第105頁。
⑥ (漢)司馬遷撰,[日]瀧川資言考證:《史記會注考證》,第1071頁。
⑦ 錢穆:《史記地名考》,第766頁。

也。"①今沁水縣鄭莊鎮西城村有戰國時期遺址,占地面積約二十萬平方米,②或即端氏故城遺址。以下依《中國歷史地圖集》③製成"圖19　戰國時期晉都遷徙示意圖""圖20　春秋時期晉都、赤狄及周邊城邑示意圖",敬請讀者參看。

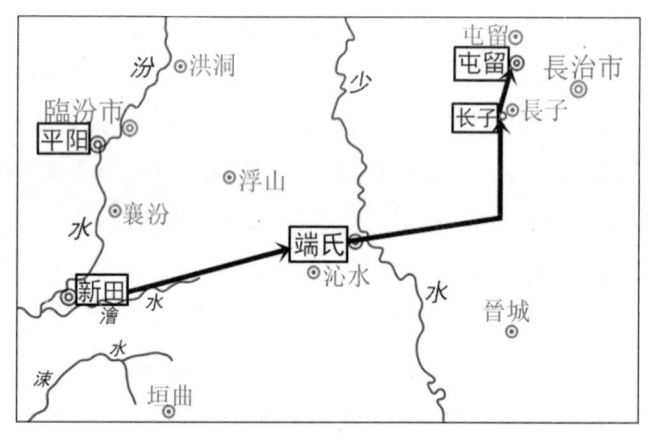

圖19　戰國時期晉都遷徙示意圖

對比圖19、圖20兩幅地圖,并結合現實之山脉走勢及盆地分布可以發現,戰國初期晉君先後從新田遷至純留、再遷至端氏、最終遷回純留的路綫,和春秋時期晉君從新田、絳至黃父會盟,以及晉人執衛行人於長子、純留的路綫應是相同的。從晉都新田、絳東行至黃父,沿山間低平處(今陵侯高速大致路綫)東向出山,繼而北行進入今長治盆地,即可先後至長子、純留。

---

① (清)秦丙煐修,(清)李疇纂:《沁水縣志》,清光緒七年(1881)刻本,卷2,第1頁。
② 國家文物局主編:《中國文物地圖集·山西分冊(中)》,第482頁。
③ 譚其驤主編:《中國歷史地圖集》,冊1,第22—23頁。

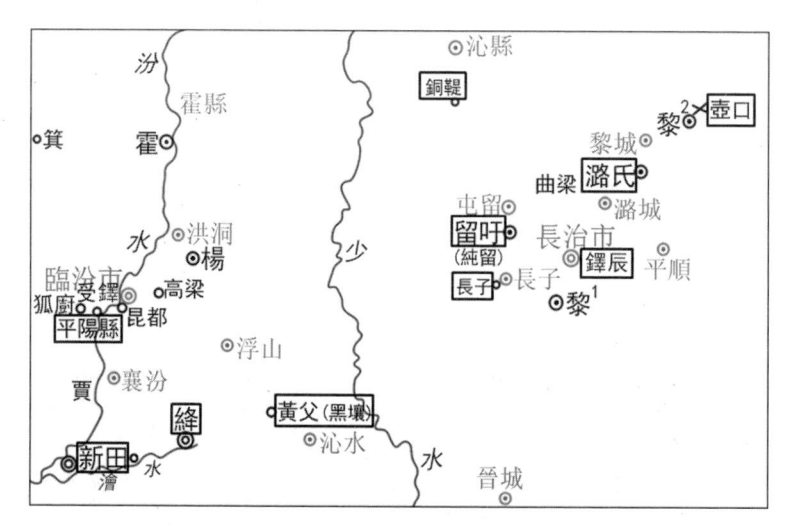

圖 20　春秋時期晉都、赤狄及周邊城邑示意圖

前文已言沿汾水北上至平陽,再自高梁、楊東行穿過山嶺可進入今長治盆地,但仔細考察春秋時期晉軍爲征伐赤狄多次進出上黨地區,滅曲梁、潞氏、①甲氏、留吁、鐸辰、②廧咎如,③皆在成公六年(585 B.C.)晉國遷都新田以前。因此晉軍應是由當時的晉都絳出兵,東向行軍,而平陽則位於絳都西北,晉軍完全没有必要反向繞行至新田、平陽。又靳生禾、謝鴻喜考證自公元前 262 年始歷時三年之久的長平(今高平市西北)之戰中,秦軍東向攻趙之路綫,亦

---

① 宣十五(594 B.C.)《傳》:"六月癸卯,晉荀林父敗赤狄于曲梁,辛亥,滅潞。酆舒奔衛,衛人歸諸晉,晉人殺之。"(第 409 頁)
② 宣十六(593 B.C.)《傳》:"十六年春,晉士會帥師滅赤狄甲氏及留吁、鐸辰。"(第 410 頁)
③ 成三(588 B.C.)《傳》:"晉郤克、衛孫良夫伐廧咎如,討赤狄之餘焉。廧咎如潰,上失民也。"(第 437 頁)

177

認爲是自晉都咸陽至新田後,沿"澮河河床以北及澮河兩支流田家河與翟家橋河之間,由東向西傾斜的黄土梁"至黄父、端氏,再東向往上黨地區行軍布防,①且言:"由新田東至上黨,黄父向爲必由之路。……這條路上早已有聞名的重鎮皮牢城(今翼城東牢寨),是魏、趙之間與秦、趙之間一直激烈争奪的地方,自是當時的通衢大道。"②足可見自新田沿黄父、端氏進出上黨,應爲春秋戰國時期常用的行軍路綫。

成九(582 B.C.)《傳》:"秋,鄭伯如晉,晉人討其貳於楚也,執諸銅鞮。"(第 448 頁)襄三十一(542 B.C.)《傳》:"今銅鞮之宫數里,而諸侯舍於隸人,門不容車,而不可踰越;盗賊公行,而夭厲不戒。"(第 687 頁)昭二十八(514 B.C.)《傳》:"秋,晉韓宣子卒,魏獻子爲政,分祁氏之田以爲七縣,分羊舌氏之田以爲三縣。……樂霄爲銅鞮大夫。"(第 912 頁)銅鞮,《嘉慶重修一統志》:"銅鞮故城在(沁)州南,本春秋晉邑。"③乾隆《沁州志》:"(銅鞮)古城在(沁)州南五十里,故縣鎮東十六里。其城名號及建廢年代不可考,而至今基址猶存者,俗呼爲古城村……當即春秋時銅鞮城也。"④銅鞮位於今山西省長治市沁縣南古城村。據襄三十一年《傳》文可知,銅鞮有晉侯別宫。鄭國位於晉國之南,鄭伯如晉却被執於晉都東北的銅鞮,則大抵亦是因爲銅鞮有晉侯別宫之故。自晉都新田東行經絳、黄父、端氏進入今長治盆地,過長子、純留後繼續北行即可至

---

① 靳生禾、謝鴻喜:《長平之戰——中國古代最大戰役之研究》,第 56—59 頁。
② 靳生禾、謝鴻喜:《長平之戰——中國古代最大戰役之研究》,第 57 頁。
③ (清)穆彰阿等:《嘉慶重修一統志》,卷 158,第 8 頁。
④ (清)姚學瑛等修,(清)姚學甲纂:《沁州志》,清乾隆三十六年(1771)刻本,卷 8,第 2 頁。

銅鞮。

宣十六(593 B.C.)《傳》:"十六年春,晉士會帥師滅赤狄甲氏及留吁、鐸辰。"(第410頁)《左傳注》:"留吁,晉滅之後,改爲純留。"(第767頁)則"留吁"即"純留"之異名。甲氏,清人徐文靖(1667—?)《管城碩記》:"《水經注》:'侯甲水發原胡甲山。'侯甲,邑名,在祁縣。《金史·地理志》:'沁州武鄉縣有胡甲山。'"①陳槃《春秋大事表列國爵姓及存滅表撰異》:"今山西祁縣,在武鄉縣西北百五十餘里。徐氏意謂侯甲水、胡甲山、并因甲氏得名,或甲氏得名由于此山、此水,説并可通。……武鄉在屯留北百二十有餘里,境地毗鄰,故晉已滅甲氏復滅留吁矣。"②《左傳注》亦贊同徐氏《管城碩記》之説。(第767頁)光緒《山西通志》:"漢涅氏縣兼有今武鄉、榆社、遼州全境及沁州之半,其治所在武鄉、沁州界,故城西五里有甲水城,西北二十里爲胡甲山,蓋即春秋赤狄甲氏故地也。"③則甲氏或位於今山西省長治市武鄉縣胡甲山一帶。

又《竹書紀年》:"梁惠成王十二年(359 B.C.),鄭取屯留、尚子、涅。"④《水經注·濁漳水》引《竹書紀年》并曰:"尚子即長子之異名也。"⑤"尚子"即"長子","屯留"即"留吁""純留"。涅,《漢

---

① (清)徐文靖撰,范祥雍點校:《管城碩記》,上海:上海古籍出版社,2013年,第221頁。
② 陳槃:《春秋大事表列國爵姓及存滅表撰異》,第1087頁。
③ (清)曾國荃等修,(清)王軒、(清)楊篤纂:《山西通志》,清光緒十八年(1892)刻本,卷25,第33頁。
④ 方詩銘、王修齡:《古本竹書紀年輯證》,第116頁。
⑤ (北魏)酈道元注,(清)楊守敬纂疏,(清)熊會貞參疏:《水經注疏》,收入謝承仁主編《楊守敬集》,册3,卷10,第698頁。

書·地理志》載上黨郡有涅氏縣。①《隋書·地理志》:"銅鞮,有舊涅縣,後魏改爲陽城。開皇十八年(598)改爲甲水,大業(605—617)初省入。"②《太平寰宇記》:

> 武鄉縣,本漢涅氏縣地,屬上黨郡。晉始置武鄉縣,屬上黨郡。石氏分上黨涅、沾二縣置武鄉郡,縣屬焉。後魏太和十五年自故涅城移武鄉郡于南亭川。隋開皇初廢郡,縣屬潞州;十八年置韓州,縣屬焉。唐貞觀十七年廢韓州,縣歸潞州。③

《中國歷史地名大辭典》:"涅,戰國魏邑,即今山西武鄉縣西北故城鎮。"④涅爲戰國時期魏國所設城邑,因鄰近甲水河隋朝時曾一度改名爲甲水縣,今位於山西省長治市武鄉縣故城鎮,西北約二十里即胡甲山。可見戰國時之涅縣應極爲鄰近春秋時之甲氏。從宣十六年《傳》和《竹書紀年》的記載中可以看出,春秋戰國時期自甲氏、涅至屯留(留吁)應有一條較爲通暢之大道。

從屯留、銅鞮自甲氏翻過胡甲山進入今太原盆地,即春秋時之祁縣。《水經注·汾水》:

> 侯甲水注之,水發源祁縣胡甲山,有長坂,謂之胡甲領,即

---

① (漢)班固撰,(唐)顏師古注:《漢書》,第1553頁。
② (唐)魏徵等:《隋書》,北京:中華書局,1973年,第849頁。
③ (宋)樂史撰,王文楚等點校:《太平寰宇記》,第1045頁。
④ 史爲樂主編:《中國歷史地名大辭典》,北京:中國社會科學出版社,2005年,第2208頁。

劉歆《遂初賦》所謂'越侯甲而長驅'者也。蔡邕曰：侯甲，亦邑名也，在祁縣。侯甲水又西北，歷宜歲郊，逕太谷，謂之太谷水。出谷西北流，逕祁縣故城南，自縣連延，西接鄔澤，是爲祁藪也。①

侯甲水發源自胡甲山，西北流與太谷水交匯，再西北向流逕祁縣故城，筆者據楊守敬、熊會貞所繪《水經注圖》②製成"圖21 涅、胡甲山、侯甲水、祁及周邊河流示意圖"如下，敬請讀者參考。

如圖所示，自胡甲山沿侯甲水西北行即祁縣，前引《水經注·汾水》云胡甲山前有長坂，即長而平緩之山坡，名爲胡甲嶺，爲可供人翻越侯甲而長驅的通道。其中所引漢人劉歆（50 B.C.—A.D. 23）之《遂初賦》原文爲："始建衰而造亂兮，公室由此遂卑。憐後君之寄寓兮，喑靖公於銅鞮。越侯甲而長驅兮，釋叔向之飛患。悅善人之有救兮，勞祁奚於太原。"③劉歆于《遂初賦》中記錄自己的游歷軌跡，亦是沿銅鞮自侯甲進入太原。漢代距離春秋雖已有數百年的時間，但劉歆所述路綫却應是早已有之。《史記·趙世家》："且昔者簡主不塞晉陽以及上黨，而襄主并戎取代以攘諸胡，此愚智所明也。"④"簡主"即趙簡子趙鞅，足見春秋時期自晉陽進入上黨

---

① （北魏）酈道元注，（清）楊守敬纂疏，（清）熊會貞參疏：《水經注疏》，收入謝承仁主編《楊守敬集》，册3，卷6，第434—435頁。
② （清）楊守敬、（清）熊會貞繪：《水經注圖》，收入謝承仁主編《楊守敬集》，册5，第128、141頁。
③ 費振剛等校注：《全漢賦校注》，廣州：廣東教育出版社，2005年，第317頁。"侯甲"底本作"侯田"，錢熙祚曰："九卷本作'甲'。'田'字誤。"見費振剛等校注《全漢賦校注》，第322頁。筆者按：侯田在今河南武陟縣西南，距離銅鞮、太原過遠，此處應如錢熙祚所言從九卷本作"侯甲"。
④ （漢）司馬遷撰，［日］瀧川資言考證：《史記會注考證》，第1075頁。

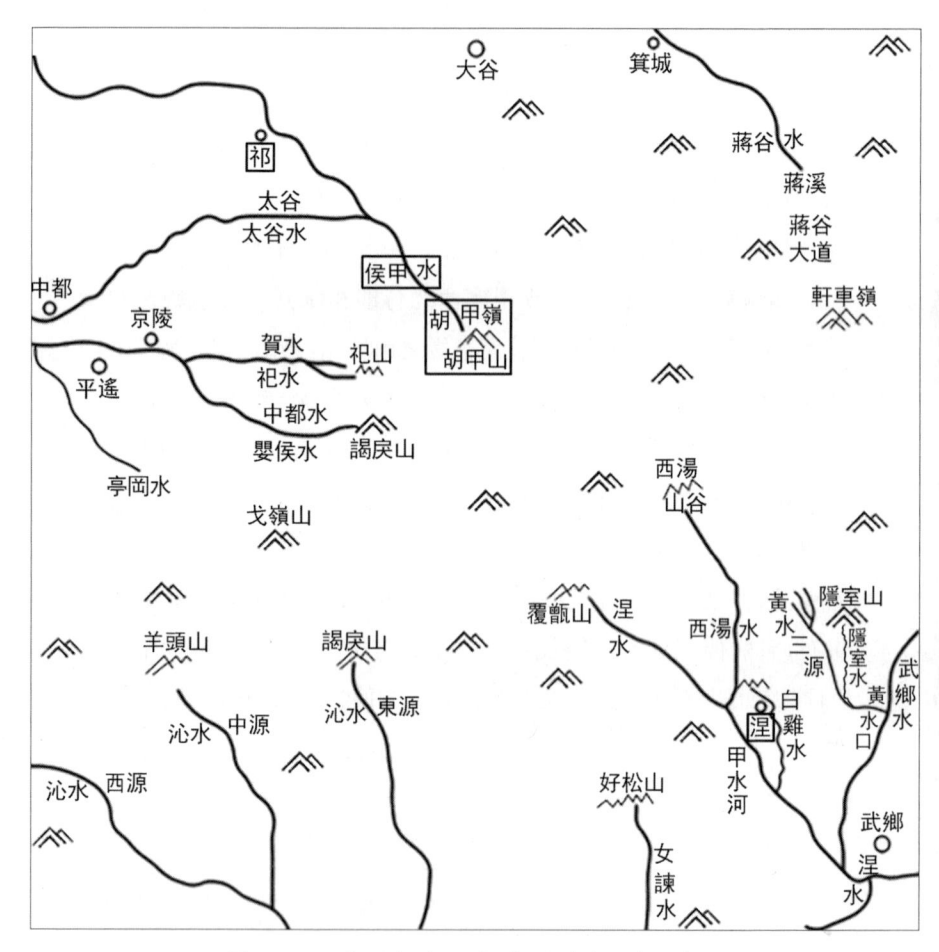

圖 21　涅、胡甲山、侯甲水、祁及周邊河流示意圖

地區應已有交通路綫。綜合前文所述地形地貌、山川河流，及後世之文獻記載，春秋時應是沿"祁縣—甲氏—銅鞮"一綫自晉陽出入上黨。

二、黄父—黎1—曲梁—潞氏—黎2

宣十五(594 B.C.)《傳》:"六月癸卯,晉荀林父敗赤狄于曲梁。辛亥,滅潞。酆舒奔衛,衛人歸諸晉,晉人殺之。"(第409頁)潞國的地望較爲明確,《彙纂》:"今山西潞安府潞城縣即其地也,縣東北四十里有古潞城。"(卷21,第26頁)《左傳注》:"其國當在今山西潞城縣東北四十里。"(第758頁)今山西省長治市潞城區東北約四十里古城村附近有東周古城遺址,①即潞子國都城遺址。

曲梁的地望則共有三種説法,一説位於今河北省邯鄲市永年區,《集解》:"曲梁,今廣平曲梁縣也。"(第409頁)光緒《永年縣志》:"曲梁廢縣在城東北,《通志》云:古赤翟地。"②《彙纂》:"今曲梁故城在直隸廣平府永年縣東北。"(卷21,第27頁)然而今邯鄲市永年區距離潞氏過於遥遠。晉軍從絳都東向伐潞,應是先攻取潞國之城邑曲梁,繼而滅潞。因此曲梁應大抵位於潞國東方,然而邯鄲市永年區則位於潞國西北約兩百餘里。因此永年區之曲梁應是襄三年(570 B.C.)《傳》:"晉侯之弟揚干亂行於曲梁,魏絳戮其僕"(第502頁)之曲梁,并非荀林父敗赤狄于曲梁處。

一説曲梁位於今山西省長治市潞城區北四十里,南朝梁人劉昭(生卒年不詳)《後漢書·郡國志》注引《上黨記》曰:"晉荀林父

---

① 長治市博物館、晉東南文物工作站:《山西潞城縣潞河東周、漢墓》,《考古》1990年第11期,第989頁。
② (清)夏詒鈺纂修:《永年縣志》,清光緒三年(1877)刻本,卷13,第1頁。

伐曲梁,在(潞)城西十里,今名石梁。"①《左傳注》:"其地今名石梁,在潞城縣北四十里。"(第763頁)此説認爲曲梁位於古潞城西十里,今長治市潞城區北四十里,然而《考略》對此説頗有異議,并云:"《後漢志》潞縣注云荀林父伐曲梁,在城西十里,今名石梁,此誤也。漢潞縣乃潞子嬰兒之國都,今爲潞城縣,曲梁則潞之邊境耳。荀林父先披其旁邑,而後及其國都,無容混爲一地也。"(卷4,第25頁)因此又一説認爲曲梁應位於今山西省沁縣西南,《元和郡縣圖志》:"斷梁城,在(銅鞮)縣東北三十里。下臨深壑,東西北三面阻澗,廣袤二里,俗謂之斷梁城。"②《春秋左氏傳地名補注》:"疑(斷梁城)即此曲梁也。"③

《考略》認爲晉軍之戰略應是先攻取潞國邊境之都邑,再以此爲根據地進一步伐滅潞國國都,因此曲梁應位於潞國邊境。而石梁則距離潞城僅十里,過於鄰近國都,因此不太可能爲《傳》文記載中的曲梁。然而從《傳》文中晉軍數次征討赤狄的記載中可以看出,晉軍是先直取潞國國都,再慢慢攻伐潞國之邊邑甲氏、留吁、鐸辰、④廧咎如⑤,從而剿滅赤狄之餘孽。由此可見晉軍之戰略似乎并非先攻取潞國邊邑,再以地方包圍中央,最終滅亡潞國;而是擒賊先擒王,直取潞國國都,再掃清周邊的赤狄餘孽。因此曲梁未必

---

① (南朝宋)范曄撰,(唐)李賢等注:《后漢書》,第3523頁。
② (唐)李吉甫撰,賀次君點校:《元和郡縣圖志》,第421頁。
③ (清)沈欽韓:《春秋左氏傳地名補注》,卷5,第13頁。
④ 宣十六(593 B.C.)《傳》:"十六年春,晉士會師師滅赤狄甲氏及留吁、鐸辰。"(第410頁)
⑤ 成三(588 B.C.)《傳》:"晉郤克、衛孫良夫伐廧咎如,討赤狄之餘焉。廧咎如潰,上失民也。"(第437頁)

一定位於潞國邊境,而是有很大概率鄰近潞國國都。《元和郡縣圖志》所謂斷梁城與曲梁并無必然聯繫,地方志中亦不見相關記載,孤證難立。而潞城區北四十里之石梁即曲梁之説,則既見於方志記載,又見於當地文人之作品。光緒《潞城縣志》:"曲梁,《左傳》宣十五年六月晉荀林父敗赤狄於曲梁,《上黨記》晉荀林父伐曲梁在潞縣城西十里,今名石梁。"①石梁邑人元凱(生卒年不詳)於元惠宗至正年間(1341—1368)撰《集仙觀記》亦曰:"潞,春秋子國也。直城之北四十餘里有聚落曰曲梁者,晉荀林父敗潞氏之遺墟,而爲今日一鄉之樂郊也。"②今山西省長治市潞城區辛安泉鎮石梁村西約50米有東周石梁遺址,位於濁漳河西岸臺地上,③或即曲梁故城遺址。

宣十五(594 B.C.)《傳》:"潞子嬰兒之夫人,晉景公之姊也。酆舒爲政而殺之,又傷潞子之目。晉侯將伐之。……伯宗曰:'必伐之。狄有五罪,俊才雖多,何補焉?不祀,一也。耆酒,二也。弃仲章而奪黎氏地,三也。'"(第408頁)晉國此次攻打潞氏的原因之一是潞氏曾奪取黎國之地。《毛詩·邶風·式微》:"式微式微,胡不歸!"④《序》曰:"式微,黎侯寓于衛,其臣勸以歸也。"⑤又《旄丘序》曰:"責衛伯也。狄人迫逐黎侯,黎侯寓于衛。衛不能修方伯連率之職,黎之臣子以責于衛也。"⑥竹添光鴻《左傳會箋》曰:

---

① (清)崔曉然等修,(清)楊篤纂:《潞城縣志》,清光緒十年(1884)刻本,卷2,第16頁。
② (清)崔曉然等修,(清)楊篤纂:《潞城縣志》,卷4,第52頁。
③ 國家文物局主編:《中國文物地圖集·山西分册(中)》,第239頁。
④ (漢)毛亨傳,(漢)鄭玄箋:《毛詩正義》,第92頁。
⑤ (漢)毛亨傳,(漢)鄭玄箋:《毛詩正義》,第92頁。
⑥ (漢)毛亨傳,(漢)鄭玄箋:《毛詩正義》,第92頁。

或謂黎侯地爲潞氏所奪,出寄于衛,《邶風·式微》之詩,由此而作。非也。《序》明曰:"衛不能修方伯連率之職。"衛本爲孟侯,故稱衛伯,則《式微》《旄丘》二詩,先桓、文可知矣。舊說爲宣公時作,洵不誣焉。宣公以魯桓(十)二年卒,至魯宣十五年,百有餘歲。即此時雖爲狄所逐,黎侯後更復其國。至魯宣之世,乃赤狄奪其地耳。據此,則彼黎侯乃此黎侯之先世,不得合爲一事。下《傳》云"立黎侯而還",則黎仍有國未滅也。①

陳槃《春秋大事表列國爵姓及存滅表譔異》亦云:"以此失國之黎侯爲宣十五年黎侯之祖先,頗爲理順。蓋所謂黎侯失國者,不過如魯昭、衛獻之出奔,非國滅,故詩人勸之曰'胡不歸'也。……黎侯爲周桓王時爲狄所迫逐,非滅,後更復國;至魯宣公世,赤狄乃奪其地。"②周桓王(719 B.C.—697 B.C.在位)時黎侯曾被狄人迫逐,寓居於衛,後復國。至魯宣公時黎國又被赤狄潞氏奪其地。後晉侯滅潞氏,復黎侯之國。《左傳注》:"黎國本在今山西省長治縣西南三十里黎侯嶺下,其後晉立黎侯,或徙于今黎城縣地。"(第762頁)《春秋大事表》:"黎城縣東北十八里有黎侯城。"③春秋時黎國原位於山西省長治市上黨區西南三十里黎侯嶺,後爲赤狄潞氏奪其地。魯宣公十五年晉國滅潞氏,復立黎國於今山西省長治市黎城縣東北十八里黎侯城,則自黎侯嶺至潞氏再至黎侯城之間,應有道路交

---

① [日]竹添光鴻:《左傳會箋》,第776—777頁。
② 陳槃:《春秋大事表列國爵姓及存滅表譔異》,第790—791頁。
③ (清)顧棟高輯,吳樹平、李解民點校:《春秋大事表》,第678頁。

通往來。自絳都東行經前文所述"黃父—端氏"一綫進入今長治盆地，西行即可至黎侯嶺，自黎侯嶺東北行至曲梁，曲梁東約十里即潞氏，自潞氏東北行約三十餘里即黎侯城。

三、"壺口—寒氏—邯鄲—乾侯""邯鄲—邢、任—柏人、臨—鄗—欒、棘蒲—肥、鼓、昔陽—鮮虞—中人—逆畤"

哀四（491B.C.）《傳》："九月，趙鞅圍邯鄲。冬十一月，邯鄲降。荀寅奔鮮虞，趙稷奔臨。十二月，弦施逆之，遂墮臨。國夏伐晉，取邢、任、欒、鄗、逆畤、陰人、盂、壺口，會鮮虞，納荀寅于柏人。"（第1000頁）此則記載主要涉及兩段交通路綫，一是齊軍自東而西攻伐至壺口的路綫，二是荀寅、趙稷自邯鄲向北奔逃，以及另一支齊軍沿相同之道路自南而北伐晉至逆畤的路綫。以下依序分述之。

壺口，一說位於今山西省長治市東南之壺關縣。《嘉慶重修一統志》："壺口山，在長治縣東南，跨壺關縣界，又名壺關山，一名壺山。《通典》：壺口縣有壺山，《府志》：兩峰夾峙而中虛，狀如壺口，故名。"[1]《左傳注》："壺口，即今山西長治市東南之壺關。"（第1628頁）一說位於今山西省長治市黎城縣東北，《彙纂》："（壺口）在今山西潞安府黎城縣東北大行山口，俗名吾兒峪是也。"（卷36，第25頁）《中國歷史地名大辭典》："壺口，即壺口關。一名壺關。在今山西黎城縣東北東陽關。"[2]史念海《壺口雜考》辨之甚詳，其

---

[1] （清）穆彰阿等：《嘉慶重修一統志》，卷143，第6頁。
[2] 史爲樂主編：《中國歷史地名大辭典》，第2059頁。

文曰:

> 國夏所取的八邑,大體都是范氏的舊土。范氏舊土兼有大行山上的潞。潞在今山西黎城縣境。潞本爲赤狄之國,爲晉所滅。《左傳》宣公十五年六月癸卯,晉荀林父敗赤狄於曲梁。辛亥,滅潞。荀林父滅潞後,其部分土地當爲荀氏采邑。定公十四年,晉國荀、趙兩族已經交惡,就在這一年,晉人圍朝歌。其時荀寅正在朝歌,故晉人圍之。因而引起魯、齊、衛三國圖謀對范氏的救援。也就在這一年,晉人敗范中行氏之於潞,可知潞也是范中行氏的采地。國夏伐晉,攻取范氏的舊土,潞也是其目標之一。潞在今黎城縣境,則國夏所取的壺口也當在今黎城縣東。①

且從地理位置觀之,齊軍若攻取長治市東南之壺關,似乎過於深入晉國腹地,因此仍以黎城縣之壺口爲是。黎城縣之壺口西臨宣十五(594 B.C.)《傳》"立黎侯而還"之黎侯城,東接太行八陘之滏口陘,張世濤等所撰《太行八陘滏口陘地理志考》曰:

> 滏口陘,爲太行八陘之第四陘,是連接河北邯鄲與山西長治的橫斷太行山的天然通道。……滏口陘有東西兩個陘關。東陘關即位於河北邯鄲峰峰礦區西紙坊村南的滏口關……西陘關即位於山西黎城皇后嶺村東的東陽關,又稱皇后嶺,也稱

---

① 史念海:《壺口雜考》,《中國歷史地理論叢》1988年第4期,第81頁。

孟口,是西出太行的狹窄隘口。①

滏口陘東西聯通壺口與邯鄲,《史記·趙世家》:"燕盡齊之北地,去沙丘、鉅鹿、斂三百里。韓之上黨,去邯鄲百里,燕、秦謀王之河山,間三百里而通矣。"②戰國時期秦國從韓之上黨謀趙之邯鄲,即是通過滏口陘,其間距離不過百里。

今邯鄲市西南約八里有邯鄲故城遺址,③出滏口陘向東行即可至邯鄲,其間或須途經邯鄲午之私邑寒氏。定十(500 B.C.)《傳》:"初,衛侯伐邯鄲午於寒氏,城其西北而守之,宵熸。"(第 977 頁)《彙纂》:"(寒氏)蓋晉大夫邯鄲午之私邑,今直隸廣平府邯鄲縣西有五氏城,亦曰寒氏城。"(卷 35,第 13 頁)《中國歷史地名大辭典》:"五氏,亦名寒氏。春秋晉邑。在今河北邯鄲縣西。"④寒氏位於原河北省邯鄲市邯鄲縣西。⑤ 自壺口經滏口陘橫越太行山脉,經寒氏可至邯鄲。反之,齊、衛等國西向侵晉,亦可自寒氏、滏口陘、壺口,進入原上黨地區、今長治盆地一帶之晉國腹地。

自邯鄲向東有一路支綫可以至乾侯,昭公二十八年(514 B.C.)《經》:"公如晉,次于乾侯。"同年《傳》:"二十八年春,公如晉,將如乾侯。子家子曰:'有求於人,而即其安,人孰矜之? 其造於竟。'弗聽,使請逆於晉。晉人曰:'天禍魯國,君淹恤在外,君亦不使一個

---

① 張世濤等:《太行八陘滏口陘地理志考》,《軍事歷史》2018 年第 6 期,第 77 頁。
② (漢)司馬遷撰,[日]瀧川資言考證:《史記會注考證》,第 1079 頁。
③ 陳光唐:《趙邯鄲故城》,《文物》1981 年第 12 期,第 86 頁。
④ 史爲樂主編:《中國歷史地名大辭典》,第 339 頁。
⑤ 原河北省邯鄲市邯鄲縣已於 2016 年撤縣,改爲邯山區及叢臺區。

辱在寡人,而即安於甥舅,其亦使逆君?'使公復于竟,而後逆之。"(第910—911頁)乾侯爲晉國東境邊鄙上邑,位於晉都新田東偏北方向,鄰近邯鄲。魯國國君由乾侯入晉,最爲便捷的路綫即是經邯鄲取道滏口陘,穿越上黨地區後西行至新田。

前文已述自壺口經五氏(寒氏)、邯鄲至乾侯之路綫,由邯鄲往北則另有一條路綫可至逆畤,亦即前引哀四年《傳》國夏所帥另一支齊軍,自南而北侵晉取邢、任、鄗、欒、逆畤之路綫,與"荀寅奔鮮虞,趙稷奔臨"之路綫大抵相同。

邢,《彙纂》:"今直隸順德府邢臺縣西南,襄國故城,即其地。"(卷2,第23頁)《大事表》:"故邢國,衛滅之。後入于晉爲邑,哀四年齊國夏伐晉取邢即此。今直隸順德府邢臺縣。"①《左傳注》:"邢即今河北邢臺市。"(第1628頁)邢即今河北省邢臺市。

任,《考略》:"古任城在今任縣東南。"(卷5,第12頁)《左傳注》:"任,在今河北任縣東南。"(第1628頁)任位於今河北省邢臺市任縣東南。

鄗,《考略》:"古鄗城在今柏鄉縣北十二里。"(卷5,第22頁)《彙纂》:"今真定府柏鄉縣北故城鎮,即故鄗城地,晉高邑也。"(卷36,第25頁)鄗位於今河北省邢臺市柏鄉縣北十二里。

欒,《彙纂》:"今欒城縣及趙州北境,皆古欒邑地,屬真定府。"(卷36,第25頁)《左傳注》:"今河北欒城縣及趙縣北境皆古欒邑地。"(第1628頁)原欒城縣今爲石家莊市欒城區,東南與趙縣接壤,故欒位於今河北省石家莊市欒城區及趙縣北境。

逆畤,《水經注·洨水》:"其水自源東,逕其縣故城南,枉渚迴

---

① (清)顧棟高輯,吳樹平、李解民點校:《春秋大事表》,第812—813頁。

湍,率多曲復,亦謂之爲'曲逆水'也。張晏曰:濡水于城北,曲而西流,是受此名。故縣亦因水名而氏'曲逆'矣。《春秋左傳》哀公四年,齊國夏伐晉,取'曲逆'是也。"①《考略》:"是直以逆時爲曲逆矣,後爲趙邑,秦置縣,漢封陳平爲曲逆侯,張晏曰:'濡水于城曲而西流,故曰曲逆',後爲縣,屬中山國。……今其地在完縣東南二十里。"(卷5,第22頁)《中國古今地名大詞典》:"完縣,古舊縣名。明洪武二年(1369年)降完州置,治今河北省順平縣。屬保定府。……1993年改名順平縣。"②逆時又名曲逆,位於今河北省保定市順平縣東南二十里。

陰人、盂,未詳其所在。

鮮虞,前文已言鮮虞國都位於今河北省石家莊市正定縣北四十里新城鋪鎮。

臨,《嘉慶重修一統志》:"臨城故城,在今臨城縣西南,春秋晉臨邑。《左傳》哀公四年,趙稷奔臨,即此。漢爲房子縣地。隋開皇六年,移置房子縣於此。唐改名臨城。《元和志》:縣東北至州一百里,以縣西南十里有故臨城,因名。"③《左傳注》:"臨故城址在今河北臨城縣西南十里。"(第1628頁)臨位於今河北省邢臺市臨城縣西南十里。

以下依《中國歷史地圖集》④製成"圖22　邯鄲至逆時間城邑分布示意圖",敬請讀者參看。

---

① (北魏)酈道元注,(清)楊守敬纂疏,(清)熊會貞參疏:《水經注疏》,收入謝承仁主編《楊守敬集》,册3,卷11,第803頁。
② 戴均良等編:《中國古今地名大詞典》,第1584頁。
③ (清)穆彰阿等:《嘉慶重修一統志》,卷51,第9頁。
④ 譚其驤主編:《中國歷史地圖集》,册1,第22—23頁。

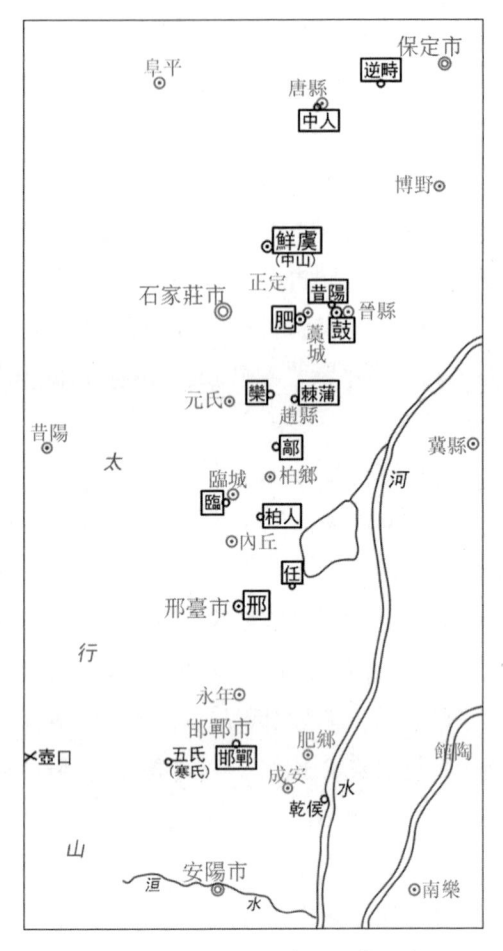

圖 22　邯鄲至逆畤間城邑分布示意圖

如上圖所示,齊國此次北向侵晉所攻取之城邑,大抵皆位於太行山脈東側的華北平原上,地勢平坦,交通便利。自邯鄲北上至邢,此處應有一東北向之岔路可至任。自邢繼續北向可至臨,此即是"趙稷奔臨"之路綫。自臨西北行可至鄗,繼續北行至欒。欒附近尚有一城邑名棘蒲,哀元(494 B.C.)《傳》:"齊侯、衛侯,會于乾侯,救范氏也。師及齊師、衛孔圉、鮮虞人伐晉,取棘蒲。"(第992頁)《考略》:"今趙州城中猶有棘蒲社。"(卷5,第21頁)《左傳注》:"棘蒲,今河北趙縣治。"(第1608頁)棘蒲位於今河北省石家莊市趙縣治,鄰近欒邑。齊、衛兩國聯合鮮虞伐晉,必是齊、衛自南向北與鮮虞自北向南會和,可見棘蒲應位於南北交流之幹道附近。

自鄗北行至欒與棘蒲,繼續北行可至鮮虞,此即"荀寅奔鮮虞"之路綫,其間或須途經肥、昔陽、鼓等地。昭十二(530 B.C.)《傳》:"晉荀吳僞會齊師者,假道於鮮虞,遂入昔陽。秋八月壬午,滅肥,以肥子緜皋歸。"(第790—791頁)前文已言昔陽位於今河北省石家莊市晉縣西,古肥國位於今河北省石家莊市藁城區西南七里。以地理位置觀之,兩者皆位於鮮虞與欒、棘蒲之間,且根據昭十二年《傳》,肥、昔陽與鮮虞間應有交通路綫相連。又昭十五(527 B.C.)《傳》:"晉荀吳帥師伐鮮虞,圍鼓。……克鼓而反,不戮一人,以鼓子鳶鞮歸。"(第823頁)《考略》:"(鼓)即今晉州治西五里下曲陽城是也。其地有鼓城山,以鼓子所居而名。"(卷14,第34頁)《彙纂》:"下曲陽故城在今直隸真定府晉州西,今晉州治即鼓國,《漢志》所謂鼓聚也,以鼓城山而名。"(卷31,第8頁)《左傳注》:"(鼓)國境即今河北晉縣。"(第1370頁)鼓國位於今河北省石家莊市晉縣,鄰近昔陽。

自欒、棘蒲北行可至肥,自肥東行應有一岔路至昔陽、鼓,自肥北行可至鮮虞。自鮮虞繼續東北行可至逆畤,此即哀四年齊國夏伐晉至逆畤之路綫,其間或須途經中人。昭十三(529 B.C.)《傳》:"鮮虞人聞晉師之悉起也,而不警邊,且不修備。晉荀吳自著雍以上軍侵鮮虞,及中人,驅衝競,大獲而歸。"(第814頁)《考略》:"今唐縣西北十三里峭嶺上有中山城。"(卷14,第33頁)《左傳注》:"中人,今河北唐縣西北十三里。"(第1360頁)中人位於今河北省保定市唐縣西北十三里。從地理位置分析,中人恰位於鮮虞與逆時之間,因此自鮮虞東北行至中人後,繼續東北行應可至逆時。

前引哀四年《傳》齊國夏率師會於鮮虞後,納荀寅于柏人。《彙纂》:"今直隸順德府唐山縣西有柏人故城。"(卷36,第25頁)《中國古今地名大詞典》:"唐山縣,古舊縣名。金以堯山縣改名,治今河北省隆堯縣西南堯城。"①《左傳注》:"柏人即今河北隆堯縣西南之堯城鎮。"(第1628頁)柏人位於今河北省邢臺市隆堯縣堯城鎮。自鮮虞南行至鄗,繼續南行即可至柏人。

綜上所述,晉都新田東北向路綫,前半段路程爲"新田—絳—黃父—長子—純留—銅鞮—祁"。自黃父又有支綫"黃父—黎1—曲梁—潞氏—黎2"。黎城縣之壺口居東西交通要衝,自壺口沿滏口陘東出太行山脉,經寒氏可至邯鄲。自邯鄲北向之路綫爲"邯鄲—邢—柏人—鄗—欒—肥—鮮虞—中人—逆時",此條綫路位於華北平原,地勢平坦,因此岔路較多。自邯鄲有一支綫可至乾侯,自邢有一支綫可至任,自柏人有一支綫可至臨,自欒有一支綫可至棘蒲,自肥有一支綫可至鼓、昔陽。以下依《中國歷史地圖集》②製成"圖23 晉都新田東北向路綫圖",敬請讀者參看。

---

① 戴均良等編:《中國古今地名大詞典》,第2509頁。
② 譚其驤主編:《中國歷史地圖集》,册1,第22—23頁。

第三章　晉國交通路綫考論(上)

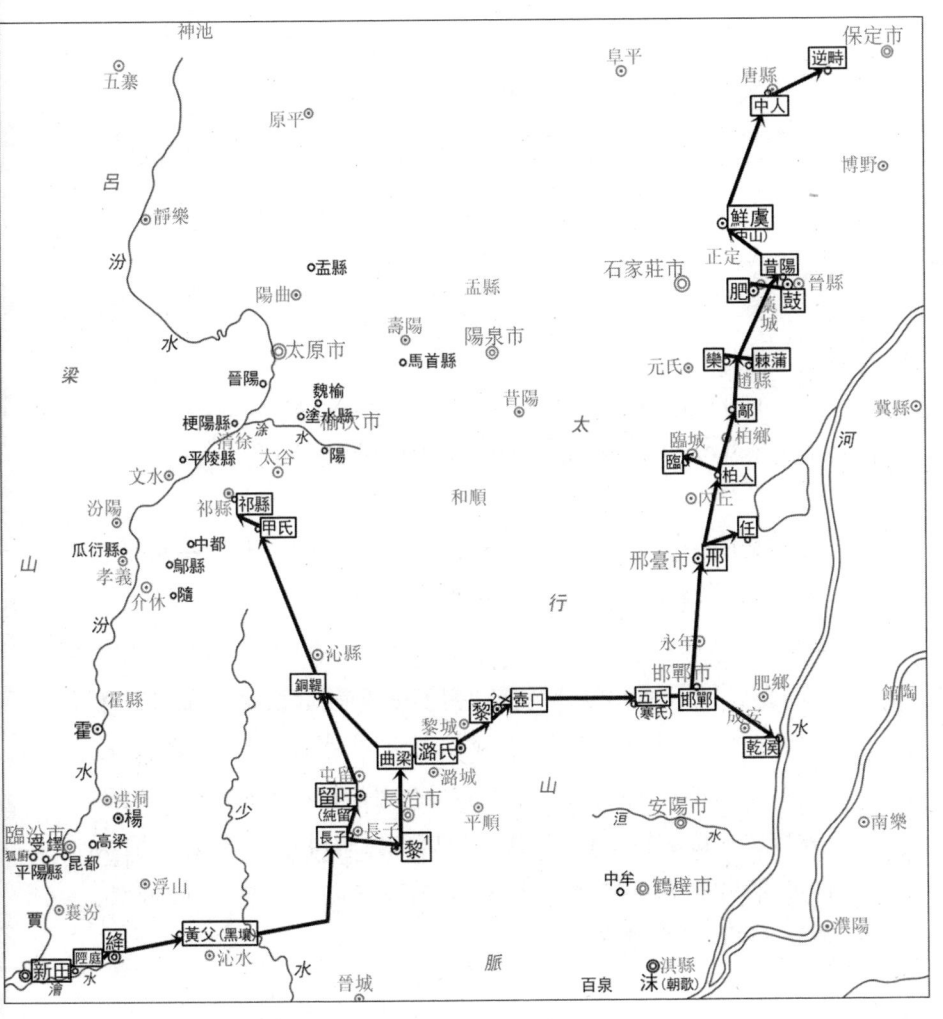

圖23　晉都新田東北向路綫圖

第四章　晉國交通路綫考論(下)

第一節　晉都新田東向路綫

一、"熒庭—孟門—共—百泉—朝歌—中牟—五氏—邯鄲"
"絳—聚—東山皋落氏—郓邵"

　　襄二十三(550 B.C.)《傳》:"齊侯遂伐晉,取朝歌。爲二隊,入孟門,登大行,張武軍於熒庭,戍郓邵,封少水,以報平陰之役,乃還。"(第604頁)朝歌,前章已言位於今河南省鶴壁市淇縣。熒庭,《水經注·汾水》:"紫谷水東出白馬山白馬川。……西逕熒庭城南,而西出紫谷,與乾河合,即教水之枝川也。"①據馬保春《陘庭、熒庭、陘城小考》考證:

---

① (北魏)酈道元注,(清)楊守敬纂疏,(清)熊會貞參疏:《水經注疏》,收入謝承仁主編《楊守敬集》,册3,卷6,第453—454頁。

紫谷水可能就是今翼城、絳縣和沁水交界地帶十字河的上游,十字河向西出山後,稱爲續魯峪河,謝鴻喜先生認爲"紫谷水"就是續魯峪水,實際上是一事。謝先生又指出:"(續魯峪水)東源頭有馬頭山村,疑村西十里高山或即馬頭山。"①《水經注》"白馬山"或即此。……那麽熒庭肯定位於乾水與十字河交會點之東、白馬山(馬頭山)以西,亦即《水經注》所謂"紫谷一帶"。……據此,我們推斷"熒庭"當在今十字河的北岸,很有可能即在今沁水縣中村鄉張馬村附近。②

如此則熒庭或位於今山西省晉城市沁水縣中村鎮張馬村一帶。

郫邵,《彙纂》:"《博物記》:垣縣有邵郫之阨,今河南懷慶府濟源縣西一百里有郫亭,唐置邵元縣於此,與山西垣曲縣接界。"(卷17,第47頁)《考實》:"懷慶府濟源縣西百里有郫亭縣,西百二十里有邵原關,唐武德初置邵原縣於此,與山西絳州垣曲縣接界。"(卷2,第35頁)《左傳注》:"今河南濟源縣西一百里之邵源鎮。"(第1077頁)郫邵位於今河南省濟源市邵原鎮。

少水,《水經注·沁水》:"沁水又逕沁縣故城北,蓋借水以名縣矣。《春秋》之少水也。京相璠曰:晉地矣。又云:少水今沁水也。"③《左傳注》:"少水即今沁水,出山西沁源縣北綿山諸谷,南流經安澤、沁水、陽城至焦作市南入舊黃河道。"(第1078頁)少水即

---

① 謝鴻喜:《〈水经注〉山西資料輯釋》,第89頁。
② 馬保春:《陘庭、熒庭、陘城小考》,第79—80頁。
③ (北魏)酈道元注,(清)楊守敬纂疏,(清)熊會貞參疏:《水經注疏》,收入謝承仁主編《楊守敬集》,册3,卷9,第641頁。

今之沁河。

齊軍此次伐晉,先攻取淇縣之朝歌,再兵分兩路,《考略》:"(齊軍)既取朝歌,則兵分爲二部,一入白陘,由朝歌而墮其險阨;一登太行,自河内以瞰其腹心。"(卷5,第10頁)《左傳注》:

> 二隊,二軍,亦可解爲二道……孟門爲一道,太行爲一道。《史記·吴起傳》,"殷紂之國,左孟門,右太行"可證。孟門在今河南輝縣西,爲太行隘道。太行疑即《述征記》及《元和郡縣志》之太行陘,曹操《苦寒行》所謂"北山太行山,艱哉何巍巍。羊腸坂詰屈,車輪爲之催"者也。在今河南沁陽縣西北三十里,爲太行八陘之一。(第1077頁)

馬保春《陘庭、熒庭、陘城小考》亦曰:

> 齊師在"爲二隊"之後,一路可能由張武率領,①自孟門(白陘)登太行,西向之少水,過少水軍于熒庭;另一路稍向南趨於郫邵,因爲自朝歌(今淇縣)去郫邵一定得走沁水下游,故這一路兵鋒或許并未登太行,而是沿着太行山東南麓先西南行,再西行至郫邵,或於太行陘登太行山進入晉東南後又沿沁水南下至郫邵,回撤途中封少水,後還。②

---

① 張武并非人名,《左傳注》:"張武軍,杜《注》以爲築壘壁,疑誤。……此亦收晉尸於熒庭而建表木。"(第1077頁)
② 馬保春:《陘庭、熒庭、陘城小考》,第79頁。

從《傳》文"分二隊"可以明確的是齊軍當時分爲了二路,只是具體如何分兵前進則存在著一定的爭議。

《左傳注》認爲齊軍分別從白陘(孟門)和太行陘翻越太行山脈。馬保春雖贊同齊軍的一路應是從白陘登太行山,却認爲另一路齊軍的路綫存在一定的疑議。馬氏的猜想之一是齊軍或許并未登太行山,而是沿太行山東南麓先西南行,再從軹關陘西行至郫邵。其猜想之二是齊軍從太行陘過太行山後,西行至少水,再沿少水南行回太行山南麓,繼而沿軹關陘西行至郫邵。然而先自太行陘進入晉東南,再自少水南下至郫邵之路綫實在過於迂曲,齊軍完全没有必要如此繞路,因此筆者認爲後一種猜想較爲缺乏説服力。

齊軍自朝歌沿太行山東南麓西南行至孟門,其間須先途經百泉、共。閔公二年(660 B.C.)衛國爲狄人所滅,從朝歌遷於曹邑,閔二《傳》:"冬十二月,狄人伐衛。……衛師敗績,遂滅衛。……及敗,宋桓公逆諸河,宵濟。衛之遺民男女七百有三十人,益之以共、滕之民爲五千人,立戴公以廬于曹。"(第190—191頁)共、滕皆爲衛邑。滕今不詳其所在。共,《考實》:"此共伯和之國,後蓋爲衛所并。"(卷1,第5頁)《彙纂》:"今河南衛輝府輝縣治。"(卷1,第14頁)《左傳注》:"即今河南省輝縣。"(第267頁)共即今河南省輝縣市。閔公二年狄滅衛後,共之民與衛之遺民一同從朝歌渡河遷於曹邑,可見朝歌與共邑間應有道路相連。

定十四(496 B.C.)《傳》:"冬十二月,晉人敗范、中行氏之師於潞,獲籍秦、高彊。又敗鄭師及范氏之師于百泉。"(第984頁)《考略》:"今輝縣西北七里有蘇門山,一名百門山,有百門泉,泉通百道,《衛風》所謂泉源在左者也。故屬衛,定公時已屬晉,衛水源于此。"(卷5,第20頁)《左傳注》:"百泉,在今河南輝縣西北七里。"(第1598頁)百泉位於今河南省輝縣市西北七里。晉軍先敗范、中行氏之師於潞,又敗鄭師及范氏之師于百泉,自潞至百泉之行軍路綫即應是走白陘。

齊軍自朝歌沿太行山東南麓西行,途經今輝縣市之百泉、共後,繼續西南行,其中一隊自白陘翻越太行山後,繼續沿前文所言"黃父—端氏"一綫至熒庭。另一隊之路綫則存在一定分歧,若依《左傳注》所言,另一隊齊軍是從太行陘翻越太行山。則齊軍或是因白陘與太行陘道路狹窄,不利於大軍通行,因此兵分二路翻越過太行山,之後合二爲一西行出今長治盆地,經由黃父至熒庭。繼而西行至今翼城縣境後西南行至今絳縣,沿軹關陘東行至郫邵,繼續東行出軹關陘,封少水,最後沿太行山東南麓回程。若依馬保春所言,另一隊齊軍并未走太行陘,而是沿太行山東南麓先西南行,再西北行至郫邵。則《傳》文所言"登太行"并非特指太行陘,而是指登太行山。齊軍沿軹關陘至郫邵,而後原路返回,於回程途中封少水。筆者認爲從《傳》文"登太行"分析,或仍是《左傳注》所言登太行陘之可能性較高,但經由軹關陘之道路在春秋時期亦已經存在。

莊二十五(669 B.C.)《傳》:"晉士蔿使群公子盡殺游氏之族,乃城聚而處之。冬,晉侯圍聚,盡殺群公子。"(第174頁)《嘉慶重修一統志》:"南絳故城,在絳縣東南十里,一名車廂城,即晉聚邑。"①《左傳注》:"聚,晉邑。據《方輿紀要》,即今山西省絳縣東南十里之車廂城。"(第232頁)聚位於今山西省運城市絳縣東南十里

---

① (清)穆彰阿等:《嘉慶重修一統志》,卷155,第14頁。

之車廂城。田建文、楊林中《軹關陘絳縣段的考古學考察》:"軹關陘,從古絳州到曲沃、翼城後,經絳縣的大交鎮、南樊鎮、古絳鎮、橫水鎮到垣曲、濟源,這大交鎮、南樊鎮、古絳鎮、橫水鎮,本文稱爲軹關陘絳縣段。"①車廂城即位於今絳縣古絳鎮南。晉侯此次圍聚,殺群公子,所行路綫即是軹關陘絳縣段。

閔二(660 B.C.)《傳》:"晉侯使大子申生伐東山皋落氏。"(第192頁)晉獻公時期,太子申生伐東山皋落氏,在軹關陘絳縣段的基礎上,繼續疏通了軹關陘自絳縣至垣曲縣之路綫。東山皋落氏之地望共有四說:《考略》:"《通典》:垣縣有皋落城,《金志》:垣曲縣有皋落鎮,今在平陽府垣曲縣西北六十里。又太原府樂平縣有皋落山,未知孰是。"(卷13,第24頁)《大事表》:"今山西絳州垣曲縣西北六十里有皋落鎮,又山西平定州樂平縣東七十里有皋落山,未詳孰是。"以上二說是較爲主流之說法,此外尚有二說,其一爲《史記·晉世家·正義》引《上黨記》曰:"皋落氏在潞州壺關縣城東南山中百五十里,今名平皋。赤壤,其地險阻,百姓不居,今空之也。"②其二爲清人洪亮吉《曉讀書齋雜録·二録》:

>《地理志》:"西河有皋狼縣。"今考《左傳·閔公二年》晉伐東山皋落氏。是皋狼係皋落之轉音,非二地也。《史記·秦本紀》又云:"蜚廉有子季勝,生孟增。孟增幸于周成王,是爲宅皋狼。"又云:"皋狼生衡父。"則皋狼係人名。豈漢時立縣,即以人名爲地名,如益州郡不韋之比耶?疑宅皋狼者,孟增始

---

① 田建文、楊林中:《軹關陘絳縣段的考古學考察》,第68頁。
② (漢)司馬遷撰,[日]瀧川資言考證:《史記會注考證》,第970頁。

居于皋狼,故云宅耳。張守節《正義》于宅皋狼下亦云:西河郡皋狼縣也。是可證矣。①

《史記地名考》:"漢西河郡皋狼,今離石縣西北。"②《中國古今地名大詞典》:"皋狼,古邑名。戰國趙邑。治今山西省吕梁市離石區西北。"③洪亮吉所説西河之皋狼位於今山西省吕梁市離石區西北。

綜上所述,東山皋落氏一説位於舊垣曲縣西北六十里,今山西省運城市垣曲縣南七里之皋落鎮,一説位於今山西省晉中市昔陽縣東七十里之皋落山,一説位於今山西省長治市壺關縣東南一百五十里之平皋,一説位於今山西省吕梁市離石區西北之皋狼故城。

首先,吕梁市之皋狼過於偏遠,實非當時晉國勢力所能及,且洪氏"皋狼係皋落之轉音"之説過於迂曲,缺乏更直接之證據,因此可以率先排除。《集解》:"赤狄别種也,皋落其氏族。"(第192頁)東山皋落氏爲赤狄别種。昔陽縣及壺關縣確實較爲鄰近位於今長治市之赤狄,然而晉國滅曲梁、潞氏、④甲氏、留吁、鐸辰、⑤廧咎如,⑥皆在宣公十五年(594 B.C.)以後,此時距離閔公二年(660 B.

---

① (清)洪亮吉:《曉讀書齋雜録・二録》,北京大學圖書館藏清道光二十二年(1842)刻本,卷上,第8頁。
② 錢穆:《史記地名考》,第745頁。
③ 戴均良等編:《中國古今地名大詞典》,第2450頁。
④ 宣十五(594 B.C.)《傳》:"六月癸卯,晉荀林父敗赤狄于曲梁,辛亥,滅潞。酆舒奔衛,衛人歸諸晉,晉人殺之。"(第409頁)
⑤ 宣十六(593 B.C.)《傳》:"十六年春,晉士會帥師滅赤狄甲氏及留吁、鐸辰。"(第410頁)
⑥ 成三(588 B.C.)《傳》:"晉郤克、衛孫良夫伐廧咎如,討赤狄之餘焉。廧咎如潰,上失民也。"(第437頁)

C.)"大子申生伐東山皋落氏"已有六十餘年。正如馬保春《晉國地名考》所言:"閔公二年乃公元前660年,此時晉疆未至晉東南,所攻東山皋落氏自當不在晉東南赤狄潞氏生活的區域。"①因此閔公二年太子申生所伐應爲今運城市垣曲縣南七里之皋落鎮,而昔陽縣及壺關縣之皋落山、皋落氏,則或如陳槃《春秋大事表列國爵姓及存滅表撰異》所言:"或者爲皋落氏遷徙遺迹,不然則其族部繁多,此等處皆其錯雜居地也。"②段連勤《北狄族與中山國》亦云:

  晉獻公以後之晉國,其統治區擴展之次第,爲先晉南,次晉東南,最後向北及于晉中太原。皋落氏被逐而遷移之次第,當與晉國擴展領土之次第同。因此,壺關與樂平(即昔陽)之皋落氏居地,應爲申生伐皋落氏後皋落氏之先後遷移地。③

申生伐東山皋落氏後,晉國即可從軹關陘翻越中條山至南陽,文六(621 B.C.)《傳》:"賈季亦使召公子樂于陳,趙孟使殺諸郫。"(第315頁)"郫"即"郫邵"。清人馬宗璉《春秋左傳補注》:"郫邵乃晉河內適河東之隘道,公子樂來自陳,故使人殺之於此。"④馬宗璉所謂隘道即軹關陘。

  上揭文襄公二十三年(550 B.C.)齊軍戍郫邵,封少水,遂回師,

---

① 馬保春:《晉國地名考》,第188頁。
② 陳槃:《春秋大事表列國爵姓及存滅表撰異》,第1004頁。
③ 段連勤:《北狄族與中山國》,石家莊:河北人民出版社,1982年,第25—27頁。
④ (清)馬宗璉:《春秋左傳補注》,卷1,第29頁。

而後《傳》曰:"趙勝帥東陽之師以追之,獲晏氂。"(第604頁)《左傳注》:"東陽乃泛指晉屬太行山以東之地,大略有今河北邢臺地區及邯鄲地區一帶地。趙勝即《魯語下》邯鄲勝,趙旃之子,謚傾子,食采邑于邯鄲,邯鄲午之父。"(第1078頁)齊軍出太行山脈後,其回師之路綫大抵是沿太行山東南麓東行至今輝縣市之共、百泉一帶,而後繼續東行至朝歌,於白馬津渡河。此時晉國就近集結東陽之部隊以追齊師,大概率是於齊軍渡河前追擊到,并抓獲晏氂,可見自邯鄲至朝歌應有交通路綫相連。《史記·魏世家》:"若道河內,倍鄴、朝歌,絕漳、滏水,與趙兵決於邯鄲之郊,是知伯之禍也,秦又不敢。"①《史記》此處所言亦是從朝歌至邯鄲之道路。

定九(501 B.C.)《傳》:"晉車千乘在中牟,衛侯將如五氏,卜過之,龜焦。衛侯曰:'可也!衛車當其半,寡人當其半,敵矣。'乃過中牟。"(第969頁)《史記·趙世家·正義》:"相州湯陰縣西五十八里有牟山,按:中牟,山之側。"②《考略》:"今彰德府湯陰西五十里有中牟城,正當衛走邯鄲之道。"(卷5,第19頁)中牟位於今河南省安陽市湯陰縣西五十里。衛侯大抵是從曹邑之白馬津渡河後,途經中牟,抵達五氏。則趙勝帥東陽之師追齊軍之路綫,或亦是自晉東陽之邯鄲一帶南行,途經中牟至朝歌。

---

① (漢)司馬遷撰,[日]瀧川資言考證:《史記會注考證》,第1107頁。
② (漢)司馬遷撰,[日]瀧川資言考證:《史記會注考證》,第1084頁。

二、"郫邵—陽樊—盟津—溫—邢丘—隰城—懷—甯—共" "郫邵—原—野王—州縣—懷、邢丘"

僖二十五(635 B.C.)《傳》：

秦伯師于河上，將納王。……晉侯辭秦師而下。三月甲辰，次于陽樊，右師圍溫，左師逆王。夏四月丁巳，王入于王城。取大叔于溫，殺之于隰城。戊午，晉侯朝王。……與之陽樊、溫、原、欑茅之田，晉於是始起南陽。陽樊不服，圍之。(第262—263頁)

《考略》："今濟源縣東南三十八里有古陽城，一名皮子城。"(卷1，第11—12頁)《彙纂》："陽城在今濟源縣東南三十八里。"(卷3，第41頁)陽樊位於今河南省濟源市東南三十八里。秦伯駐軍于黃河岸上，晉侯辭退秦軍後順黃河而下，三月十九日，駐軍於陽樊。晉侯順黃河而下至於陽樊之路綫將於下節論述。

晉軍次於陽樊後，兵分二路，右師圍溫。溫邑曾多次見載於《經》《傳》，其中涉及戰爭、盟會、朝聘等移動路綫者，主要有以下數則：隱八(715 B.C.)《傳》："齊人卒平宋、衛于鄭。秋，會于溫，盟于瓦屋，以釋東門之役，禮也。"(第74頁)莊十九(675 B.C.)《傳》："秋，五大夫奉子頹以伐王，不克，出奔溫。"(第160頁)僖十(650 B.C.)《傳》："十年春，狄滅溫，蘇子無信也。蘇子叛王即狄，又不能於狄，狄人伐之，王不救，故滅。蘇子奔衛。"(第221頁)僖二十八

(632 B.C.)《經》:"冬,公會晉侯、齊侯、宋公、蔡侯、鄭伯、陳子、莒子、邾人、秦人于溫。"(第269頁)文元(626 B.C.)《傳》:"晉侯朝王于溫。"(第299頁)文五(622 B.C.)《傳》:"晉陽處父聘于衛,反過甯,甯嬴從之。及溫而還。"(第311頁)文六(621 B.C.)《傳》:"六年春,晉蒐于夷,舍二軍。使狐射姑將中軍,趙盾佐之。陽處父至自溫,改蒐于董,易中軍。"(第313頁)襄十六(557 B.C.)《傳》:"晉侯與諸侯宴于溫,使諸大夫舞,曰:'歌詩必類。'"(第573頁)

溫,《考略》:"即今溫縣治也。古溫城在縣西南三十里。"(卷1,第11頁)《彙纂》:"今屬懷慶府,古溫城在縣西南三十里。"(卷2,第5頁)溫位於今河南省焦作市溫縣西南三十里。從《經》、《傳》數則記載可以看出,溫邑爲四通八達之交通樞紐。溫邑所在之南陽本即是平原,易於大軍通行,且溫位於黄河北岸,沿黄河西南行即可至盟津。"盟津"即"孟津",《左傳注》:"在今河南孟縣南十八里。"(第1251頁)自溫邑渡盟津南行即可至成周,再向南即鄭、宋、陳、蔡等諸國,因此上引僖公二十八年諸侯會於溫,即溫鄰近黄河津渡交通便利之故也。

晉軍勤王,自陽樊西行,一路自盟津南渡後逆王,一路繼續沿黄河西行至溫,《左傳注》:"太叔及狄后居溫。"(第432頁)晉軍在溫邑抓獲太叔後,殺之於隰城。隰城,《考略》:"今懷慶府城西三十里有期城,即其地,一名覆背村。"(卷1,第12頁)《彙纂》:"今懷慶府武陟縣西南十五里隰城是也。"(卷3,第41頁)隰城位於今河南省焦作市武陟縣西南十五里,自溫邑沿黄河北岸西行即可至隰城。

晉侯勤王後,周天子賞賜給晉侯陽樊、溫、原、攢茅之田,晉國於是"始起南陽"。《水經注·清水》:"馬季長曰:晉地自朝歌以北至中山爲東陽,朝歌以南至軹爲南陽。"①《左傳注》:"軹,今濟源縣東南十三里軹城鎮,則南陽大約即河南省新鄉地區所轄境,亦陽樊諸邑所在地。其地在黃河之北、太行之南,故晉名之曰南陽。"(第433頁)南陽大抵即今濟源市軹城鎮至朝歌間之地域,而軹城鎮即軹關陘之起點。田建文、楊林中《軹關陘絳縣段的考古學考察》寫道:

> 軹關陘起點在河南濟源縣東的軹城鎮,終點在侯馬市南峨嵋嶺和紫金山相交處的鐵刹關,是山西絳州先到河南濟源,後達洛陽的必經之路。……軹關陘從絳州到曲沃、翼城後,經絳縣的大交鎮、南樊鎮、古絳鎮、橫水鎮到垣曲、濟源。②

軹城鎮位於濟源市東南十三里,陽樊位於濟源市東南三十八里,兩處相距僅約二十里。《戰國策·趙策二》:"夫秦下軹道則南陽動。"③《史記·蘇秦列傳》:"夫秦下軹道,則南陽危。"④"軹道"即"軹關陘"。從以上兩則記載可以看出軹關陘與南陽之緊密聯繫,因此晉侯獲陽樊、溫、原、欑茅之田後,可謂是徹底打通了自軹關陘至南陽之道路。

僖二十五(635 B.C.)《傳》:"冬,晉侯圍原,命三日之糧。原不降,命去之。諜出,曰:'原將降矣。'軍吏曰:'請待之。'公曰:'信,

---

① (北魏)酈道元注,(清)楊守敬纂疏,(清)熊會貞參疏:《水經注疏》,收入謝承仁主編《楊守敬集》,册3,卷9,第624頁。
② 田建文、楊林中:《軹關陘絳縣段的考古學考察》,第68頁。
③ (漢)劉向輯録:《戰國策》,第637頁。
④ (漢)司馬遷撰,[日]瀧川資言考證:《史記會注考證》,第1364頁。

國之寶也,民之所庇也。得原失信,何以庇之? 所亡滋多。'退一舍而原降。"(第263頁)《彙纂》:"今懷慶府濟源縣西北有原鄉。"(卷3,第40頁)《考略》:"《通典》:'原邑在濟源縣西。'今濟源縣西北十五里有原鄉。"(卷1,第11頁)原位於今河南省濟源市西北十五里。自絳都沿軹關陘至軹城鎮後,西北行二十餘里即原邑。或者自絳都沿"黃父—端氏"一綫東行至少水,自少水南下至濟源市,原邑即位於少水西岸。

宣十七(592 B.C.)《傳》:"齊侯使高固、晏弱、蔡朝、南郭偃會。及斂盂,高固逃歸。夏,會于斷道,討貳也。盟于卷楚,辭齊人。晉人執晏弱于野王,執蔡朝于原,執南郭偃于温。苗賁皇使,見晏桓子。"(第411頁)《集解》:"卷楚,即斷道。"(第411頁)斷道之地望共有兩説,一説位於今山西省長治市沁縣東之斷梁城,《考略》:"吳氏曰:'今沁州東有斷梁城,三面絶澗,廣袤二里。'《水經注》:'斷梁城即銅鞮縣之上虒亭,又東南有傾城,即縣之下虒聚。'"(卷5,第1頁)《彙纂》:"今山西沁州東有斷梁城。"(卷21,第42頁)一説位於今河南省新鄉市原陽縣西北之卷城,《春秋左氏傳地名補注》:"斷道、卷楚,一地也。《方輿紀要》:'卷城在開封府原武縣西北七里。'"①《中國古今地名大詞典》:"原武縣,古舊縣名。西漢置,治今河南省原陽縣。"②

齊大夫晏弱、蔡朝、南郭偃自斷道逃回齊國,半途中分別被執獲於野王、原、温。原位於今濟源市西北十五里,温位於今焦作市温縣西南三十里。野王,《集解》:"野王縣今屬河内。"(第411頁)

---

① (清)沈欽韓:《春秋左氏傳地名補注》,卷5,第12頁。
② 戴均良等編:《中國古今地名大詞典》,第2416頁。

《考略》:"漢因置野王縣,屬河內郡……晉河內郡治此。後魏爲懷州,宇文周建德七年,如懷州,置懷州宮。隋改縣爲河內,唐爲懷州治,今爲懷慶府治。"(卷5,第1—2頁)《中國古今地名大詞典》:"河內縣,古舊縣名。隋開皇十六年(596年)以野王縣改名,治今河南省沁陽市。爲懷州治。"①野王位於今河南省沁陽市治。

野王、原、溫皆位於黃河北岸、晉南陽。原陽縣之卷城則位於黃河南岸,野王、原、溫三邑以東。齊國本即位於晉國東方,黃河東南,三位齊大夫若欲回齊國,必定是向東奔逃,而不可能路過原陽縣西北之野王、原、溫,因此斷道(卷楚)必非原陽縣之卷城。同理,若斷道位於長治市沁縣西之斷梁城,則返回齊國最近的道路應即前引哀公四年齊國夏伐晉取壺口之路綫,②蓋因此前二年晉國已滅赤狄潞氏及其餘孽,從而控制上黨地區。③ 斷梁城毗鄰銅鞮,自此東行至壺口關經滏口陘至晉東陽,東行渡河即可回齊國。此條路綫并不會途經晉南陽。若從斷道南下,則只能走白陘或太行陘,白陘南端出口位於今輝縣市薄壁鎮,遠在野王、原、溫三邑以東,自此東行回齊國必不會途經野王等三邑。太行陘南端出口位於沁陽市常平村,鄰近野王,但仍位於原邑以東七十餘里。綜上所述,自沁縣西之斷梁城回齊國,亦大概率不會同時途經野王、原、溫三邑。

---

① 戴均良等編:《中國古今地名大詞典》,第1913頁。
② 哀四(491 B.C.)《傳》:"九月,趙鞅圍邯鄲。冬十一月,邯鄲降。荀寅奔鮮虞,趙稷奔臨。十二月,弦施逆之,遂墮臨。國夏伐晉,取邢、任、欒、鄗、逆畤、陰人、盂、壺口,會鮮虞,納荀寅于柏人。"(第1000頁)
③ 宣十五(594 B.C.)《傳》:"六月癸卯,晉荀林父敗赤狄于曲梁,辛亥,滅潞。酆舒奔衛,衛人歸諸晉,晉人殺之。"(第409頁)宣十六(593 B.C.)《傳》:"十六年春,晉士會帥師滅赤狄甲氏及留吁、鐸辰。"(第410頁)

晏弱三人雖爲逃脱晉國追兵而分途回齊,但野王等三邑以地理位置而言較爲鄰近,可見他們被執獲處距離會盟地并不遥遠,所以才會尚來不及分散即爲晉國所擒。因此斷道雖未詳其所在,但正如《左傳注》所言:"以《傳》文'野王''原''温'諸地理推之,斷道、卷楚當在今濟源縣西南一帶。"(第771頁)自濟源西南沿黄河北岸東行即温邑,東北行及原邑,繼續沿少水東行即野王。

　　晏弱三人被執後,苗賁皇在出使途中經過野王見到了晏弱。苗賁皇自絳都至野王之路綫,或是先從軹關陘至濟源,而後西行至野王;或是自絳都東行過黄父至少水,後沿少水先南行後西行,野王即位於少水南岸;或是自絳都東行過黄父渡少水後繼續東行至今晉城縣境,再沿太行陘南下至野王。《史記·白起王翦列傳》:"四十五年,伐韓之野王。野王降秦,上黨道絶。"①足見野王極爲鄰近太行陘南端出口。

　　宣六(603 B.C.)《傳》:"秋,赤狄伐晉,圍懷及邢丘。晉侯欲伐之。"(第377頁)懷,《考略》:"今武陟縣西南十一里有懷城。"(卷1,第13頁)《彙纂》:"今武陟縣西十一里有懷縣故城。"(卷3,第41頁)懷邑位於今河南省焦作市武陟縣西南十一里,少水南岸。邢丘,《集解》:"邢丘,今河内平皋縣。"(第377頁)《考略》:"今平皋故城在懷慶府東南七十里。"(卷4,第24頁)《彙纂》:"今懷慶府河内縣東南七十里有平皋故城。"(卷19,第44頁)前文已言舊河内縣即今沁陽市。邢丘位於今河南省沁陽市東南七十里。

　　魯宣公六年時,赤狄多聚集於上黨地區,即今長治市一帶。因

---

① (漢)司馬遷撰,[日]瀧川資言考證:《史記會注考證》,第1422頁。

此赤狄此次伐晉，應是從太行陘南下至野王，而後沿少水東行至懷，其間或須途經州縣，《水經注·沁水》："（少水/沁水）又東過野王縣北……又東過州縣北……又東過懷縣之北。"①少水自西向東依次流經晉野王、州縣、懷邑。州縣，《考略》："周之州邑，是時予鄭，後又屬晉，初爲郄稱邑，後爲欒豹之邑。昭三年晉人以賜鄭豐施。七年，子產歸州田于韓宣子，宣子更以賜宋樂大心，後宣子自徙居之。……其地在懷慶府東南五十里。"（卷1，第13頁）《彙纂》："今故城在懷慶府河內縣東五十里。"（卷3，第41頁）州縣位於今沁陽市東南五十里，與野王、懷同在少水南岸。赤狄出太行陘後，自野王沿少水順流而下至州縣，此時赤狄或兵分二路，一路繼續沿少水東行約三十餘里即可至懷，另一路自州縣南行約二十里即邢丘。若赤狄并未分兵，則可先沿少水至懷，而後自懷南下至隰城，西行約二十里即邢丘。

襄八（565 B.C.）《經》："季孫宿會晉侯、鄭伯、齊人、宋人、衛人、邾人于邢丘。"（第520頁）昭五（537 B.C.）《傳》："晉侯送女于邢丘。子產相鄭伯會晉侯于邢丘。"（第744頁）邢丘位於黃河北岸，向南即是黃河津渡，交通便利，因此常作爲會盟之所，黃聖松先生《〈左傳〉黃河津渡考論》曰："春秋時鄭國制邑已設津渡，該地不僅爲東西交通要衝，更是交通黃河南北之渡口。……位於制邑北岸之邢丘當是對渡之地。"②

自邢丘向西經溫、陽樊即軹關陘，向西北經州縣、野王即可沿

---

① （北魏）酈道元注，（清）楊守敬纂疏，（清）熊會貞參疏：《水經注疏》，收入謝承仁主編《楊守敬集》，冊3，卷9，第641、648、649頁。
② 黃聖松：《〈左傳〉黃河津渡考論》，第33頁。

少水或太行陘至絳都、新田,向東經隰城、懷至甯、共即可通往齊、衛。文五(622 B.C.)《傳》:"晉陽處父聘于衛,反過甯,甯嬴從之。及溫而還。"(第311頁)《彙纂》:"今河南衛輝府獲嘉縣西北有修武故城,古甯邑,秦置縣。"(卷17,第44頁)《左傳注》:"其地當在今河南省獲嘉縣之西北、修武縣之東。"(第540頁)甯位於今河南省新鄉市獲嘉縣西北,太行山東南麓。《史記·魏世家》:"通韓上黨於共、甯,使道安成,出入賦之,是魏重質韓以其上黨也。"① 可見共、甯二邑地理位置相近,且有交通道路相連。自衛國西行渡白馬津至朝歌,沿太行山東南麓西南行經百泉、共、甯至懷邑,經隰城、邢丘至溫,即魯文公五年陽處父聘于衛國後返回晉國,過甯遇甯嬴,而後至溫之路綫。

綜上所述,晉都新田東向道路,主要可分為向東走少水、太行陘、白陘三條路綫,以及向東南走軹關陘兩部分。前者自新田、絳、黃父至熒庭,而後東行至少水(又稱沁水,即今沁河),沿少水南下可至原。自熒庭至少水後,繼續東行進入今長治盆地,沿太行陘南下翻越太行山,即可至野王。自長治盆地沿白陘南下,出孟門後沿太行山東南麓東南行,其路綫則為"孟門—共—百泉—朝歌—中牟—五氏—邯鄲"。

自新田、絳沿軹關陘途經聚、東山皋落氏、郫邵,自今河南省濟源市軹城鎮出軹關陘,其後之路綫分為南、北兩段,北向路綫沿少水南岸,大抵為"郫邵—原—野王—州縣—懷",自州縣向南可至邢丘,自邢丘渡河可至鄭國制邑。南段則是沿黃河北岸,其路綫為

---

① (漢)司馬遷撰,[日]瀧川資言考證:《史記會注考證》,第1109頁。

"郫邵—陽樊—盟津—溫—邢丘—隰城—懷",自盟津渡河可至成周。南北兩地路綫交匯於懷邑,自懷東北行至甯、共後,沿百泉、朝歌北行可至晉東陽,東行渡白馬津可至齊、衛等國。以下依《中國歷史地圖集》①製成"圖24 晉都新田東向路綫圖",敬請讀者參看。

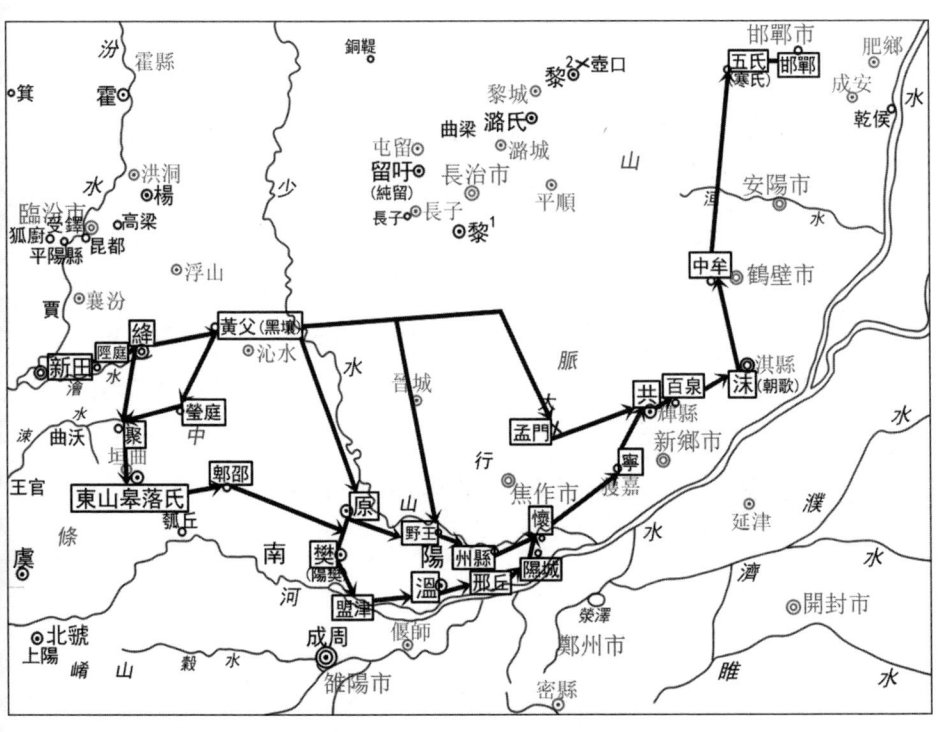

圖24 晉都新田東向路綫圖

---

① 譚其驤主編:《中國歷史地圖集》,册1,第22—23頁。

第二節　晉都新田西南向路綫

一、"曲沃—虞—下陽—茅津—上陽—殽山—成周""上陽—茅津—瓠丘—陽樊""上陽—成周—盟津—陽樊"

隱五(718 B.C.)《傳》："曲沃叛王。秋,王命虢公伐曲沃,而立哀侯于翼。"(第 61 頁)桓十(702 B.C.)《傳》："夏,虢公出奔虞。"(第 121 頁)僖二(658 B.C.)《傳》：

> 晉荀息請以屈產之乘與垂棘之璧假道於虞以伐虢。……乃使荀息假道於虞,曰："冀爲不道,入自顛軨,伐鄍三門。冀之既病,則亦唯君故。今虢爲不道,保於逆旅,以侵敝邑之南鄙。敢請假道,以請罪于虢。"虞公許之,且請先伐虢。……夏,晉里克、荀息帥師會虞師,伐虢,滅下陽。先書虞,賄故也。(第 199 頁)

僖五(655 B.C.)《傳》：

> 晉侯復假道於虞以伐虢。……八月甲午,晉侯圍上陽。……冬十二月丙子,朔,晉滅虢。虢公醜奔京師。師還,館于虞,遂襲虞,滅之。執虞公及其大夫井伯,以媵秦穆姬,而修虞祀,且歸其職貢於王。(第 207—209 頁)

前文已言曲沃位於今山西省運城市聞喜縣上郭村至邱家莊一帶。虞國,《集解》:"虞國在河東大陽縣。"(第121頁)《彙纂》:"唐改大陽曰平陸,屬陝州,今屬山西平陽府解州,古虞城在縣東北四十里。"(卷5,第41頁)今山西省運城市平陸縣張店鎮古城村發掘得虞國古城遺址,面積達五百萬平方米,謝堯亭分析認爲其"顯然具有國家都城的性質",①應爲虞國都城遺址。

虢國,據馬軍霞《虢國綜合研究》,西虢在周文王時期受封,其封地範圍當在今寶雞市陳倉區虢鎮及其周圍。周公東征後,東虢徙封,其封地範圍大體在今滎陽汜水一帶。至西周晚期,虢國東遷至今河南省三門峽市。② 下陽爲虢國邑,《集解》:"下陽,虢邑,在河東大陽縣。"(第199頁)《考略》:"今平陸縣東五十里有大陽城,大陽東北三十里有故下陽城,其地有虞坂之險,晉欲伐虢,慮虞人要而擊之,欲伐虞則虢又救之以爲外扞,滅下陽而兩國皆失其險矣。"(卷12,第8頁)《彙纂》:"今大陽廢縣在山西平陽府平陸縣東北十五里,又三十里爲故下陽城。"(卷12,第16頁)今山西省運城市平陸縣老城鄉太陽渡村東南的門里自然村有下陽城遺址。③ 上陽爲虢國都城,《集解》:"上陽,虢國都,在弘農陝縣東南。"(第208頁)《左傳注》:"上陽,南虢也,在今河南省陝縣南。"(第310頁)據傳世典籍記載,上陽位於今河南省三門峽市陝縣(今陝州區),考

---

① 謝堯亭:《晉南地區西周墓葬研究》,長春:吉林大學考古學及博物館學博士論文,2010年,第17、21—22頁。
② 馬軍霞:《虢國綜合研究》,西安:陝西師範大學考古學及博物館學博士論文,2017年,第27、30、67、74頁。
③ 靳生禾、謝鴻喜:《晉"假虞伐虢"古戰場考察報告》,《太原大學學報》2007年第1期,第5頁。

古工作者在這一區域附近發掘得三處遺址,《上村嶺虢國墓地》寫道:

> 1956年發現虢國墓地後,1957—1958年我們曾多次調查平陸——陝縣一帶,并做了許多試掘工作。到目前爲止,共發現三處和墓地同時代的遺址:一是陝縣城東南4.5公里的李家窑遺址,一是墓地北邊的上嶺村遺址,一是平陸縣城東北3.5公里的盤南村遺址。……盤南村和上嶺村遺址太小,地勢崎嶇狹窄,包含貧乏,和文獻所記的位置也不符,是虢都上陽的可能性很小。李家窑遺址規模大,南臨澗河,地勢開闊平坦,包含豐富,和文獻所記的位置相符,可能即虢都上陽的所在地。①

馬軍霞《虢國綜合研究》則更進一步分析李家窑遺址所具有的五項特徵:(一)具有城垣、城壕等防禦設施,(二)具有郭城與宮城,(三)建築等級分明,(四)宮城內具有供水設施,(五)城垣與宮城之間分布有糧庫和多種手工業作坊。②并據此認爲:"李家窑遺址既具備防禦功能,又有分工明確的手工業作坊,建築中大型夯土建築、地面建築、半地穴房屋,等級分明,還有具有奠基性質的墓葬。考古工作者將李家窑遺址與虢都上陽城聯繫起來,目前看來是可信的。"③

---

① 中國科學院考古研究所編:《上村嶺虢國墓地》,收入《中國田野考古報告集·考古學專刊·丁種第十號》,北京:科學出版社,1959年,第50頁。
② 馬軍霞:《虢國綜合研究》,第76—77頁。
③ 馬軍霞:《虢國綜合研究》,第77頁。

綜上所述,上陽城應即今河南省三門峽市今陝州區東南之李家窰遺址。

從曲沃、虞國、虢國自北向南的地理位置分布可以看出,因晉國與虢國間有中條山阻隔,所以無論是虢公伐曲沃、還是晉侯伐虢,都需經過虞國所在的顛軨坂,即前引僖公二年《傳》荀息所謂"冀爲不道,入自顛軨"之顛軨。《水經注·河水》:"傅巖東北十餘里,即巔軨坂也。《春秋左傳》所謂'入自巔軨'者也。有東西絕澗,左右幽空,窮深地壑,中則築以成道,指南北之路,謂之爲'軨橋'也。……其城(筆者按:指虞國都城)北對長坂,二十許里謂之'虞坂'。"①乾隆《平陸縣志》:"張店堡在縣東六十里,即虞城外郭,南扼顛軨,北控鹽坂,爲南北孔道,舊時人煙湊集,頗稱巨鎮。"②又云:"虞坂,一名鹽坂,在縣東北七十里,《戰國策》伯樂遇騏驥困鹽車處。"③可見舊時常將虞城以北稱爲"虞坂""鹽坂",虞城以南稱爲"顛軨坂"。靳生禾、謝鴻喜曾通過實地考察,釐清"虞坂"與"顛軨坂"之概念,其文《晉"假虞伐虢"古戰場考察報告》云:

就目前野外考察所聞見,古來所謂虞坂或云顛軨坂者,實際上固有廣、狹二義。廣義的顛軨坂,含顛軨坂和虞坂,或稱顛軨坂,或稱虞坂;狹義的虞坂、顛軨坂,所指迥然不同。……廣義的虞坂——顛軨坂,指由河東鹽池(今運城鹽池)東北隅

---

① (北魏)酈道元注,(清)楊守敬纂疏,(清)熊會貞參疏:《水經注疏》,收入謝承仁主編《楊守敬集》,册3,卷4,第280—281頁。
② (清)言如泗修,(清)韓夔典等纂:《平陸縣志》,民國二十一年(1932)石印本,卷3,第2頁。
③ (清)言如泗修,(清)韓夔典等纂:《平陸縣志》,卷11,第3頁。

東南行,從中條山中段絕頂的分雲嶺與清凉山兩大高峰間的陘口——薄山上山,穿越中條山,一循東南行至古虞城後,折南行大體沿今209國道,經轑橋村直至黃河北岸的茅津渡。……狹義的虞坂——顛軨坂,係以古虞城亦即大體以中條山分界,分別指古虞城以北(中條山陰坡)爲虞坂,以南(中條山陽坡)爲顛軨坂。……狹義的虞坂(鹽坂),由鹽池東北隅東南行至古虞城,長10餘公里。……狹義的顛軨坂,即由古虞城南行,大概循當今209國道一綫,經轑橋(一作"嶠")村、傅巖,直至茅津渡,長20餘公里。①

可見廣義之顛軨坂即虞坂,狹義之虞坂、顛軨坂則以虞城爲分界,分別指自運城鹽池至虞城,以及自虞城經轑橋村、傅巖至茅津的陘道,兩段陘道相連即廣義之顛軨坂或虞坂。虞坂南端可連通至茅津,《大事表》:"茅津在今山西解州平陸縣,南岸爲河南陝州州治,距河七里,是由北至南。"②《中國歷史地名大辭典》:"茅津,亦名陝津、太陽津。在今山西平陸縣西南二十里黃河北岸太陽渡村附近。春秋時,在茅戎境内,故名。"③白利權《黃河中游古代渡口研究》:"茅津渡,位於今山西平陸縣西南二十里黃河北岸太陽渡村附近,故又稱太陽渡。"④茅津位於今山西省運城市平陸縣太陽渡村附近,而下陽則位於太陽渡村東南門里自然村的下陽城遺址,可見自下

---

① 靳生禾、謝鴻喜:《晉"假虞伐虢"古戰場考察報告》,第3頁。
② (清)顧棟高輯,吳樹平、李解民點校:《春秋大事表》,第961頁。
③ 史爲樂主編:《中國歷史地名大辭典》,第1481頁。
④ 白利權:《黃河中游古代渡口研究》,鄭州:鄭州大學中國古代史碩士論文,2010年,第36頁。

陽渡茅津至黃河南岸即可至上陽。

綜上所述，自曲沃南行至今運城鹽池進入中條山，經虞坂可至位於今平陸縣張店鎮古城村的虞城，自虞城沿顛軨坂南下出中條山可至下陽，自下陽從茅津渡黃河可至虢都上陽。《傳》文中虢公伐曲沃，以及晉侯假虞伐虢的行軍路綫皆此，僅有自南向北或自北向南之區別。

莊三十（664 B.C.）《傳》："三十年春，王命虢公討樊皮。夏四月丙辰，虢公入樊，執樊仲皮，歸于京師。"（第179頁）"樊"即"陽樊"，《左傳注》："樊又爲蘇忿生之田，桓王又取以與鄭。"（第245頁）又曰："陽樊即隱十一年《傳》蘇忿生田之樊，亦曰陽。"（第432頁）陽樊位於黃河北岸，虢都上陽位於黃河南岸，自黃河南北兩岸皆應有路綫可自上陽至陽樊，以下分別叙述之。

僖二十五（635 B.C.）《傳》："秦伯師于河上，將納王。……晉侯辭秦師而下。三月甲辰，次于陽樊，右師圍溫，左師逆王。"（第262—263頁）晉侯此次應是沿黃河北岸東行至陽樊，其間或須途經瓠丘，襄元（572 B.C.）《傳》："彭城降晉，晉人以宋五大夫在彭城者歸，置諸瓠丘。"（第496—497頁）《集解》："瓠丘，晉地，河東東垣縣東南有壺丘。"（第497頁）《考略》："壺丘即殽谷之北岸也，亦曰陽壺。"（卷5，第6頁）《大事表》："（垣曲）縣東南有陽壺城，南臨大河，爲晉瓠丘地。"①《左傳注》："瓠丘即壺丘，今山西垣曲縣東南約五十里。"（第917頁）瓠丘位於山西省運城市垣曲縣東南約五十里，南臨黃河，因此從地理位置來看，晉侯沿黃河順流而下至陽樊

---

① （清）顧棟高輯，吳樹平、李解民點校：《春秋大事表》，第676頁。

或須經瓠丘。

《竹書紀年》:"晉獻公十有九年,獻公會虞師伐虢,滅下陽。虢公醜奔衛,獻公命瑕父、吕甥邑于虢都。"①晉滅虢國後,虢公逃奔至衛國,此時衛國都於楚丘,與虢都上陽同在黄河南岸,且黄河以北爲晉國勢力範圍,因此虢公應是從黄河以南逃奔至衛國,但正如李孝聰《中國區域歷史地理》所言:

> 黄河三門峽河谷的南岸是崤山的稠桑原,絶岸壁立,崖底與原頂的相對高度有300—500米不等。古代道路就開闢在原下的沖溝中。由於稠桑原向北一直伸延到黄河岸邊,黄河擦着稠桑原的邊緣流過,側蝕强烈,没有任何隙地可以通行,所以東西交通道路只能横穿稠桑原,別無選擇。《西征記》曰:"路在谷中,深險如函。故以爲名。其中劣通(行路),東西十五里,絶岸壁立,崖上柏林蔭谷中,殆不見日。……東自崤山,西至潼津,通名函谷,號曰天險。"②

當時三門峽市一帶的黄河南岸并無道路可供通行,因此東西交通便僅能横穿稠桑原,走崤函古道,李久昌《崤函古道歷史地理與文化内涵》云:

> 具體説來,崤函古道又以陝州爲樞紐分爲東、西兩個部分:西段古道可稱爲"黄河南岸道",自潼關進入豫西丘陵山

---

① 方詩銘、王修齡:《古本竹書紀年輯證》,第73頁。
② 李孝聰:《中國區域歷史地理》,第177頁。

地,沿黄河南岸經桃林塞、函谷關,過閿鄉、靈寶故城,東至陝州故城。東段古道可稱爲"崤山古道",分爲北、南兩路。北路由陝州故城,沿澗河河谷東行,過交口、張茅、硤石,東過七里入澠池,經義馬、新安,順穀水達洛陽;南路則由陝州沿青龍澗河東南行,經交口、菜園再溯青龍澗河支流雁翎關河(安陽溪水)穿崤山,沿洛河支流永昌河東南行至洛寧縣的三鄉鎮,再沿洛河谷地北上至洛陽,歷史時期,崤函古道西段即"黄河南岸道"受黄河南岸河川地形限制,道路變化不大,而東段即"崤山古道"因主要穿行於崤山之中,山勢險惡,峻阪迂迴,加之其他主觀原因,道路南、北交替使用,變遷無常。①

崤函古道以陝州(今三門峽市陝州區)爲分界,陝州以西稱爲"黄河南岸道",路綫較爲固定;陝州以東稱爲"崤山古道",又分南北兩段,皆是由陝州至洛陽,但因各種原因,兩條路綫在不同時期交替使用,據史念海《河山集》第四集:"由崤山東去中原有兩條道路,春秋時東至成周(今洛陽),戰國時則東南赴韓國的宜陽。韓國的宜陽在今宜陽縣西。其時宜陽爲大縣,人口較多,頗見重于諸侯之國。"②史氏所謂東至洛陽的道路即"崤山古道"的北段,東南至宜陽的道路即"崤山古道"的南段。宜陽位於洛水北岸,自宜陽沿洛河谷地東北行即洛陽。如史氏所言,春秋時期較常使用"崤山古道"的北段,戰國時期則較常使用南段,因此本書下文中所謂的崤

---

① 李久昌:《崤函古道歷史地理與文化内涵》,《三門峽職業技術學院學報》2008 年第 1 期,第 49 頁。
② 史念海:《河山集》第四集,第 386 頁。

函古道,若無特别説明,則在陝州以東的區域皆是指"崤山古道"北段路綫。

綜上所述,自虢都上陽沿黄河南北兩岸皆有道路交通可至陽樊,北段路綫自上陽從茅津渡河後,沿黄河向東經瓠丘可至陽樊;南段路綫自上陽沿崤函古道向東至成周,從盟津渡河後可至陽樊。莊公三十年《傳》虢公討樊皮是奉周天子之命,因此應是走南段路綫自鄰近成周的盟津渡河的可能性較高。

二、"曲沃—王官—郇—廬柳—令狐、桑泉、臼衰—刳首—蒲津""上陽—崤山—桑田—瑕""焦—陰地""下陽—魏—羇馬—蒲津"

僖二十四(636 B.C.)《傳》:

> 二十四年春王正月,秦伯納之。……濟河,圍令狐,入桑泉,取臼衰。二月甲午,晉師軍于廬柳。秦伯使公子縶如晉師。師退,軍于郇。辛丑,狐偃及秦晉之大夫盟于郇。壬寅,公子入于晉師。丙午,入于曲沃。(第253—254頁)

魯僖公二十四年,秦穆公送晉公子重耳回晉國,自蒲津渡河,《中國古今地名大詞典》:"蒲津,又稱蒲坂津。在今山西省永濟市西蒲州鎮黄河岸邊。爲古黄河津渡。以渡口東岸在蒲坂,故名。……凡秦晉間兵事,往往濟自蒲津,爲戰守必争之地。"①秦軍渡河後攻取令

---

① 戴均良等編:《中國古今地名大詞典》,第2998頁。

狐、桑泉、臼衰三邑。晉國出師防禦秦軍,先駐扎於廬柳,後退至郇。而後秦、晉盟於郇,重耳隨晉師入於曲沃。

令狐,《水經注·涑水》:"涑水又西逕猗氏縣故城北。《春秋》文公七年,晉敗秦于令狐,至于刳首,先蔑奔秦,士會從之。闞駰曰:令狐,即猗氏也。"①《考略》:"'闞駰曰:令狐即猗氏也,其處猶名狐邨。'今猗氏縣西十五里有令狐城。"(卷4,第13頁)《山西歷史地名通檢》:"春秋時晉地,在今臨猗縣西十三里令狐村。"②今山西省運城市臨猗縣西十餘里猶有令狐村。

桑泉,《彙纂》:"今平陽府臨晉縣東十三里有桑泉城。"(卷14,第50頁)《嘉慶重修一統志》:"桑泉故城,在臨晉縣東北。……《縣志》:桑泉城,今亭東村南小蓋原是其處,其下爲泉子溝。"③《左傳注》:"桑泉在今臨猗縣臨晉鎮之東北。"(第413頁)今臨猗縣臨晉鎮東北猶有亭東莊,或即桑泉所在。

臼衰,《嘉慶重修一統志》:"臼城,在(解)州西北二十五里,春秋晉大夫臼季邑,亦謂之臼衰。"④《山西歷史地名通檢》:"臼衰,春秋時晉地,在今運城市解州鎮西北二十五里。"⑤臼衰位於今運城市解州鎮西北二十五里。

廬柳,《考略》:"今猗氏縣西北有廬柳城。"(卷4,第13頁)《山

---

① (北魏)酈道元注,(清)楊守敬纂疏,(清)熊會貞參疏:《水經注疏》,收入謝承仁主編《楊守敬集》,册3,卷6,第466頁。
② 劉緯毅:《山西歷史地名通檢》,第214頁。
③ (清)穆彰阿等:《嘉慶重修一統志》,卷140,第13頁。
④ (清)穆彰阿等:《嘉慶重修一統志》,卷154,第13頁。
⑤ 劉緯毅:《山西歷史地名通檢》,第215頁。

西歷史地名通檢》:"廬柳,春秋時晉地,在今臨猗縣西北。"①廬柳位於今運城市臨猗縣西北。

郇,《水經注·涑水》:"涑水又西逕郇城。"②《嘉慶重修一統志》:"郇城,在猗氏縣西南,古郇國。……今解城東北二十四里有故城,在猗氏故城西北,俗名郇城。"③《山西歷史地名通檢》:"郇,故治在今臨猗縣南四里關原頭村西。"④

以上城邑皆位於今運城市,春秋時有涑水流經運城市,《水經注·涑水》:"涑水出河東聞喜縣東山黍葭谷……又南過解縣東,又西南注于張陽池。"⑤令狐、桑泉、廬柳、郇皆位於涑水西北岸,曰衰則位於涑水東南。自蒲津渡河後東北行,可至令狐、桑泉、曰衰,沿涑水繼續東北行可至廬柳、郇,而後出今臨猗縣境沿涑水即可至今聞喜縣之曲沃。

文七(620 B.C.)《經》:"戊子,晉人及秦人戰于令狐。"(第316頁)《傳》:"戊子,敗秦師于令狐,至于刳首。"(第317頁)刳首,《水經注·涑水》:"令狐即猗氏也。刳首在西三十里,縣南對澤,即猗頓之故居也。"⑥《左傳注》:"刳首仍當在河東晉境,當今臨猗縣西四十五里臨晉縣廢治處。"(第560頁)《中國古今地名大詞典》:

---

① 劉緯毅:《山西歷史地名通檢》,第216頁。
② (北魏)酈道元注,(清)楊守敬纂疏,(清)熊會貞參疏:《水經注疏》,收入謝承仁主編《楊守敬集》,冊3,卷6,第467頁。
③ (清)穆彰阿等:《嘉慶重修一統志》,卷140,第16頁。
④ 劉緯毅:《山西歷史地名通檢》,第211頁。
⑤ (北魏)酈道元注,(清)楊守敬纂疏,(清)熊會貞參疏:《水經注疏》,收入謝承仁主編《楊守敬集》,冊3,卷6,第458、466頁。
⑥ (北魏)酈道元注,(清)楊守敬纂疏,(清)熊會貞參疏:《水經注疏》,收入謝承仁主編《楊守敬集》,冊3,卷6,第466頁。

"臨晉縣,古舊縣名。唐天寶十三載(754年)改桑泉縣置,治今山西省臨猗縣西南臨晉鎮。"①舊臨晉縣廢治即今臨猗縣臨晉鎮,大約位於今臨猗縣令狐村西三十里。晉軍在令狐大敗秦軍後,追擊秦軍至剗首,則令狐與剗首間應有交通路綫相連。

成十三(578 B.C.)《傳》:"康猶不悛,入我河曲,伐我涑川,俘我王官,翦我羈馬,我是以有河曲之戰。"(第462頁)此句爲晉大夫吕相譴責秦國入河曲、侵晉國之事,《集解》:"河曲在河東蒲坂縣南。"(第330頁)《左傳注》:"河曲,晉地,當在今山西省永濟縣南,黄河自此折而東,故曰河曲。"(第586頁)靳生禾、謝鴻喜《春秋戰略重鎮羈馬遺址考》認爲:"一言以蔽之,河曲爲以當今風陵渡爲中心的黄河南來折東處的由地形而至地區名。"②河曲,顧名思義指的是黄河向南流迳今山西永濟縣境時,由於華山等山脉地勢阻隔折而向東,所形成的以今風陵渡爲中心的地區。

秦國自蒲津渡河進入河曲地區後,沿涑水東北行,入於王官,王官又見載於文公三年(624 B.C.)《傳》:"秦伯伐晉,濟河焚舟,取王官及郊,晉人不出。遂自茅津濟,封殽尸而還,遂霸西戎,用孟明也。"(第305頁)王官,《水經注·涑水》:"涑水又西,迳王官城北,城在高原上。"③《元和郡縣圖志》:"王官故城,今名王城,在(聞喜)縣南十五里。"④《嘉慶重修一統志》:"王官城,在聞喜縣南十五

---

① 戴均良等編:《中國古今地名大詞典》,第2153頁。
② 靳生禾、謝鴻喜:《春秋戰略重鎮羈馬遺址考》,第123頁。
③ (北魏)酈道元注,(清)楊守敬纂疏,(清)熊會貞參疏:《水經注疏》,收入謝承仁主編《楊守敬集》,册3,卷6,第462頁。
④ (唐)李吉甫撰,賀次君點校:《元和郡縣圖志》,第334頁。

里,……今世人猶謂其城曰王城也。"①王官位於今山西省運城市聞喜縣南十五里,涑水東岸。郊,今不詳其所在,但應鄰近王官。

秦軍自蒲津渡河後沿涑水東北行即可至王官,伐取王官後,秦軍有三條不同的行軍路綫可以回國:其一是如文三年《傳》所載,入於王官後,沿魯僖公五年晉軍假虞伐虢之路綫南下至茅津渡河至崤山,而後沿崤函古道西行回秦國;其二是如前引成十三《傳》所言,先取王官,再沿涑水原路返回,伐羈馬後由蒲津渡河回國;其三《傳》文雖未明言,但據推測可沿晉軍假虞伐虢之路綫南下至下陽,而後沿黄河北岸西行途經魏邑,自蒲津渡河歸秦,以下分別說明之。

1."上陽—崤山—桑田—瑕""焦—陰地"

殽,即崤山,《考略》:"今崤山在永寧縣北六十里,漢晉澠池之西境也。"(卷4,第18頁)《彙纂》:"今崤縣故城在河南府永寧縣北五十里。"(卷16,第29頁)《中國古今地名大詞典》:"永寧縣,古舊縣名……1914年因與山西、江西、廣西、貴州四省永寧縣重名,改名洛寧縣。"②崤山位於今洛陽市洛寧縣西北。秦軍封殽尸後,沿崤函古道返回秦國,途中將經過焦、桑田、瑕等晉邑。

宣二(607 B.C.)《傳》:"秦師伐晉,以報崇也,遂圍焦。夏,晉趙盾救焦,遂自陰地,及諸侯之師侵鄭,以報大棘之役。"(第364頁)焦,《今本竹書紀年》:"(幽王)七年,虢人滅焦。"③《水經注·河水》:"東則咸陽澗水注之,水出北虞山,南至陝津注河。河南即

---

① (清)穆彰阿等:《嘉慶重修一統志》,卷155,第16頁。
② 戴均良等編:《中國古今地名大詞典》,第991—992頁。
③ 方詩銘、王修齡:《古本竹書紀年輯證》,第259頁。

陕城也。昔周、召分伯，以此城爲東、西之別。東城即虢邑之'上陽'也。虢仲之所都，爲南虢。'三虢'，此其一焉。其大城中有小城，故焦國也。"①《括地志》："故焦城在陝縣東北百步古虢城中東北隅，周同姓也。"②據典籍記載，西周晚期時焦國爲虢國所滅。虢國滅焦後，在焦國都城的基礎上營建了虢國都城上陽，原焦國國都位於上陽城中東北角。近代考古工作者在今李家窑村上陽城遺址中發掘出部分西周墓葬 M44，據分析應是焦國墓葬而非虢國墓葬，王龍正、喬斌《焦國略考——追夷簋銘文的啓示》寫道：

  虢國都城上陽城如今已被發現和證實，在今三門峽市南郊李家窑一帶。城内發現一批數量可觀的西周晚期的中小型墓葬和數座車馬坑及馬坑，年代早於上村嶺虢國墓地。……有些墓葬就在上陽城宫殿區内或宫殿區附近，表明與虢國墓地年代相同的上陽城建在一處早期的墓地上。根據古人尊崇宗廟和祖墳的習俗和觀念，推斷這批墓葬不會是虢國人自己的祖墳，因而只能是被虢國人毁了宗廟社稷的焦國人的墓葬。③

寧會振《上村嶺虢國墓地時代芻議》從地層叠壓的關係分析李家窑遺址中的墓葬 M44 的年代早於春秋的虢國文化層："由地層叠壓關係可知，M44 在年代上必然早於李家窑遺址中的春秋層，也早於與

---

① （北魏）酈道元注，（清）楊守敬纂疏，（清）熊會貞參疏：《水經注疏》，收入謝承仁主編《楊守敬集》，册 3，卷 4，第 275—277 頁。
② （唐）李泰撰，賀次君輯校：《括地志輯校》，第 112 頁。
③ 王龍正、喬斌：《焦國略考——追夷簋銘文的啓示》，收入三門峽市文物考古研究所編《三門峽文物考古與研究》，北京：燕山出版社，2003 年，第 182 頁。

227

李家窑遺址春秋文化層出土有相同器物的上村嶺虢國墓地。我們在報告中將M44的年代定爲西周晚期。"①王治國、劉社剛《上陽城M44墓主身份及焦國相關問題考》亦云:"在其國別問題上,首先要肯定的是墓M44非虢人之葬,因爲該墓處於李家窑遺址區域内,并被遺址文化層疊壓,不可能是虢國遺存。……筆者認爲以M44爲首的這批墓葬應該是姬姓焦國的墓葬。"②

綜上所述,考古工作者在虢國都城上陽城遺址區域中發現了屬於焦國的墓葬,因此焦國都城雖未必位於上陽城内,但也應距此不遠。秦軍應是沿崤函古道伐晉圍焦,晉趙盾救焦則是走虞坂古道。

晉軍救焦後順路自陰地侵鄭,《左傳注》:"陰地,據杜《注》,其地甚廣,自河南省陝縣至嵩縣凡在黄河以南、秦嶺山脉以北者皆是。此廣義之陰地也。然亦有戍所,戍所亦名陰地。……今河南省盧氏縣東北,舊有陰地城,當是其地,此狹義之陰地也。"(第655頁)自焦走崤函古道陝州以東的"崤山古道"部分的南段,沿青龍澗河東南行,經交口鄉、菜園鄉,沿青龍澗河支流雁翎關河(安陽溪水)穿崤山,東南行至洛寧縣的洛河,自此沿洛河東北行至成周即"崤山古道"南段,反方向沿洛河西南行即可至盧氏縣的陰地。

僖二(658 B.C.)《傳》:"虢公敗戎于桑田。"(第200頁)《集解》:"桑田,虢地,在弘農陝縣東北。"(第200頁)《彙纂》:"今河南陝州靈寶縣西二十五里稠桑驛,即其地也。"(卷12,第21頁)《中

---

① 寧會振:《上村嶺虢國墓地時代芻議》,《華夏考古》2000年第3期,第57頁。
② 王治國、劉社剛:《上陽城M44墓主身份及焦國相關問題考》,《三門峽職業技術學院學報》,2013年第2期,第12—13頁。

國歷史地名大辭典》:"稠桑驛,在今河南靈寶市北二十二里稠桑村西一里。"①桑田位於今河南省靈寶市函谷關鎮稠桑村西一里,虢師自上陽沿崤函古道西行出函谷關即可至桑田。

文十二(615 B.C.)《傳》:"秦師夜遁,復侵晉,入瑕。"(第331頁)文十三(614 B.C.)《傳》:"十三年春,晉侯使詹嘉處瑕,以守桃林之塞。"(第332頁)《集解》:"賜其瑕邑,令帥衆守桃林以備秦,桃林在弘農華陰縣東潼關。"(第332頁)晉國被秦師攻入瑕邑後,翌年便令詹嘉戍於瑕邑以守桃林塞,《考略》據此推斷瑕邑應爲晉國河外(黃河以南)之邑:

> 今据杜氏,焦瑕同在河外甚明。秦之自河曲夜遁也,晉欲薄諸河,蓋已渡河而西矣。既而復侵晉入瑕,不過擾其邊竟耳,必非深入東渡也。次年春,晉即使詹嘉處瑕以守桃林之塞。桃林之塞,即今潼關外地,其爲河南益無可疑矣。晉侯問原守于寺人狄鞮,對曰:昔趙衰以壺飡從徑,餒而勿食,故使處原。凡使人守邑而即以賜之,皆謂之處,其與桃林相近,又可知矣。(卷4,第16頁)

瑕應位於黃河以南,桃林塞以北,控扼崤函古道,以阻止秦軍東向侵晉。其地望主要有二説,一説位於舊河南省閺鄉縣、今靈寶市閿東村,如顧炎武《日知錄》云:

---

① 史爲樂主編:《中國歷史地名大辭典》,第2703頁。

十三年，晉侯使詹嘉處瑕，以守桃林之塞。按《漢書·地理志》："湖故曰胡，武帝建元年更名湖。"《水經》："河水又東逕湖縣故城北。"酈氏注云："《晉書·地道記》《太康記》，并言胡縣。漢武帝改作湖，其北有林焉，名曰桃林。"古"瑕""胡"二字通用。《禮記》引《詩》："心乎愛矣，瑕不謂矣。"鄭氏注云："瑕之言胡也。瑕、胡音同，故《記》用其字。是"瑕"轉爲"胡"，又改爲"湖"……今爲閿鄉縣治。①

顧氏認爲瑕即湖縣故城，清時爲閿鄉縣治，後并入靈寶縣，《中國古今地名大詞典》："閿鄉縣，古舊縣名。北周明帝二年（558年）置，治今河南省靈寶市西故縣西南。爲閿鄉郡治。……1954年并入靈寶縣。"②閿鄉縣舊治位於今靈寶市陽平鎮閿東村西北約4里，湖水西岸、崤函古道中。③

另一說則認爲瑕邑位於靈寶市東北曲沃鎮，此說起初來源於《水經注·河水》：

河水又東，畜水注之，水出常烝之山，西北逕曲沃城南，又屈逕其城西，西北入河。諸注述者，咸言曲沃在北，此非也。魏司徒崔浩以爲曲沃地名也。余案《春秋》文公十三年，晉侯使詹嘉守桃林之塞，處此以備秦，時以'曲沃之官'守之，故'曲

---

① （清）顧炎武撰，陳垣校注：《日知錄校注》，第1792頁。
② 戴均良等編：《中國古今地名大詞典》，第2742頁。
③ 張維慎：《"桃林塞"位置考辨》，《蘭州大學學報》2001年第5期，第75頁。

沃'之名,遂爲積古之傳矣。①

因被晉侯派遣守桃林之塞的大夫詹嘉本爲曲沃之官,所以此地又被傳爲曲沃。後人據此分析認爲瑕邑即戰國時魏國之曲沃,如《考略》:

> 然則瑕即曲沃矣。又《戰國策》每以焦、曲沃并舉,如言焦、瑕然,斯亦一證。唐至德二年,廣平王俶出關收東京至曲沃,即此。《水經注》弘農縣東十三里有好陽亭,又東有曲沃城。今陝州西南三十二里有曲沃城。(卷4,第16—17頁)

《春秋左氏傳地名補注》亦曰:

> 《史記·魏世家》:"襄王五年,秦圍我焦、曲沃。"《汲郡紀年》:"惠王後六年,秦歸我焦、曲沃。"《傳》以焦、瑕舉稱,而後此以焦、曲沃舉稱,則曲沃即瑕之變名,皆在弘農陝縣,于晉爲河外。……《一統志》:"曲沃城在陝州西南四十二里。"②

春秋時常將焦、瑕連言,如僖三十(630 B.C.)《傳》:"且君嘗爲晉君賜矣,許君焦、瑕,朝濟而夕設版焉,君之所知也。"(第285頁)昭二十二(520 B.C.)《傳》:"冬十月丁巳,晉籍談、荀躒帥九州之戎,及焦、瑕、溫、原之師,以納王于王城。"(第874頁)戰國以後之文獻則

---

① (北魏)酈道元注,(清)楊守敬纂疏,(清)熊會貞參疏:《水經注疏》,收入謝承仁主編《楊守敬集》,册3,卷4,第272頁。
② (清)沈欽韓:《春秋左氏傳地名補注》,卷5,第3頁。

常見焦、曲沃并稱,因此《考略》《補注》皆認爲瑕即今靈寶市之曲沃,《中國歷史地名大辭典》:"曲沃鎮,即戰國魏曲沃邑。在今河南靈寶市東北。"①

其實閡東村與曲沃鎮一在靈寶市西,一在靈寶市東北,皆位於黃河南岸、崤函古道途經處,相距并不遠。若無更進一步考古發掘的新證據,則較難斷言何者必定爲非。若以情理分析,則曲沃鎮位於桑田、函谷關以東,似乎過於深入晉國國境。晉軍命詹嘉守瑕邑,阻止秦國東侵,則瑕邑應鄰近晉國東南邊境,因此筆者認爲閡東村爲瑕邑之可能性較曲沃鎮略高。

綜上所述,自王官沿虞坂古道自茅津渡河可至上陽,自上陽東行可至崤山,而後沿崤函古道西行途經桑田、瑕可至秦國。此外,自上陽東南行可至洛河,沿洛河西南行可至陰地。

2. 王官—涑水—羈馬—蒲津

成十三(578 B.C.)《傳》:"康猶不悛,入我河曲,伐我涑川,俘我王官,翦我羈馬,我是以有河曲之戰。"(第462頁)取羈馬之事又見於文十二(615 B.C.)《傳》:"秦爲令狐之役故,冬,秦伯伐晉,取羈馬。晉人禦之。趙盾將中軍,荀林父佐之。郤缺將上軍,臾駢佐之。欒盾將下軍,胥甲佐之,范無恤御戎,以從秦師于河曲。"(第330—331頁)羈馬,《考略》:"今蒲州南三十六里有羈馬城,亦謂之涉丘。"(卷4,第22頁)《中國古今地名大詞典》:"蒲州……治蒲坂縣(今山西永濟市西南蒲州鎮)。……爲晉、陝間交通咽喉,歷爲軍事重地。"②靳生禾、謝鴻喜結合文獻記載與野外考察,在今芮城縣

---

① 史爲樂主編:《中國歷史地名大辭典》,第981頁。
② 戴均良等編:《中國古今地名大詞典》,第2997頁。

發現了羈馬古城遺址,其文《春秋戰略重鎮羈馬遺址考》曰:

> 羈馬(陽晉)城,位於今芮城縣風陵渡西北匼河村北垣。……西、南瀕臨黃河,東接中條山,南控風陵,北御蒲坂。從小地形看,古城處中條山前洪積扇,又經長期洪水沖刷切割,形成一個南北東三面爲 30 米以上深溝,西瀕黃河的突兀高地。一軍守城,居高臨下。……羈馬成爲上古時代晉、魏西防强秦之首要巨防。①

今芮城縣風陵渡西北匼河村在永濟市蒲州鎮南三十餘里,與傳統典籍所載羈馬城地望相符,則羈馬大抵即位於此。自蒲津渡河後東南行即可至羈馬,或自涑水西南行,而後繞過中條山西麓亦可至羈馬。

3. 下陽—魏—羈馬—蒲津

閔元(661 B.C.)《傳》:"晉侯作二軍,公將上軍,大子申生將下軍。趙夙御戎,畢萬爲右,以滅耿、滅霍、滅魏。還,爲大子城曲沃,賜趙夙耿,賜畢萬魏,以爲大夫。"(第 188 頁)魏,《彙纂》:"魏故國在芮城縣北五里,今山西平陽府解州芮城縣河北故城是也。"(卷 4,第 35 頁)舊載魏位於芮城縣北五里,近代考古工作者於此地發現一座東周古城址,應即是魏國古城遺址,陶正剛、葉學明《古魏城和禹王古城調查簡報》云:

---

① 靳生禾、謝鴻喜:《春秋戰略重鎮羈馬遺址考》,《中國史研究》1994 年第 1 期,第 124 頁。

> 芮城縣北五里許有東周古城址，相傳是古魏國都城。……古魏城位於今芮城縣北中條山南麓。東有柴村、鐵家莊，西有後龍泉村和城南溝村。中龍泉村和前龍泉村位於古城内西側，澗西村在城之東側，永樂宮新址在城南部之中央。①

魏國位於今山西省運城市芮城縣北五里，中條山南麓。魯閔公元年時晉國尚未滅虢國、虞國，因此晉國此次伐魏，應未能徑自從虞坂古道翻越中條山，而是先沿涑水東南行，自羈馬繞過中條山西麓後，再沿中條山南麓東行至魏國。

桓三(709 B.C.)《傳》："芮伯萬之母芮姜惡芮伯之多寵人也，故逐之，出居于魏。"（第104頁）桓四(708 B.C.)《傳》："冬，王師、秦師圍魏，執芮伯以歸。"（第105頁）今陝西省韓城市梁帶村發掘有芮國墓地遺址，孫秉君《陝西韓城梁帶村墓地北區2007年發掘簡報》云：

> 梁帶村墓地位於陝西省韓城市東北約7公里處，已勘探出兩周之際的墓葬1000多座。2005、2006年發掘了3座帶墓道的大墓和1座車馬坑，出土了大量的銅器、玉器等隨葬器物，部分銅器有"芮公""芮太子"等銘文，說明這裏是一處周代的芮國墓地。②

---

① 陶正剛、葉學明:《古魏城和禹王古城調查簡報》,《文物》1962年第4、5期，第59頁。
② 孫秉君:《陝西韓城梁帶村墓地北區2007年發掘簡報》,《文物》2010年第6期，第4頁。

更進一步的考古工作則表明,梁帶村墓地的墓葬時間可以下探到春秋早期,且其中的 M26 墓葬也被學者分析認爲是芮伯萬之母芮姜的墓葬,張天恩《芮國史事與考古發現的局部整合》云:

> M26 爲"甲"字形墓,隨葬品數量也較多,品級很高,以玉器豐富見長,未出武器,墓主應是女性。……墓内銅器多鑄有"仲姜作爲桓公尊"鼎、簋、壺等的銘文,可知墓主爲仲姜,是鑄器者。……考古資料表明同一時間段内,芮國確有一位來自姜姓國族的芮公夫人,就是 M26 的墓主,稱爲仲姜。仲姜爲其夫芮桓公作祭器表明芮公已去世,執政的應是其兒子。在國别、時間、人物姓氏和關係等條件均較吻合的情況下,我們認爲芮伯萬之母芮姜,與 M26 的墓主仲姜應爲同一人。按照周代婦女稱謂的習慣,仲姜作爲芮國的夫人,當然也可稱芮姜。①

今陝西省韓城市東北的梁帶村發掘出了芮姜的墓葬,則芮國都城也應位於此地附近。芮伯萬自芮國沿黃河南下自蒲津渡河後,沿中條山南麓東行即可至魏。秦軍則同樣自蒲津渡河後東行即可圍魏執芮伯。《今本竹書紀年》:"(桓王)十二年,王師、秦師圍魏,取芮伯萬而東之。"②《竹書紀年》曰"東之",則王師、秦師此次執芮伯萬後,應是先將其擒回成周,後續才又移送至秦國,因此才有桓十

---

① 張天恩:《芮國史事與考古發現的局部整合》,《文物》2010 年第 6 期,第 36、40 頁。
② 方詩銘、王修齡:《古本竹書紀年輯證》,第 266 頁。《古本竹書紀年》:"(晉武公)八年,周師、虢師圍魏,取芮伯萬而東之。"見方詩銘、王修齡《古本竹書紀年輯證》,第 70 頁。據《傳》文,此年應有秦師。

年(702 B.C.)《傳》:"秋,秦人納芮伯萬于芮。"(第121頁)自魏東行至茅津渡河,而後沿崤函古道可至成周;或自魏沿黃河北岸東行至盟津渡河亦可至成周。

三、"絳—新田—清原—稷—涑水—蒲津—王城—輔氏""稷—董""新田—荀—冀—韓原—耿"

僖三十一(629 B.C.)《傳》:"秋,晉蒐于清原,作五軍似禦狄。趙衰爲卿。"(第287頁)《集解》:"河東聞喜縣北有清原。"(第287頁)《山西歷史地名通檢》:"清原,春秋時晉地,在今聞喜縣東北三十五里大馬村,遺址尚存,并出土東周遺物。"①陶正剛《山西聞喜的"大馬古城"》云:

> 大馬古城在聞喜縣東北約17.5公里的大馬村、官張村和栗村附近。……關於古城的時代,從大馬古城的建築情況來看,都和晉南地區其他東周古城遺址的情況相同。并且古城内部出土的遺物,又以東周時代的爲主,因此推測大馬古城創建於東周時代。……通過對上述文獻及古城的地望和形制等方面的分析,認爲大馬古城是東周時期晉的清原城,可能是與軍事防禦有關的城市。②

大馬村、官張村和栗村位於今聞喜縣西北約17.5公里,"東北"應爲

---

① 劉緯毅:《山西歷史地名通檢》,第218頁。
② 陶正剛:《山西聞喜的"大馬古城"》,《考古》1963年第5期,第246、249頁。

筆誤。《山西歷史地名通檢》則是順延考古報告之誤而未察。自絳都沿澮水西行至新田後西南行四十餘里即可至清原。

宣十五(594 B.C.)《傳》："秋七月,秦桓公伐晉,次于輔氏。壬午,晉侯治兵于稷,以略狄土,立黎侯而還。及雒,魏顆敗秦師于輔氏,獲杜回,秦之力人也。"(第409頁)稷,《水經注·汾水》："汾水又逕稷山北。在水南四十許里,山東西二十里,南北三十里,高十三里,西去介山一十五里。山上有稷祠,山下稷亭。《春秋》宣公十五年,秦桓公伐晉,晉侯治兵于稷,以略狄土是也。"①《考略》："隋置稷山縣,唐屬絳州,至今因之。今縣南五十里有稷神山。"(卷5,第1頁)《左傳注》："稷,晉地。今山西省稷山縣南五十里有稷山,山下有稷亭,相傳爲晉侯治兵處。"(第763頁)稷位於稷山縣南五十里,汾水南四十里,稷山(今又名"稷王山")山麓。

《集解》："晉時新破狄,土地未安,懼秦師之彊,故別遣魏顆距秦,而東行定狄地。"(第409頁)晉侯在稷亭治兵後,晉師兵分二路,一路沿"稷—清原—新田—絳—黃父"東北行至今長治盆地,平定赤狄餘孽,并復立黎侯;一路由魏顆率領南下沿涑水至蒲津,渡河後至洛水敗秦師于輔氏。《讀史方輿紀要》："洛水,在(朝邑)縣南。渭水自華州東北流會焉,同流入於黃河。《左傳》宣十五年:晉侯禦秦兵於輔氏及雒。"②舊朝邑縣即今大荔縣東之朝邑鎮,③"雒"

---

① (北魏)酈道元注,(清)楊守敬纂疏,(清)熊會貞參疏:《水經注疏》,收入謝承仁主編《楊守敬集》,冊3,卷6,第449頁。
② (清)顧祖禹撰,賀次君、施和金點校:《讀史方輿紀要》,第2606頁。
③ "朝邑縣,古舊縣名。西魏廢帝三年(554)以南五泉縣改置,治今陝西省大荔縣東朝邑鎮。因北據朝阪得名(《元和郡縣志》)……1958年并入大荔縣。"見戴均良等編《中國古今地名大詞典》,第2831頁。

即"洛水"之"洛"。晉軍從蒲津渡河,則所途經的"錐"應是洛水流逕大荔縣朝邑鎮的部分。

朝邑鎮東即春秋時期之王城,因緊鄰蒲津,交通便利,常作爲秦、晉會盟之所,僖十五(645 B.C.)《傳》:"十月,晉陰飴甥會秦伯,盟于王城。"(第234頁)僖二十四(636 B.C.)《傳》:"三月,晉侯潛會秦伯于王城。"(第254頁)成十一(580 B.C.)《傳》:"秦晉爲成,將會于令狐。晉侯先至焉。秦伯不肯涉河,次于王城,使史顆盟晉侯于河東。晉郤犫盟秦伯于河西。"(第457頁)王城,《集解》:"秦地,馮翊臨晉縣東有王城,今名武鄉。"(第234頁)《太平寰宇記》:"(朝邑)縣東一里有王城,蓋大荔戎王之城,《左傳》云'晉陰飴甥會秦伯于王城',即此也。"①《彙纂》:"今在陝西西安府朝邑縣東。"(卷13,第55頁)王城位於今陝西省渭南市大荔縣朝邑鎮東。晉軍渡河後西行即王城,自王城沿洛水西行即輔氏。

文六(621 B.C.)《傳》:"六年春,晉蒐于夷,舍二軍。使狐射姑將中軍,趙盾佐之。陽處父至自温,改蒐于董,易中軍。"(第313頁)夷,今不詳其所在。董,《集解》:"河東汾陰縣有董亭。"(第313頁)《中國古今地名大詞典》:"汾陰縣,古縣名。西漢置,治今山西省萬榮縣榮河鎮西南廟前村北古城。"②又宣十二年(597 B.C.)《傳》:"厨子怒曰:'非子之求,而蒲之愛,董澤之蒲,可勝既乎?'"(第397頁)《集解》:"董澤,澤名,河東聞喜縣東北有董池陂。"(第397頁)《左傳注》:"董澤在今山西省聞喜縣東北四十里。"(第743頁)則晉都西南、今運城市境分别有董亭和董澤,一在萬榮縣,一在

---

① 見(宋)樂史撰,王文楚等點校:《太平寰宇記》,第603頁。
② 戴均良等編:《中國古今地名大詞典》,第1567頁。

聞喜縣,爲二地名。後世或將二者混爲一談,如《水經注·涑水》:"涑水西逕董池陂南,即古董澤,東西四里,南北三里。《春秋》文公六年:'蒐于董',即斯澤也。"①即將董澤誤爲晉侯治兵處。然而董澤附近山川遍布、丘陵縱橫,并非合適的治兵之地。相反,萬榮縣之董亭與清原、稷同位於運城盆地中部的峨嵋臺地,地勢高平,視野開闊,晉國常於此行大蒐之禮。自稷東行六十餘里即可至董。

　　自晉都新田西南行至運城盆地,爲晉國常用之治兵之所;自新田沿汾水西行進入今陝西省境,則是除"涑水——蒲津",晉國常用的伐秦路綫。此條路綫上本有荀、冀、韓、耿等小國,多曾與晉國有交戰記録,後漸次爲晉國所滅。桓九(703 B.C.)《傳》:"秋,虢仲、芮伯、梁伯、荀侯、賈伯伐曲沃。"(第120頁)虢國、芮國、賈國前文已有論述;梁國後爲秦國所滅,將於下文詳述;荀國,《山西歷史地名通檢》:"荀,西周姬姓封國,後爲晉國所滅。故治在今新絳縣西北十五里席村。"②荀國位於今山西省運城市新絳縣西北十五里席村。晉滅荀國之事見於《竹書紀年》:"晉武公(三十九年)(678 B.C.)滅荀,以賜大夫原氏黯,是爲荀叔。"③從以上荀、晉兩國間的戰事可以看出,自荀國至曲沃應有交通路綫相連。荀國位於汾水北岸,自荀國沿汾水東行可至新田,自新田經侯馬西南鐵刹關的隘道可至曲沃;或自荀國東行至新田後繼續東行至絳,自絳走"槐泉—下村隘道"(軹關陘絳縣段)可至曲沃。

---

① (北魏)酈道元注,(清)楊守敬纂疏,(清)熊會貞參疏:《水經注疏》,收入謝承仁主編《楊守敬集》,册3,卷6,第460頁。
② 劉緯毅:《山西歷史地名通檢》,第211頁。
③ 方詩銘、王修齡:《古本竹書紀年輯證》,第71頁。

僖二(658 B.C.)《傳》:"晉荀息請以屈産之乘與垂棘之璧假道於虞以伐虢。……乃使荀息假道於虞,曰:'冀爲不道,入自顛軨,伐鄍三門。冀之既病,則亦唯君故。'"(第 199 頁)僖三十三(627 B.C.)《傳》:"初,臼季使,過冀,見冀缺耨,其妻饁之,敬,相待如賓。"(第 291 頁)冀國曾經攻打過虞國,而後晉國亦曾助虞國攻伐冀國,可見冀、虞、絳都三地間應有交通路綫相連。臼季自國都出使,途經冀,亦可佐證絳、冀間有道路交通。

《水經注·汾水》:"汾水又逕冀亭南,昔臼季使,過冀野,見郤缺耨,其妻饁之,相敬如賓。言之文公,文公命之爲卿,復與之冀。京相璠曰:今河東皮氏縣有冀亭,古之冀國所都也。"①冀國位於汾水北岸皮氏縣,《中國古今地名大詞典》:"皮氏縣,古縣名。秦置,治今山西省河津市西。"②皮氏縣位於今河津市,《彙纂》:"在今山西平陽府河津縣東北十五里。"(卷 12,第 16 頁)《山西省歷史地圖集》認爲冀今在山西省河津市趙家莊鄉南辛興村,③位置與典籍所載相合,應有所本。自冀沿汾水西行可至荀,繼續西行可至新田、絳,而後沿晉國"假虞伐虢"之路綫可至虞國。

僖十五(645 B.C.)《傳》:"九月,晉侯逆秦師,使韓簡視師。……壬戌,戰于韓原。"(第 231 頁)韓原,《史記·韓世家》:"韓之先與周同姓,姓姬氏。其後苗裔事晉,得封於韓原,曰韓武子。

---

① (北魏)酈道元注,(清)楊守敬纂疏,(清)熊會貞參疏:《水經注疏》,收入謝承仁主編《楊守敬集》,册 3,卷 6,第 448 頁。
② 戴均良等編:《中國古今地名大詞典》,第 1019 頁。
③ 山西省地圖集編纂委員會:《山西省歷史地圖集》,北京:中國地圖出版社,2000 年,第 17 頁。

武子後三世有韓厥,從封姓爲韓氏。"①陳槃《春秋大事表列國爵姓及存滅表撰異》將歷來諸家所言韓氏地望總結爲七説:1.同州韓城縣(今陝西省韓城市)。② 2.涿郡方城縣(今河北省固安縣)。③ 3.河東郡界,即今山西芮城縣韓亭。4.武穆之韓在涿郡方城縣,韓武子之韓在解州芮城縣。5.始封韓城縣,後遷方城縣。6.初封近燕,後遷韓城縣。7.始在固安,後遷河津(即今河津市)、④萬泉(今萬榮縣古城村)⑤之間。⑥

陳槃總結以上七説曰:

> 雷氏謂韓初封北土(當即王肅所謂方城縣,顧炎武所謂固安縣之韓城),後乃西遷,其説近是。《韓奕》云:"王親命之,纘戎祖考";又云:"以先祖受命,因時百蠻。王錫韓侯,其追其貊。奄受北國,因以其伯。"是韓侯于厲王時(詩云"韓侯娶妻,汾王之甥"。汾王,厲王也)、因先祖之業績,爲北國侯伯。黄汝成引《史記·燕世家》:"燕北迫蠻、貊";引《山海經》:"貊國其地近燕",是也。是韓侯爲北國侯伯者,爲北國蠻、貊等之侯

---

① (漢)司馬遷撰,[日]瀧川資言考證:《史記會注考證》,第1116—1117頁。
② "韓城縣,古舊縣名。隋開皇十八年(598)置,治今陝西省韓城市。"見戴均良等編《中國古今地名大詞典》,第2827頁。
③ "方城縣,古縣名。西漢置,治今河北省固安縣西南方城。"見戴均良等編《中國古今地名大詞典》,第587頁。
④ "河津縣,古舊縣名。北宋宣和二年(1120)改龍門縣置,治今山西省河津市。"見戴均良等編《中國古今地名大詞典》,第1922頁。
⑤ "萬泉縣,古舊縣名。唐武德三年(620)置,治今山西省萬榮縣古城村。……1954年與榮河縣合并設置萬榮縣。"見戴均良等編《中國古今地名大詞典》,第205頁。
⑥ 陳槃:《春秋大事表列國爵姓及存滅表撰異》,第641—649頁。

241

伯,其地固與燕近也。西遷以後,國于河東,即今之芮城縣。①

韓國初封於北燕,後西遷之地即韓原,則韓原之地望有三說,即陝西省韓城市、河北省芮城縣、河北省河津市與萬榮縣一帶。僖十五(645 B.C.)《傳》:"涉河,侯車敗。"(第230頁)秦軍應是渡河後與晉軍戰於韓原,則韓原應位於黃河之東,今陝西省韓城市之韓城應非《傳》文所指韓原。則韓原應位於今芮城縣、或河津市與萬榮縣一帶,至今尚未有定論。

筆者認爲若從行軍路綫分析,若韓原位於中條山南麓之芮城縣,則秦軍攻晉之路綫應是沿中條山南麓走虞坂古道,然而虞坂古道道路狹窄,極其不利於行軍。因此秦國數次與晉國交戰之地點,或是分布於涑水兩岸,蓋因秦軍渡蒲津後沿涑水東北行即可直逼晉都新田;或是沿下文將論述之北徵——少梁一綫,而自少梁渡河後沿汾水東行即河津、萬榮之韓城。秦國雖亦曾攻伐位於芮城縣之魏邑,但當時秦軍之目的是執逃亡至魏的芮伯而非侵晉。②《傳》文中秦國多次侵晉,但鮮有沿中條山南麓行軍者。因此本書姑且將韓原定於今河津、萬榮一帶,汾水北岸。自新田沿汾水西行經荀、冀可至韓原。③

閔元(661 B.C.)《傳》:"晉侯作二軍,公將上軍,大子申生將下

---

① 陳槃:《春秋大事表列國爵姓及存滅表譔異》,第649—650頁。
② 桓三(709 B.C.)《傳》:"芮伯萬之母芮姜惡芮伯之多寵人也,故逐之,出居于魏。"(第104頁)桓四(708 B.C.)《傳》:"冬,王師、秦師圍魏,執芮伯以歸。"(第105頁)
③ 韓原之具體位置難以確定,或位於冀國之東亦未可知,但交通路綫仍是自新田沿汾水西行至黃河。

軍。趙夙御戎,畢萬爲右,以滅耿、滅霍、滅魏。還,爲大子城曲沃,賜趙夙耿,賜畢萬魏,以爲大夫。"(第188頁)霍國、魏國前文已論述。耿國,《考略》:"《括地志》:故耿城今名耿倉城,在龍門縣東南十二里。宋屬河中府宣和中,改爲河津縣,今仍之,屬平陽府。古耿城在縣南十二里。"(卷13,第22頁)河津縣即今山西省河津市。今山西省河津市柴家鄉山王村北約三百米有耿國遺址,位於汾河南岸臺地上,面積約10萬平方米。① 自絳都、新田沿汾水西行經荀、冀、韓原可至耿。②

綜上所述,本節討論晉都新田西南向路綫,主要可分爲向南走虞坂古道、向西南走涑水及運城盆地、向西沿汾水三個方向。南向路綫幹道是由新田、曲沃、虞、下陽、茅津、上陽,而後則可分爲東西兩段,東段支綫較多,由北至南依序爲"上陽—茅津—瓠丘—陽樊""上陽—殽山—成周—盟津—陽樊""焦—陰地"。西段則可分爲南北二道,北道爲"下陽—魏—羈馬—蒲津",南道則爲"上陽—桑田—瑕"。向西南方向則可分爲往涑水,及往運城盆地兩段。前者主要途經都邑爲"曲沃—王官—郇—廬柳—令狐、桑泉、臼衰—刳首—蒲津—王城—輔氏",後者則爲"新田—清原—稷—董",此外,由"稷"邑南下亦可沿涑水至郇。向西沿汾水之路綫爲"新田—荀—冀—韓原—耿"。以下依《中國歷史地圖集》③製成"圖25 晉都新田西南向路綫圖",敬請讀者參看。

---

① 國家文物局編:《中國文物地圖集·山西分冊下》,第1052頁。
② 韓原之具體位置難以確定,或位於耿國之西亦未可知,但交通路綫仍是自新田沿汾水西行至黃河。
③ 譚其驤主編:《中國歷史地圖集》,冊1,第22—23頁。

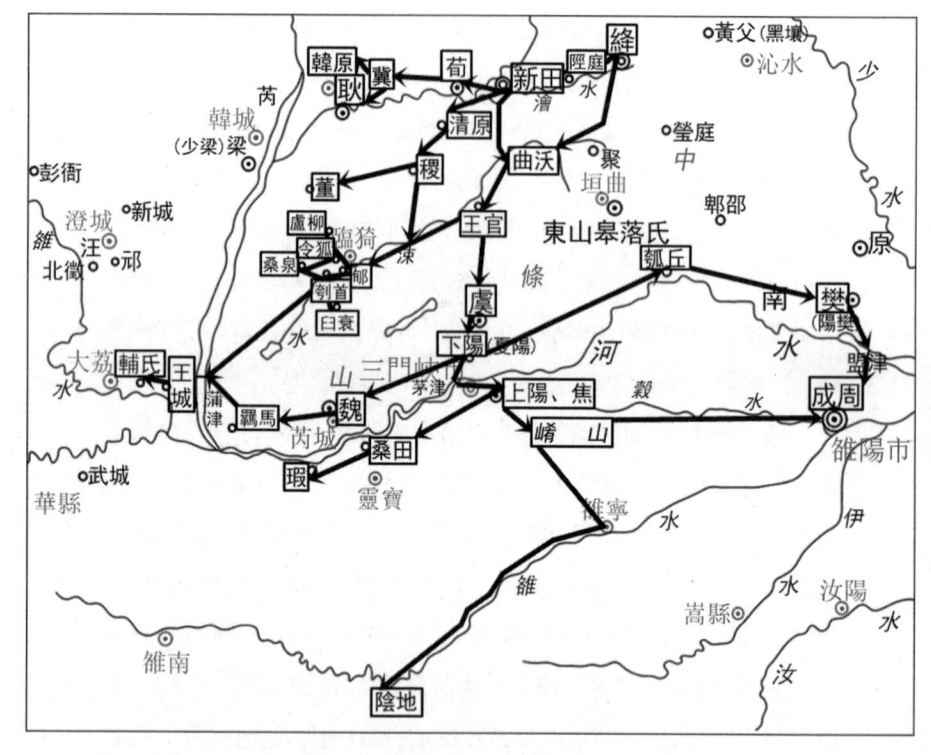

圖25　晉都新田西南向路綫

第三節　小結

　　春秋晉國交通路綫以新田爲核心，輻射爲北向、東北向、東向、西南向等四方道路。晉都新田北向路綫，前半段路程爲"新田—汾隰—賈—平陽—昆都—高梁—楊—霍"，其中自平陽向東、西各有一支綫，分別爲"平陽—高梁—楊—留吁""平陽—狐厨—鄂—屈—采桑—白狄—少梁"。至霍後又分爲西向、北向二道，西向爲"霍—

箕—交剛—樓",北向則分爲"霍—隨—郇—中都—祁—塗水—魏榆—馬首—井陘—鮮虞—昔陽—肥""霍—瓜衍—平陵—梗陽—晉陽(大原)—魏榆""晉陽(大原)—盂縣—霍人"三綫,於梗陽又分支"梗陽—塗水—陽"一綫。

東北向路綫,前半段路程爲"新田—絳—黄父—長子—純留—銅鞮—祁"。自黄父分出支綫爲"黄父—黎1—曲梁—潞氏—黎2""壺口—滏口陘—寒氏—邯鄲—乾侯"。自邯鄲北向之路綫爲"邯鄲—邢—柏人—鄗—欒—肥—鮮虞—中人—逆畤",自邢有一支綫可至任,自柏人有一支綫可至臨,自欒有一支綫可至棘蒲,自肥有一支綫可至鼓、昔陽。

東向道路,主要可分爲向東走少水、太行陘、白陘三條路綫,以及向東南走軹關陘兩部分。前者自新田、絳、黄父至熒庭,而後東行至少水(又稱沁水,即今沁河),沿少水南下可至原。自熒庭至少水後,繼續東行進入今長治盆地,沿太行陘南下翻越太行山,即可至野王。自長治盆地沿白陘南下,出孟門後沿太行山東南麓東南行,其路綫則爲"孟門—共—百泉—朝歌—中牟—五氏—邯鄲"。

自新田、絳沿軹關陘途經聚、東山皋落氏、郫邵,自今河南省濟源市軹城鎮出軹關陘,其後之路綫分爲南、北兩段,北向路綫沿少水南岸,大抵爲"郫邵—原—野王—州縣—懷",自州縣向南可至邢丘,自邢丘渡河可至鄭國制邑。南段則是沿黄河北岸,其路綫爲"郫邵—陽樊—盟津—温—邢丘—隰城—懷",自盟津渡河可至成周。南北兩地路綫交匯於懷邑,自懷東北行至甯、共後,沿百泉、朝歌北行可至晉東陽,東行渡白馬津可至齊、衛等國。

西南向路綫,主要可分爲向南走虞坂古道、向西南走涑水及運城盆地、向西沿汾水三個方向。南向路綫幹道是由新田、曲沃、虞、下陽、茅津、上陽，而後則可分爲東西兩段，東段支綫較多，由北至南依序爲"上陽—茅津—瓠丘—陽樊""上陽—殽山—成周—盟津—陽樊""焦—陰地"。西段則可分爲南北二道，北道爲"下陽—魏—覊馬—蒲津"，南道則爲"上陽—桑田—瑕"。向西南方向則可分爲往涑水，及往運城盆地兩段。前者主要途經都邑爲"曲沃—王官—郇—廬柳—令狐、桑泉、臼衰—刳首—蒲津—王城—輔氏"，後者則爲"新田—清原—稷—董"，由"稷"邑南下亦可沿涑水至郇。向西沿汾水之路綫爲"新田—荀—冀—韓原—耿"。筆者據上文之晉國交通路綫考釋，繪製爲"圖26 《左傳》晉國交通路綫圖"，敬請讀者參看。①

---

① 底圖出自譚其驤主編《中國歷史地圖集》，册1，第22—23頁。

第四章 晉國交通路綫考論(下)

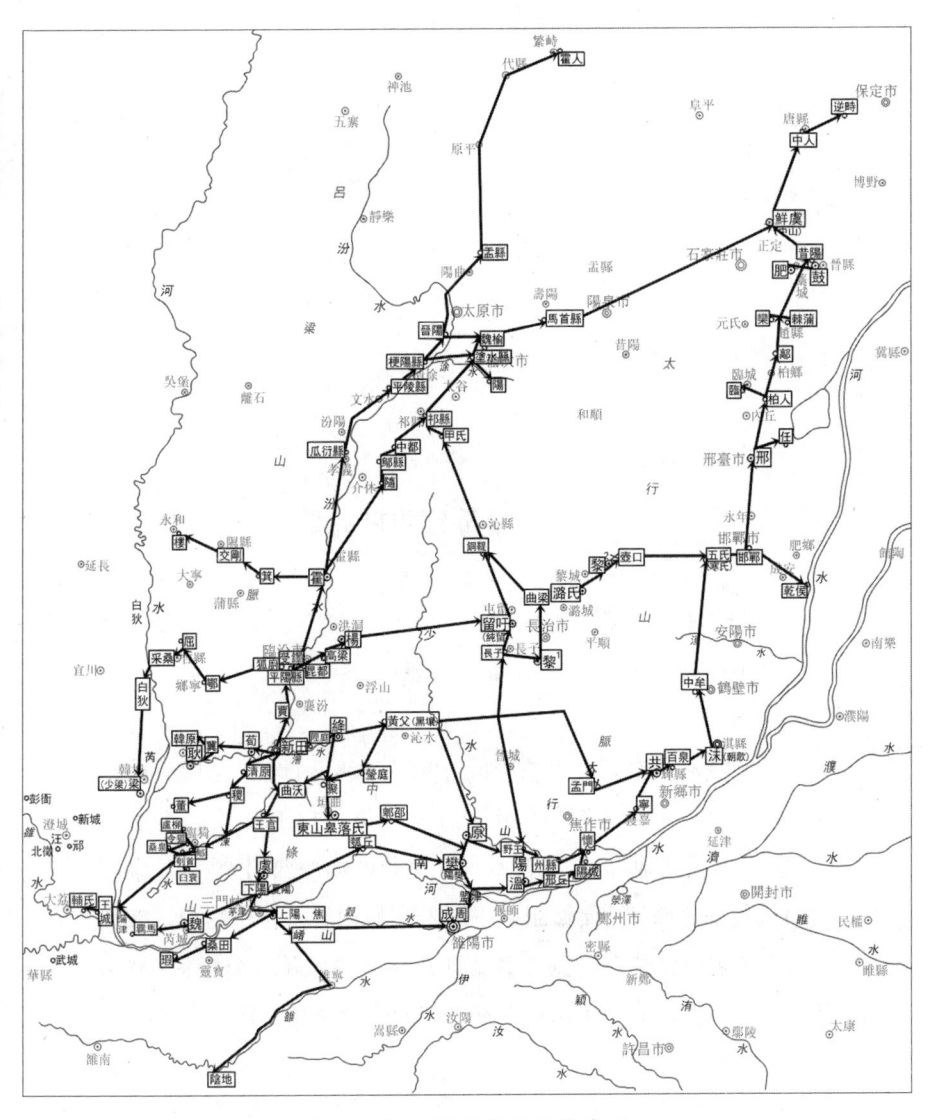

圖26 《左傳》晉國交通路綫圖

第五章　秦國交通路綫考論

第一節　秦都雍東向路綫

一、"雍—渭水—黄河—汾水—澮水—絳""雍—平陽—棫林—侯麗—麻隧—新楚—蒲津—風陵渡—瑕"

《左傳》記載秦國史事始於桓公四年(708 B.C.),①當時秦國都於平陽,《史記·秦本紀》:"寧(憲)公二年(714 B.C.),公徙居平陽。"②平陽,《括地志》:"平陽故城在岐州岐山縣西四十六里,秦寧(憲)公徙都之處。"③典籍記載平陽城在岐山縣西四十六里。2013年陝西考古研究院在今陝西省寶雞市陳倉區虢鎮太公廟村(岐山縣西約四十里),發現了疑似秦都平陽的遺址和秦公墓葬,《2013年

---

① 桓四(708 B.C.)《傳》:"秋,秦師侵芮,敗焉,小之也。"(第105頁)
② (漢)司馬遷撰,[日]瀧川資言考證:《史記會注考證》,第123頁。
③ (唐)李泰著,賀次君輯校:《括地志輯校》,第38頁。

陝西省考古研究院考古發掘調查新收穫》云：

　　寶雞虢鎮的太公廟村，曾發現秦公鐘鎛祭祀坑，據其銘文爲早期秦公之器，懷疑該樂器祭祀坑的東北方向存在秦公大墓，故 2013 年，我院在此進行考古勘探。由此，發現了秦公大墓和車馬坑，在其東西兩側分別發現了疑似陵園的兆溝設施。大墓發現後，隨即對墓葬周邊進行了考古調查，發現有城址的綫索，其時代和性質都指向秦都平陽城。這一發現證明了《史記·秦本紀》關於秦憲公新建平陽宮城的記載，可知葬於此地的有秦武公、德公、宣公和成公，而憲公却歸葬其先祖之塋——西陲陵區。①

張天恩、龐有華對太公廟村一帶的墓葬及陶器、青銅器等文化遺存做了更深入的分析，進一步肯定了太公廟村遺址應即是秦平陽故城所在，其文《秦都平陽的初步研究》曰：

　　西起太公廟，東至聯合村，七八平方公里的範圍，內涵以春秋戰國秦文化遺存爲主，當是與秦平陽故城有關的大型遺址。再就文化遺存進行觀察，還可再細分爲大體以洪塬爲界的東西兩區。西區多個地點已發現文化遺存的年代普遍偏早，幾乎都超過春秋中期，并較集中地呈現春秋早期晚段的面貌，顯然與秦都平陽的時間範圍相應，故相信其應爲秦平陽故

---

① 陝西省考古研究院：《2013 年陝西省考古研究院考古發掘調查新收穫》，《考古與文物》2014 年第 2 期，第 9 頁。

城遺址。東區文化遺存的年代普遍偏晚,目前未見超過春秋中期的綫索,似屬遷秦都雍城以後,作爲太子白及其後世的封邑,①平陽還繼續使用并逐漸擴展的部分。②

張天恩、龐有華認爲自太公廟村至洪塬村一帶出土的文化遺存,年代與秦國都於平陽的時間相符;自洪塬村東至聯合村的文化遺存,則出土時間多晚於春秋中期。因此洪塬以西至太公廟村,應爲秦平陽遺址所在區域。洪塬以東至聯合村的範圍,則或是人口增長後,平陽城逐漸向外發展、擴建的部分。

秦國都於平陽僅三十六年即遷都於雍,《史記·秦本紀》:"德公元年(677 B.C.),初居雍城、大鄭宮。以犧三百牢祠鄜畤,卜居雍,後子孫飲馬於河。"③《考略》:"今爲鳳翔府治,古雍城在城南。"(卷11,第4頁)《彙纂》:"今陝西鳳翔府鳳翔縣南七里有古雍城,秦德公所居大鄭宮城也。"(卷13,第40頁)今陝西省寶雞市鳳翔縣南有秦都雍城遺址,趙戈《秦都雍城及其歷史地位》云:

秦雍城遺址位於陝西省鳳翔縣城之南、雍水河之北、紙坊河以西的黃土臺塬上,北枕汧山,南臨雍水,西倚靈山(或稱雍山),東接廣袤的關中平原。……雍城城址位於遺址區北部,平

---

① 《史記·秦本紀》:"二十年,武公卒,葬雍平陽。初以人從死,從死者六十六人。有子一人,名曰白,白不立,封平陽。立其弟德公。"見(漢)司馬遷撰,[日]瀧川資言考證《史記會注考證》,第123頁。
② 張天恩、龐有華:《秦都平陽的初步研究》,《秦始皇陵博物院》2015年第1期,第61—62頁。
③ (漢)司馬遷撰,[日]瀧川資言考證:《史記會注考證》,第123頁。

面呈不規則的方形,東西長 3490 米,南北寬 3140 米,面積約 10.96 平方千米。①

雍城位於鳳翔縣南,平陽西北約四十餘里。秦國自平陽遷都至雍城,則兩地間應有道路交通可供往來。自秦德公元年(魯桓公十七年)起,終春秋之世,秦國皆都於雍城,因此下文論述秦國交通亦大抵以雍都爲核心。

僖十三(647 B.C.)《傳》:"秦於是乎輸粟于晉,自雍及絳相繼,命之曰泛舟之役。"(第 224 頁)《左傳注》:"自雍及絳,蓋沿渭河而東,至華陰轉黃河,又東入汾河轉澮河。"(第 345 頁)可見當時秦、晉間已有漕運往來,渭水、黃河、汾水、澮水間有航綫可以貫通。

自秦國至晉國若不行水路行陸路,則同樣也是沿渭水兩岸,自成周、晉攻秦亦然,成十三(578 B.C.)《傳》:

> 三月,公如京師。……公及諸侯朝王,遂從劉康公、成肅公會晉侯伐秦。……五月丁亥,晉師以諸侯之師及秦師戰于麻隧。秦師敗績,獲秦成差及不更女父。曹宣公卒于師。師遂濟涇,及侯麗而還。迓晉侯于新楚。成肅公卒于瑕。(第 460—464 頁)

麻隧,《嘉慶重修一統志》:"麻隧,在涇陽縣北。"②《中國歷史地名

---

① 趙戈:《秦都雍城及其歷史地位》,《寶雞文理學院學報》2015 年第 4 期,第 30 頁。
② (清)穆彰阿等:《嘉慶重修一統志》,卷 228,第 34 頁。

大辭典》:"麻隧,春秋秦邑,在今陝西涇陽縣北。"①麻隧位於今陝西省咸陽市涇陽縣北,涇水東岸。侯麗,《左傳注》:"時秦都雍(今陝西鳳翔縣南),晉自東北向西進軍,濟涇亦自東北向西南,侯麗當在涇水南岸。或以爲在今禮泉縣境。"(第866頁)《中國歷史地名大辭典》:"侯麗,春秋秦邑,在今陝西禮泉縣東。"②侯麗位於今陝西省咸陽市禮泉縣東,涇水西岸。

新楚,《彙纂》:"當在西安府同州朝邑縣境。"(卷24,第12頁)《左傳注》:"新楚,秦地,當在陝西舊朝邑縣境(朝邑今已并入大荔縣)。"(第866頁)《中國古今地名大詞典》:"朝邑縣,古舊縣名。西魏廢帝三年(554)以南五泉縣改置,治今陝西省大荔縣東朝邑鎮。因北據朝阪得名(《元和郡縣志》)。……1958年并入大荔縣。"③新楚應位於今陝西省渭南市大荔縣朝邑鎮。

魯成公及諸侯朝王,遂會晉侯伐秦,如此則諸侯之師應是自成周出發,或是先北行至盟津渡河,繼而自黃河北岸西行至蒲津渡河;或是徑自沿崤函古道西行。入秦後,諸侯之師沿渭水繼續西行即可至麻隧,自麻隧渡涇水即可至侯麗。而後諸侯之師可自渭水北岸沿原路返回,在蒲津之西——今大荔縣朝邑鎮之新楚迎接晉侯。渡蒲津後,晉侯可沿涑水回晉都新田。從成肅公卒於瑕則可以推知,其餘諸侯之師應是自風陵渡渡河後走崤函古道至成周而後各自回國。

---

① 史爲樂主編:《中國歷史地名大辭典》,第2401頁。
② 史爲樂主編:《中國歷史地名大辭典》,第1923頁。
③ 戴均良等編:《中國古今地名大詞典》,第2831頁。

前文已言瑕位於今靈寶市閺東村,①爲晉國邊塞上控扼崤函古道、阻止秦軍東進的門户之邑。諸侯之師在新楚迎接晉侯後自蒲津渡河,此時尚位於黄河北岸,但成肅公所卒之瑕却位於黄河南岸,可見諸侯之師在蒲津以東、瑕邑以西處應已渡河,此區域内據典籍記載有黄河津渡——風陵渡。王子今《秦漢交通史稿》:"風陵津,即今風陵渡,在陝西潼關北。曹操擊馬超、韓遂,曾'自潼關北渡'(《三國志·魏書·武帝紀》)。《續漢書·郡國志一》王先謙《集解》:蒲坂'有風陵關,一名風陵津。魏武西征"自潼關北渡"即此。'"②《中國歷史地名大辭典》:"風陵渡,在今山西芮城縣西南七十二里風陵渡鎮南,黄河渡口。《清一統志·蒲州府一》:風陵渡'在永濟縣南六十里風陵關下,黄河北岸。'"③諸侯之師自風陵渡南渡黄河後沿崤函古道東行至瑕,成肅公卒於此。由此亦可以推知,起初劉康公、成肅公與諸侯之師或亦是由崤函古道西行至風陵渡北向渡河,而後在河曲地區與晉軍主力部隊會和,繼而自蒲津渡河西向侵秦。

襄十四(559 B.C.)《經》:"夏四月,叔孫豹會晉荀偃、齊人、宋人、衛北宫括、鄭公孫蠆、曹人、莒人、邾人、滕人、薛人、杞人、小邾人伐秦。"(第557頁)襄十四《傳》:

夏,諸侯之大夫從晉侯伐秦,以報櫟之役也。晉侯待于

---

① 或云瑕位於靈寶市東北曲沃鎮,但曲沃鎮與閺東村兩地距離鄰近,并不影響交通路綫之分析。
② 王子今:《秦漢交通史稿》,第72頁。
③ 史爲樂主編:《中國歷史地名大辭典》,第456頁。

253

竟,使六卿帥諸侯之師以進。及涇,不濟。……魯人、莒人先濟。……二子見諸侯之師而勸之濟。濟涇而次。秦人毒涇上流,師人多死。鄭司馬子蟜帥鄭師以進,師皆從之,至于棫林,不獲成焉。(第559頁)

此事又見載於《史記·秦本紀》:"(秦景公)十八年(559 B.C.),晉悼公彊,數會諸侯,率以伐秦,敗秦軍。秦軍走,晉兵追之,遂渡涇,至棫林而還。"①諸侯之師伐秦,西行渡涇水,終至於棫林,後回師。棫林之地望一説位於今陝西省渭南市華州區,《考略》曰:

棫林,即舊鄭咸林也。《詩譜》:"宣王封母弟友於宗周畿内咸林之地。"《國語》韋昭《注》云:"鄭武杜公爲司徒,食于咸林。"《系本》云:"桓公居棫林,徙拾。"杜預謂之舊鄭。隱十二年,鄭莊公曰:"吾先君新邑于此。"杜注:"舊鄭在京兆"是也。宋忠曰:"棫林與拾皆舊鄭地。"戰國屬魏,魏文侯十七年,西攻秦至鄭而還。秦昭王十一年,初置鄭縣,漢屬京兆,後漢、晉仍之。後魏置華山郡,兼置華州,自是或爲郡或爲州。至元始定爲華州,明省附郭鄭縣入之,屬西安府。(卷11,第6頁)

棫林即周宣王同母弟鄭桓公受封之咸林。《考略》認爲棫林位於清陝西西安府華州,《彙纂》《考實》《大事表》皆認同此説。《中國古今地名大詞典》:"華州,西魏廢帝二年改董雍州置,治鄭縣(今陝西

---

① (漢)司馬遷撰,[日]瀧川資言考證:《史記會注考證》,第129頁。

華縣西南)。隋大業初廢。唐武德初復置,治鄭縣(今華縣)。"①華縣即今渭南市華州區,位於黄河南岸,華山以北,遠在涇水以東,與《傳》文所載"濟涇而次"矛盾,《考略》對此的解釋是:

> 濟涇而後至棫林,棫林之地宜在涇水西,乃今涇陽之境,非華州矣。既又思之,涇水至高陵合于渭,自是涇渭合流,歷渭南至華州,又歷朝邑、華陰而入于河,二水相合,古人每得通稱,如淶水入易,易亦可謂之淶;濮水入潁,潁亦可謂之濮。涇渭皆大水,宜得通稱也。以此言之,諸侯所涉,不過在同、華之間,涇口之下流,更進,而後及于棫林耳。(卷11,第6頁)

《考略》認爲若二水合流,則古人常將二水通稱,因此《傳》文所言渡涇水,實爲渡渭水,如此則棫林可不必在涇水之西。然而《考略》此説難免失之牽强,首先,涇、渭二水因合流而通稱在《左傳》中并無先例。除去此則記載,《傳》文云"渭"即明確指渭水,②云"涇"即明確指涇水,③并無混用的現象。其次,據《史記》記載諸侯之師在渡涇前已與秦師交戰過。秦師戰敗後逃亡,晉軍追擊秦軍,於是才渡

---

① 戴均良等編:《中國古今地名大詞典》,第1181頁。
② 閔二(660 B.C.)《傳》:"二年春,虢公敗犬戎于渭汭,舟之僑曰:'無德而禄,殃也,殃將至矣,遂奔晉。"(第189—190頁)僖二十四(636 B.C.)《傳》:"蒲城之役,君命一宿,女即至。其後余從狄君以田渭濱,女爲惠公來求殺余,命女三宿,女中宿至。雖有君命,何其速也。"(第254頁)
③ 成十三(578 B.C.)《傳》:"五月丁亥,晉師以諸侯之師及秦師戰于麻隧。秦師敗績,獲秦成差及不更女父。曹宣公卒于師。師遂濟涇,及侯麗而還。迓晉侯于新楚。成肅公卒于瑕。"(第460—464頁)

泾水,至棫林。晋国所率诸侯之师自东向西伐秦,秦军在河西迎战,败逃亦应是自东向西逃亡,因此"泾"指泾水,棫林在泾水以西,从地理位置分析是十分合理的。若"泾"指渭水,棫林在今华州区,则秦军只能是在河西战败后自北向南奔逃而后渡渭水,但渭水以南即华山,其间隙地较窄,并不利于行军。

综上所述,棫林应非华州。据唐兰(1901—1979)分析,郑桓公初封之地确爲泾水以西的棫林,後迁徙至华州,东周又迁至新郑。後人误将华州混淆爲郑桓公始封之棫林,因此才有後续一系列訛误。① 据唐兰考证,棫林或与"棫阳宫"相关,当在今扶风、宝鸡一带,其文《用青铜器铭文来研究西周史——综论宝鸡市今年发现的一批青铜器的重要历史价值》曰:

《左传》襄公十四年记晋国伐秦,"济泾而次……至於棫

---

① 唐兰云:"《史记·郑世家》索隐引《世本》'桓公居棫林,徙拾'。《汉书·地理志》京兆有郑县,注:'周宣王弟郑桓公邑。'臣瓒注:'周自穆王以下,都於西郑,不得以封郑桓公也';颜师古注则説:'穆王以下,無都西郑之事,瓒説非也。'按臣瓒曾见《竹书纪年》,所説穆王都西郑,本不误。但以京兆的郑县(今陕西省华县)爲穆王所都则是错了。《竹书纪年》説:'穆王所居郑宫、春宫。'铜器中如免簠、大簋等都説:'王在奠(郑)',都证明穆王曾居郑,但这个郑并不是後来的京兆郑县。《史记·秦本纪》:'德公元年,初居雍城大郑宫',正义引《括地志》'岐州雍县南七里故雍城,秦德公大郑宫城也'。这个大郑宫应是穆王郑宫的旧址。雍县故城在今凤翔县南,那末,西郑本在凤翔到扶风一带,郑桓公始封之郑,是在泾西的棫林。後来才迁到京兆郑县,可能就是《世本》所説的'徙拾'。东周後又迁到新郑,到秦武公'县杜郑'时则是以郑桓公所迁之地爲郑县,不是始居的棫林了。後人不知道西郑原在泾河之西,又不知道京兆郑县不是郑桓公始封之地,而误以郑县(今华县)当作棫林,就和《左传》所説棫林的地理不合了。"见唐兰《用青铜器铭文来研究西周史——综论宝鸡市今年发现的一批青铜器的重要历史价值》,《文物》1976年第6期,第39页。

林"。是棫林在涇水之西。《漢書·地理志》右扶風雍縣有棫陽宮,昭王起。清《一統志》說:"棫陽宮在今扶風縣東北。"或說在寶雞附近。棫陽宮的名稱,應與棫林有關。那末,棫林舊地當在今扶風寶雞一帶。當時秦國都在雍,在今鳳翔縣南,寶雞縣北,晉兵本想攻雍,而逗留在棫林,可證。①

杜勇、王玉亮則在唐蘭所言扶風、寶雞這一大範圍的基礎上,更進一步指出棫林應在扶風縣東北三十里,其文《〈左傳〉"棫林"考》曰:

> 《關中勝迹圖志》:棫陽宮"在扶風縣東北三十里,秦穆公建,遺址尚存。"②……1976年,周原考古隊在陝西扶風縣莊白村發掘一個銅器窖藏,出土史墻盤等微氏家族銅器103件。其中三年𤼈壺銘云:"王在𡉆(鄭),饗醴,呼虢叔召𤼈,錫羔俎。"(《集成》9726)𤼈受召前來參加"饗醴",其居邑與王的行宮"鄭"必相鄰近,始便於事。……由於微氏家族銅器出自窖藏,而窖藏銅器爲了保密以防他人盜走,一般都會埋在自己的領地上。也就是說,"各窖藏地點距離其家族居址不會太遠,各居址應即在窖藏地點附近"。③ 因此,微氏家族的居邑當在扶風縣莊白村一帶。莊白村位於扶風縣北稍西約十公里處,

---

① 唐蘭:《用青銅器銘文來研究西周史——綜論寶雞市今年發現的一批青銅器的重要歷史價值》,第39頁。
② (清)畢沅:《關中勝迹圖志》,收入王雲五主編《四庫全書珍本十集》,臺北:臺灣商務印書館,1981年,卷18,第2頁。
③ 朱鳳瀚:《商周家族形態研究(增訂本)》,天津:天津古籍出版社,2004年,第375頁。

與扶風縣東北三十里棫林所在地正相鄰近。故"王在鄭"舉行宴饗禮,可以應召前往參加。①

杜勇、王玉亮根據扶風縣莊白村出土的青銅器銘文,結合傳世文獻分析認爲棫林在扶風縣東北三十里,雖非決定性證據,但亦可供參考。然二人在文中曲解唐蘭文意,言唐蘭認爲棫林在鳳翔縣南之雍城,②則實不可取。

諸侯之師渡涇水後沿渭水西行即可至棫林。從上述幾則記載中可以看出,晉師及諸侯之師侵秦多是沿渭水北岸行軍,然則渭水南岸亦有道路交通,文八(619 B.C.)《傳》:"夏,秦人伐晉,取武城,以報令狐之役。"(第319頁)武城,《嘉慶重修一統志》:"武城故城,在華州東北。……《括地志》:故武城一名武平城,在鄭縣東北十三里。《舊州志》:武平故城在州東十七里。"③《左傳注》:"武城,晉邑,當在今陝西省華縣東北十七里。"(第566頁)武城在今陝西省渭南市華州區東北約十七里,渭水南岸。晉師自茅津或風陵渡渡河後沿崤函古道西行即可至武城,秦軍則同樣自雍都沿渭水東行可至武城。

筆者據上文秦國東向交通路綫考釋,繪製爲"圖27 秦國東向交通路綫圖",敬請讀者參看。④

---

① 杜勇、王玉亮:《〈左傳〉"棫林"考》,《廊坊師範學院學報》2017年第4期,第77頁。
② 杜勇、王玉亮:《〈左傳〉"棫林"考》,第76頁。
③ (清)穆彰阿等:《嘉慶重修一統志》,卷244,第3頁。
④ 底圖出自譚其驤主編《中國歷史地圖集》,册1,第22—23頁。

第五章 秦國交通路線考論

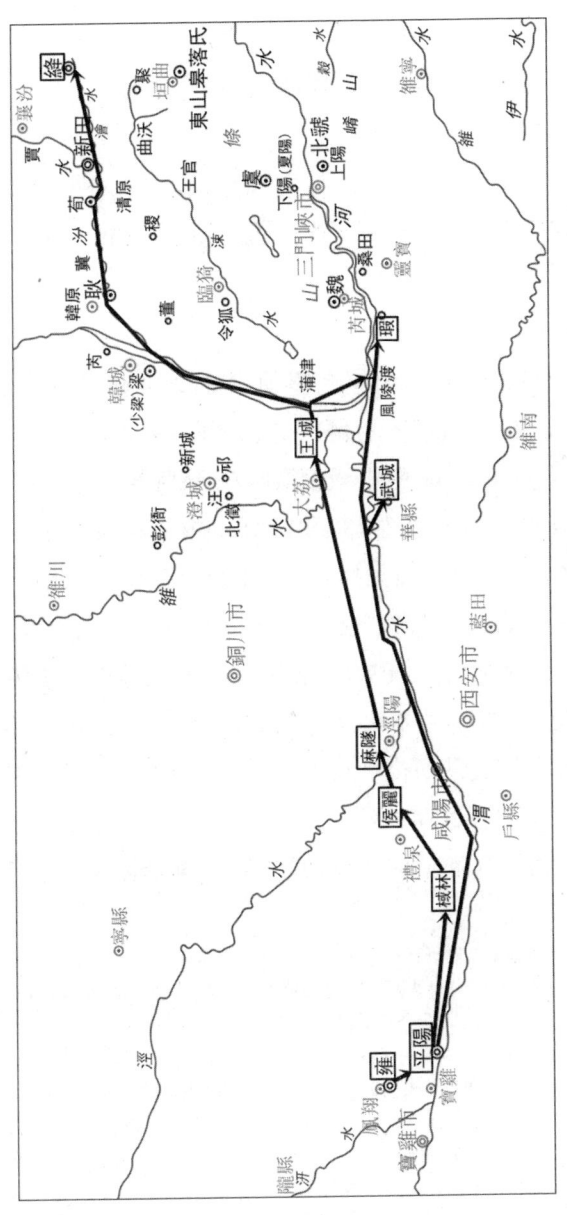

圖27 秦國東向交通路線圖

第二節　秦都雍東北向路綫

一、"麻隧—北徵—汪—彭衙—邧—新城—梁—芮""梁—汾陰—韓原"

文十(617 B.C.)《傳》："夏,秦伯伐晉,取北徵。"(第 322 頁)《考略》："北徵故城在(澄城)縣南二十二里。"(卷 4,第 21 頁)《彙纂》:"《路史》:北徵,古徵國,漢置徵縣,今陝西西安府澄城縣西南二十一里有北徵古城。"(卷 18,第 12 頁)北徵在今陝西省渭南市澄城縣西南約二十餘里。自雍都沿渭水東行渡涇水後東北行可至北徵,馬保春《晉國歷史地理研究》云:"自鎬京東北行,經今天陝西省的高陵、蒲城、澄城、合陽至韓城,渡河進入汾水流域。"①李孟存、李尚師《晉國史》亦云:"晉秦之間的主要交通綫有二條。……第二條由雍出發,經侯麗(陝西禮泉)、棫林(陝西涇陽)、麻隧(涇陽)、北徵(陝西澄城)、少梁(陝西韓城),然後東渡大河,進入晉國。"②馬保春所云途經今高陵、蒲城、澄城縣的路綫,與李孟存、常金倉所云

---

① 馬保春:《晉國歷史地理研究》,第 258 頁。
② 李孟存、李尚師:《晉國史》,太原:三晉出版社,2014 年,第 387 頁。唯棫林應在今禮泉縣以西之扶風縣,而非今涇陽縣。襄十四(559 B.C.)《傳》:"濟涇而次。秦人毒涇上流,師人多死。鄭司馬子蟜帥鄭師以進,師皆從之,至于棫林,不獲成焉。"(第 559 頁)《傳》文明言諸侯之師渡涇水後,跟隨鄭司馬子蟜繼續西行後才至於棫林。即使諸侯之師僅行軍一日即至棫林,依當時行軍速度亦有三十里,已出涇陽縣境,則棫林不在涇陽已明矣。故李孟存、常金倉所言路綫自雍出發後,應先至棫林,再至侯麗。

途經今禮泉、涇陽、澄城、韓城縣的路綫其實基本重合,僅是敘述時所選取的沿途縣邑不同,此亦大抵即秦軍渡涇水後至北徵之路綫。

文二(625 B.C.)《傳》:

二年春,秦孟明視帥師伐晉,以報殽之役,二月,晉侯禦之,先且居將中軍,趙衰佐之,王官無地御戎,狐鞫居爲右。甲子,及秦師戰于彭衙,秦師敗績。……冬,晉先且居、宋公子成、陳轅選、鄭公子歸生伐秦,取汪及彭衙而還,以報彭衙之役。(第 304 頁)

彭衙,《左傳注》:"彭衙,秦邑,……地即今陝西省白水縣東北四十里之彭衙堡,漢之衙縣故城。"(第 517 頁)《中國歷史地名大辭典》:"彭衙,……春秋秦邑。即今陝西白水縣東北四十里南彭衙村、北彭衙村。"①彭衙位於今陝西省渭南市白水縣南彭衙村、北彭衙村。汪,《左傳注》:"汪當近彭衙,《方輿紀要》謂白水縣有汪城,一曰汪在澄城縣。白水與澄城兩縣相鄰,今均屬陝西省。"(第 526 頁)汪,一説位於白水縣,一説位於澄城縣。自魯文公二年至十年間,秦、晉數次於北徵、汪、彭衙、邧、新城、梁一帶交戰,皆位於洛水以東,蓋此時晉國之勢力尚不能深入至洛水以西。如此,則汪大抵位亦於洛水以東、澄城縣西部鄰近白水縣處。

秦軍自北徵北行可至汪,繼續北行可至彭衙。晉軍則自絳、新田沿汾水西行,渡黃河後可至秦之梁邑。黃聖松先生《〈左傳〉黃河

---

① 史爲樂主編:《中國歷史地名大辭典》,第 2502 頁。

津渡考論》將汾陰與梁對渡列爲備考津渡,并曰:

> 梁至秦末又稱夏陽,《史記·淮陰侯列傳》載漢高祖劉邦命韓信爲左丞相,令其"擊魏。魏王盛兵蒲坂,塞臨晉,信乃益爲疑兵,陳船欲度臨晉,而伏兵從夏陽以木罌缻渡軍,襲安邑。"《史記集解》:"徐廣曰:缻一作缶。服虔曰:以木柙縛罌缻以渡。韋昭曰:以木爲器如罌缻以渡,軍無船,且尚密也。"文中之夏陽依《秦本紀》所載,於秦惠文王十一年(314 B.C.)時"更名少梁曰夏陽。"①知梁、少梁、夏陽皆爲一地。《淮陰侯列傳》述及韓信於夏陽東渡黄河,知此亦爲黄河津渡。……夏陽位於黄河之西,其東爲汾陰。《漢書·郊祀志下》記匡衡(生卒年不詳)、張譚(生卒年不詳)奏章言:"汾陰則渡大川,有風波舟楫之危。"②又《後漢書·鄧寇列傳》:"遂渡汾陰河,入夏陽。"③知兩漢時此津乃夏陽與汾陰對渡。④

至遲至兩漢時期,自梁(夏陽)至汾陰已有黄河津渡。至於春秋時期此處是否已有津渡,則需要更進一步之分析。

首先,在魯文公二年至魯文公十年間,秦、晉兩國曾多次交戰,前引數則記載外,尚有文四(623 B.C.)《傳》:"秋,晉侯伐秦,圍邧、新城,以報王官之役。"(第306頁)文十(617 B.C.)《傳》:"十年春,

---

① (漢)司馬遷撰,[日]瀧川資言考證:《史記會注考證》,第1614—1615、133頁。
② (漢)班固撰,(唐)顔師古注:《漢書》,第1254頁。
③ (南朝宋)范曄撰,(唐)李賢等注:《後漢書》,第602頁。
④ 黄聖松:《〈左傳〉黄河津渡考論》,第36—37頁。

晉人伐秦,取少梁。"(第 322 頁)邵,《彙纂》:"當在今澄城縣境。"(卷17,第36頁)《春秋左氏傳地名補注》:"邵即元里也,在同州府東北,《魏世家》:文侯十六年,伐秦,築臨晉、元里。"①《嘉慶重修一統志》:"元里城,在澄城縣南。……《縣志》在縣南十五里。"②邵在今陝西省渭南市澄城縣南十五里。新城,《考略》:"今澄城縣東北二十里有古新城。"(卷11,第6頁)《彙纂》:"今陝西西安府澄城縣東北二十里有古新城。"(卷17,第36頁)新城在今渭南市澄城縣東北二十里。少梁,前文已言今韓城市西南11公里高門塬東角曾發現古城遺址,據推測應爲少梁所在。

　　上述秦、晉交戰之北徵、汪、彭衙、邵、新城、梁等地,大多分布於今陝西省韓城、澄城一帶。蓋因此區域地處秦、晉邊界,戰事頗多,除魯文公年間頻繁的秦、晉交攻,在此之前,此地亦有零星戰事見載,如桓四(708 B.C.)《傳》:"秋,秦師侵芮,敗焉,小之也。"(第105頁)桓九《傳》:"秋,虢仲、芮伯、梁伯、荀侯、賈伯伐曲沃。"(第120頁)芮國此時位於韓城市東北十餘里之梁帶村。再如僖十五(645 B.C.)《傳》:"九月,晉侯逆秦師,使韓簡視師。……壬戌,戰于韓原。"(第231頁)韓原位於今河津市。筆者據譚其驤主編《中國歷史地圖集》③將上述地點改繪爲"圖28　梁、汾陰及周邊相關城邑示意圖",敬請讀者參看。

　　如下圖所示,今澄城、韓城一帶城邑分布較周邊猶爲密集,且秦、晉兩國互相攻伐之頻率極高,因此前人如李孟存、常金倉、馬保

---

① (清)沈欽韓:《春秋左氏傳地名補注》,卷4,第8頁。
② (清)穆彰阿等:《嘉慶重修一統志》,卷244,第8頁。
③ 譚其驤主編:《中國歷史地圖集》,冊1,第22—23頁。

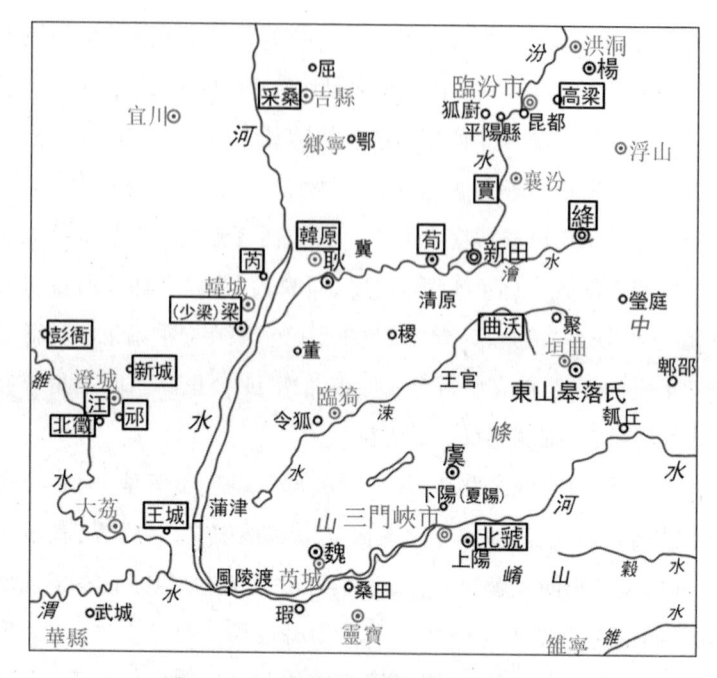

圖 28　梁、汾陰及周邊相關城邑示意圖

春等皆認爲自澄城、韓城渡河至汾水應爲秦、晉間主要的交通路綫之一。① 且黃河流逕秦、晉兩國間的區域中，較爲明確的春秋時期的津渡僅有采桑以西的采桑津，以及王城以東的蒲津。采桑津東西皆爲山脉，并不便於大軍通行，且采桑津以西即白狄之勢力範圍，因此《傳》文中秦、晉交戰從未有自采桑津渡河之記載。蒲津雖

---

① 見前引李孟存、常金倉《晉國史》："晉秦之間的主要交通綫有二條。……第二條由雍出發，經侯麗（陝西禮泉）、棫林（陝西涇陽）、麻隧（涇陽）、北徵（陝西澄城）、少梁（陝西韓城），然後東渡大河，進入晉國。"馬保春《晉國歷史地理研究》："自鎬京東北行，經今天陝西省的高陵、蒲城、澄城、合陽至韓城，渡河進入汾水流域。"

利於行軍,却過於偏南,若梁邑春秋時期并無津渡,則秦攻韓原需先自蒲津渡河後穿越大半個晉西南地區才能至韓原;晉攻汪、彭衙、邧、新城、梁等邑,亦需先沿涑水至蒲津渡河後,才能北行至上述諸邑;梁、芮兩國會荀國、賈國、虢國伐曲沃,亦需先南行至蒲津渡河再沿涑水至曲沃,其路程是荀、賈、虢三國的數倍。然而春秋時期的城邑分布與交通便利程度是息息相關的,若自澄城、韓城一帶往來秦、晉之交通如此不便,則在這一區域即較難出現如此多的城邑及征伐記錄。

其次,僖十五(645 B.C.)《傳》:"壬戌,戰于韓原。晉戎馬還濘而止。……秦獲晉侯以歸。晉大夫反首拔舍從之。秦伯使辭焉,曰:'二三子何其慼也! 寡人之從晉君而西也,亦晉之妖夢是踐,豈敢以至?'"(第231頁)秦軍敗晉軍於韓原,俘獲晉侯并將其帶回秦國。"晉大夫反首拔舍從之"應是秦國剛剛俘虜晉侯、準備回師後即發生之事,所以此時秦軍應距離韓原較近。若"梁—汾陰"沒有津渡,秦軍僅能至蒲津渡河,則自韓原至蒲津一路有耿、董、廬柳、令狐、桑泉、刳首、解梁、羈馬等晉國諸邑。據昭二十二(520 B.C.)《傳》:"冬十月丁巳,晉籍談、荀躒帥九州之戎及焦、瑕、溫、原之師,以納王于王城。"(第874頁)襄二十三(550 B.C.)《傳》:"趙勝帥東陽之師以追之,獲晏氂。"(第604頁)可知當時晉國城邑亦有駐軍,秦軍并不能不受阻攔地將晉侯自韓原綁至蒲津渡河回秦。結合當時晉大夫完全無能為力,僅能"反首拔舍"的反應,以及秦伯所言"從晉君而西"而非"從晉君而南"的回答,秦軍大概率能夠從韓原直接西行渡河回國,如此晉國才會完全沒有營救晉侯之可能。

再次,僖九(651 B.C.)《傳》:"齊侯以諸侯之師伐晉,及高梁而

265

還,討晉亂也。令不及魯,故不書。晉郤芮使夷吾重賂秦以求入,
曰:'人實有國,我何愛焉?入而能民,土於何有?'從之。齊隰朋帥
師會秦師納晉惠公。"(第220頁)此事又見載於《國語·晉語二》:
"公子縶退,吊公子夷吾于梁,如吊公子重耳之命。……公子縶反,
致命穆公。……是故先置公子夷吾,實爲惠公。"①以及《史記·晉
世家》:

> 里克等已殺奚齊、悼子,……里克使迎夷吾於梁。……秦
> 繆公乃發兵送夷吾於晉。齊桓公聞晉内亂,亦率諸侯如晉。
> 秦兵與夷吾亦至晉,齊乃使隰朋會秦俱入夷吾,立爲晉君,是
> 爲惠公。齊桓公至晉之高梁而還歸。②

從《國語》及《史記》之記載可知,晉國内亂時晉惠公夷吾仍居於梁。
後秦穆公發兵送夷吾回晉國。若夷吾及秦軍是自蒲津渡河入晉,
則大概率是沿涑水行至曲沃後沿軹關陘絳縣段入絳都,據田建文、
楊林中《軹關陘絳縣段的考古學考察》:

> 陶寺上層文化進入絳山南麓的周家莊,傳播綫路是軹關
> 陘絳縣段,1959—1963年考古調查時,發現翼城南梁鎮(調查
> 時稱爲南梁公社)故城村、上澗峽、牛家坡、郭家坡都有陶寺上
> 層文化遺存分布。由南梁鎮這些遺址往南,就進入軹關陘絳
> 縣段的大交鎮、南樊鎮了。因而,鐵刹關在交通方面的地位在

---

① (三國吳)韋昭:《國語韋昭注》,第224—226頁。
② (漢)司馬遷撰,[日]瀧川資言考證:《史記會注考證》,第973—974頁。

四千年前後,絕不能與軹關陘絳縣段等量齊觀,因爲峨嵋嶺和絳山相交處没有河流,也就没有開闊地帶,所以山勢艱險,道路難以開闢。①

鐵刹關即自新田走侯馬西南隘道至曲沃之路綫,軹關陘絳縣段則是自絳都至曲沃之路綫。筆者雖不認同此文中侯馬西南鐵刹關至元代才逐漸通驛道,成爲重要的交通道路的説法。②但春秋時期軹關陘絳縣段比鐵刹關使用頻率更高,擔負着更爲主要的交通作用,則是確有依據的。且秦軍納夷吾時晉國既然尚未遷都新田,自然也没有費心地營建新田,因此合理推測秦軍走的是軹關陘絳縣段而非侯馬西南鐵刹關。

前文已分析,根據《傳》文"及高梁而還",齊國此次率領諸侯之師入晉,行軍路綫應是從滏口陘翻越太行山進入上黨地區,繼而西行渡少水至高梁,而後齊隰朋帥諸侯之師沿汾水南下後,沿澮水西行會秦軍納夷吾入絳都。若秦軍果真是自蒲津渡河,則秦軍自涑水、軹關陘絳縣段北上,齊軍與諸侯之師自高梁沿汾水南下,兩軍行軍路綫并没有交會的地點,很可能秦軍已納夷吾入絳,齊軍尚未得到消息。但若是秦軍從"梁—汾陰"渡河,則《傳》文記載便十分合情合理。首先,夷吾本就居於梁,秦軍自渭水北岸東行渡涇水後,東北行至北徵,途經汪、邧、新城等邑至梁,與夷吾會和後直接自梁東渡黄河至汾陰,繼續沿汾水東行,與沿汾水南行的齊軍及諸侯之師相會,而後便可一同納夷吾入絳都。

---

① 田建文、楊林中:《軹關陘絳縣段的考古學考察》,第72頁。
② 田建文、楊林中:《軹關陘絳縣段的考古學考察》,第72—73頁。

綜上所述筆者認爲春秋時期"梁—汾陰"已有黃河津渡存在。如此,則秦國交通路綫主要有兩條,其一是自雍都出發,沿渭水西行,途經平陽、棫林、侯麗、麻隧、新楚後,自蒲津渡河,渡河後沿涑水東北行、沿黃河北岸東行,或南渡風陵渡沿崤函古道東行至瑕等晉邑,是秦國渡蒲津後侵晉的三條主要路綫。其二是自渭水東行渡涇水至麻隧後,西北行可至北徵、汪、祁、新城、梁、芮等諸邑,其中自汪北行可至彭衙,自梁渡黃河可至汾陰,東行即秦軍獲晉惠公之韓原。除以上陸路交通外,自雍都沿渭水、黃河、汾水、澮水可至絳都,此爲"泛舟之役"所行水陸路綫。筆者據上文之秦國交通路綫考釋,繪製爲"圖29 《左傳》秦國交通路綫圖",敬請讀者參看。①

---

① 底圖出自譚其驤主編《中國歷史地圖集》,册1,第22—23頁。

第五章 秦國交通路線考論

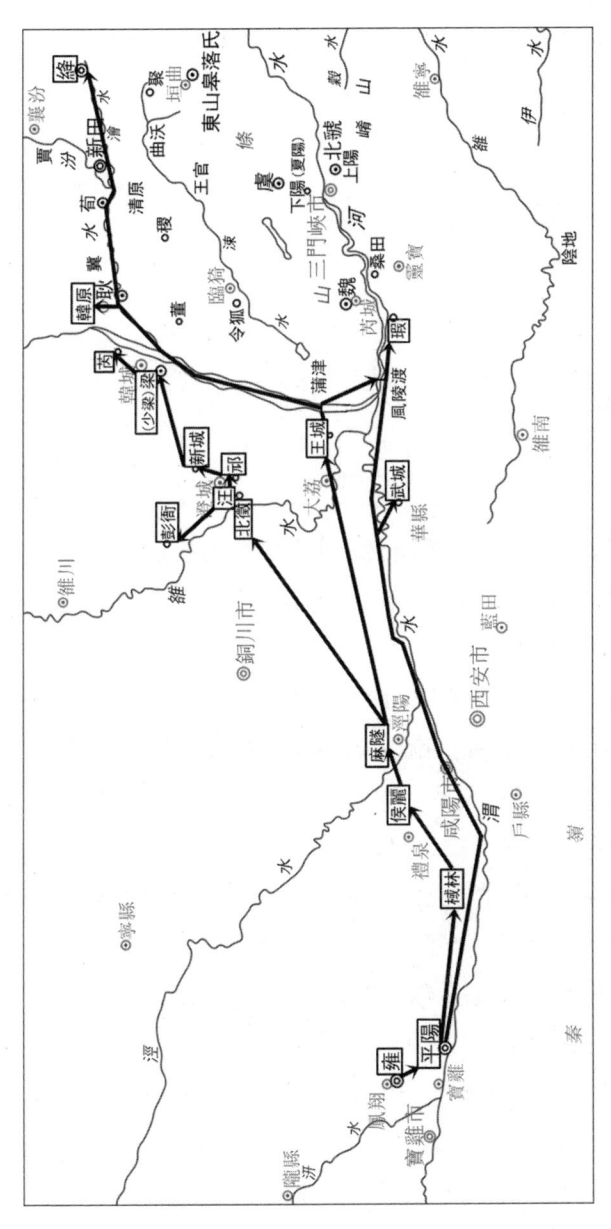

圖29 《左傳》秦國交通路線圖

結　論

　　本書通過爬梳《左傳》記載,結合傳世文獻、近人論著、考古學發現、數位地圖等資料,分析春秋時期齊、衛、晉、秦四個國家的交通,現將主要路綫總結如下:

　　春秋齊國交通路綫以臨淄爲核心,輻射爲南向、西南向、西向、北向、東向等五方道路。南向交通路綫主要幹道爲"臨淄—艾陵",自艾陵又分"艾陵—堂阜"、"艾陵—夾谷(祝其)"、"艾陵—博"三道。西南向路綫前半段路程途經都邑爲"臨淄—祝柯",至祝柯後又分"祝柯—靡笄山""祝柯—平陰"二道。平陰以下又分"平陰—京兹""平陰—靡笄""平陰—陽州"三綫,第二綫又與上述"祝柯—靡笄山"連接。"平陰—陽州"途經穀時,又分支"穀—莘"一綫。西向路綫途經都邑爲"臨淄—轅",北向路綫途經都邑爲"臨淄—薄姑"。東向路綫又分南北二道,北道途經都邑有"臨淄—密";此外,邿殿又北向分支一路至鄆。至於南道前段途經都邑爲"臨淄—東陽",至東陽後又分三路,由北至南依序爲"東陽—棠""東陽—介根""東陽—莒"。此外,上述第三路自邿又東南分出一路可達鄣,是歧出之一綫。

衛國交通路綫乃以帝丘爲核心,輻射爲北向、東向、西向與南向等四方道路。北向交通路綫主要幹道途經都邑爲"帝丘—鐵—戚—五鹿—馬陵—沙—莘—夷儀",其中自戚東行經茅氏可延伸至圉。自戚邑由長壽津渡河可至懿氏、柯、新築。另有一路延伸至戲陽、乾侯,是爲北向路綫之支道。以地理形勢推測,自曹邑由白馬津渡河至牽,繼續東行或亦可由澶淵至懿氏。東向路綫可分南北二道,"北道"爲"帝丘—斂盂—襄牛—鄄—桃丘—柯—河澤",此路途經鄄時,又分支"鄄—廩丘—羊角—高魚"一綫。"南道"爲"帝丘—鹹—洮—清丘—城濮",自清丘又東向分支一路至垂(犬丘)。此外,"五鹿—斂盂—鹹—洮—清丘—城濮"又別爲不經帝丘之道路。西向道路爲"帝丘—楚丘—曹—平陽—廩延—朝歌",南向道路前段與西向道路重疊"帝丘—楚丘—曹—平陽"一段,自平陽以南路綫爲"瓦—訾婁—匡",自匡又分二道可至蒲與平丘。

晉國交通路綫以新田爲核心,輻射爲北向、東北向、東向、西南向等四方道路。晉都新田北向路綫,前半段路程爲"新田—霍",其中自平陽向東、西各有一支綫,分別爲"平陽—留吁""平陽—少梁"。至霍後又分爲西向、北向二道,西向爲"霍—樓",北向則分爲"霍—肥""霍—魏榆""晉陽—霍人"三綫,於梗陽又分支"梗陽—陽"一綫。東北向路綫,前半段路程爲"新田—祁"。自黃父分出支綫"黃父—黎2""壺口—乾侯"。自邯鄲北向之路綫爲"邯鄲—逆畤",自邢有一支綫可至任,自柏人有一支綫可至臨,自欒有一支綫可至棘蒲,自肥有一支綫可至鼓、昔陽。晉都新田東向道路,分爲

271

向東途經黃父、向東南途經軹關陘二道。向東主要可分爲三路,分別爲:少水段"新田—絳—黃父—熒庭—少水—原",太行陘段"新田—絳—黃父—長治盆地—太行陘—野王",白陘段"白陘—孟門—共—百泉—朝歌—中牟—五氏—邯鄲"。向東南幹道爲"軹關陘—聚—東山皋落氏—郫邵",其後之路綫分爲南、北兩支綫,北段爲"郫邵—原—野王—州縣—懷",南段爲"郫邵—陽樊—盟津—温—邢丘—隰城—懷"。晉都新田西南向路綫,主要可分爲三路。虞坂古道段:幹道爲"新田—曲沃—虞—下陽—茅津—上陽",而後分爲東支綫"上陽—茅津—瓠丘—陽樊""上陽—殽山—成周—盟津—陽樊""焦—陰地",以及西支綫"下陽—魏—羈馬—蒲津""上陽—桑田—瑕"。涑水及運城盆地段:"曲沃—王官—郇—廬柳—令狐、桑泉、白衰—刳首—蒲津—輔氏—王城""新田—清原—稷—董"。汾水段:"新田—荀—冀—韓原—耿"。

秦國交通路綫以雍都爲核心,分爲東向、東北向兩路,東向爲"雍—平陽—棫林—侯麗—麻隧—新楚—蒲津—風陵渡—瑕",東北向爲"麻隧—北徵—汪—彭衙—邢—新城—梁—芮""梁—汾陰—韓原"。此外尚有水路"雍—渭水—黄河—汾水—澮水—絳"。

引用書目

一、傳世文獻(依作者時代先後排序)

黎翔鳳校注:《管子校注》,北京:中華書局,2004年。

題(漢)孔安國傳,(唐)孔穎達正義:《尚書正義》,臺北:藝文印書館,1993年,據清嘉慶二十年(1815)江西南昌府學版影印。

(漢)毛亨傳,(漢)鄭玄箋:《毛詩正義》,臺北:藝文印書館,1993年,據清嘉慶二十年(1815)江西南昌府學版影印。

(漢)鄭玄注,(唐)賈公彥疏:《周禮注疏》,臺北:藝文印書館,1993年,據清嘉慶二十年(1815)江西南昌府學版影印。

(漢)趙岐注,(宋)孫奭疏:《孟子注疏》,臺北:藝文印書館,1993年,據清嘉慶二十年(1815)江西南昌府學版影印。

(漢)賈逵:《春秋左氏傳解詁》,收入(清)王謨輯《漢魏遺書鈔》,西安:陝西人民出版社,2007年。

(漢)司馬遷撰,[日]瀧川資言考證:《史記會注考證》,高雄:

復文圖書出版社,1991年。

(漢)劉向輯錄:《戰國策》,臺北:里仁書局,1990年。

(漢)劉安編,何寧集釋:《淮南子集釋》,北京:中華書局,1998年。

(漢)班固撰,(唐)顏師古注:《漢書》,臺北:宏業書局,1996年。

(漢)許慎撰,(清)段玉裁注:《說文解字注》,臺北:藝文印書館,2007年。

(三國吳)韋昭:《國語韋昭注》,臺北:藝文印書館,1974年,影印天聖明道本‧嘉慶庚申(1800)讀未見書齋重雕本。

(晉)杜預集解,(唐)孔穎達正義:《春秋左傳正義》,臺北:藝文印書館,1993年,據清嘉慶二十年(1815)江西南昌府學版影印。

(晉)范甯集解,(唐)楊士勛疏:《春秋穀梁傳注疏》,臺北:藝文印書館,1993年,據清嘉慶二十年(1815)江西南昌府學版影印。

(北魏)酈道元注,(清)楊守敬纂疏,(清)熊會貞參疏:《水經注疏》,收入謝承仁主編《楊守敬集》,武漢:湖北人民出版社,1997年。

(南朝宋)范曄撰,(唐)李賢等注:《後漢書》,北京:中華書局,1965年。

(唐)李吉甫撰,賀次君點校:《元和郡縣圖志》,北京:中華書局,1983年。

(唐)李泰撰,賀次君輯校:《括地志輯校》,北京:中華書局,1980年。

(唐)杜佑撰,王文錦等點校:《通典》,北京:中華書局,

1988年。

（唐）房玄齡等:《晉書》,北京:中華書局,1974年。

（唐）歐陽詢等編纂,汪紹楹校:《藝文類聚》,上海:上海古籍出版社,1982年。

（唐）魏徵等:《隋書》,北京:中華書局,1973年。

（宋）樂史撰,王文楚等點校:《太平寰宇記》,北京:中華書局,2007年。

（元）脱脱等:《金史》,北京,中華書局,1975年。

（元）于欽撰,劉敦愿等校釋:《齊乘校釋》,北京:中華書局,2012年。

（明）李賢等撰:《大明一統志》,西安:三秦出版社,1990年。

（清）王掞等:《欽定春秋傳説彙纂》,收入（清）永瑢、紀昀等編《文淵閣四庫全書》,臺北:臺灣商務印書館,1983年,影印文淵閣四庫全書。

（清）江永:《春秋地理考實》,收入（清）永瑢、紀昀等編《文淵閣四庫全書》,臺北:臺灣商務印書館,1983年,影印文淵閣四庫全書。

（清）沈欽韓:《春秋左氏傳地名補注》,收入（清）王先謙等編《續經解春秋類彙編》,臺北:藝文印書館,1986年。

（清）言如泗修,（清）韓夔典等纂:《平陸縣志》,民國二十一年(1932)石印本。

（清）周壬福修,（清）李同纂:《博興縣志》,收入《中國方志叢書》,臺北:成文出版社,1976年,據清道光二十年(1840)刊本影印。

（清）和珅等:《欽定大清一統志》,收入（清）永瑢、紀昀等編

《文淵閣四庫全書》,臺北:臺灣商務印書館,1983年,影印文淵閣四庫全書。

（清）岳濬等監修,（清）杜詔等編纂:《山東通志》,收入（清）永瑢、紀昀等編《文淵閣四庫全書》,臺北:臺灣商務印書館,1983年,影印文淵閣四庫全書。

（清）姚鼐:《左傳補注》,收入宋志英輯《〈左傳〉研究文獻輯刊》,北京:國家圖書館出版社,2012年。

（清）姚學瑛等修,（清）姚學甲纂:《沁州志》,清乾隆三十六年(1771)刻本。

（清）洪亮吉撰,李解民點校:《春秋左傳詁》,北京:中華書局,1987年。

（清）洪亮吉:《洪亮吉集》,北京:中華書局,2001年。

（清）洪亮吉:《曉讀書齋雜錄·二錄》,北京大學圖書館藏清道光二十二年(1842)刻本。

（清）胡德琳修,（清）李文藻等編纂:《歷城縣志》,收入《續修四庫全書》,上海:上海古籍出版社,2002年,據清乾隆三十六年(1771)刻本影印。

（清）范士齡:《左傳釋地》,收入《續修四庫全書》,上海:上海古籍出版社,2002年,冊125。

（清）夏詒鈺纂修:《永年縣志》,清光緒三年(1877)刻本。

（清）徐文靖撰,范祥雍點校:《管城碩記》,上海:上海古籍出版社,2013年。

（清）秦丙焜修;（清）李疇纂:《沁水縣志》,清光緒七年(1881)刻本。

（清）高士奇：《春秋地名考略》，收入（清）永瑢、紀昀等編《文淵閣四庫全書》，臺北：臺灣商務印書館，1983年，影印文淵閣四庫全書。

（清）崔曉然等修，（清）楊篤纂：《潞城縣志》，清光緒十年（1884）刻本。

（清）畢沅：《關中勝迹圖志》，收入王雲五主編《四庫全書珍本十集》，臺北：臺灣商務印書館，1981年。

（清）曾國荃等修，（清）王軒、（清）楊篤纂：《山西通志》，清光緒十八年（1892）刻本。

（清）舒化民等修，（清）徐德城等纂：《長清縣志》，收入《中國方志叢書》臺北：成文出版社，1976年，影印道光十五年（1835）刻本。

（清）葉圭綬：《續山東考古錄》，日本早稻田大學圖書館藏光緒八年（1882）七月山東書局重刊本。

（清）葛清纂修：《鄉寧縣志》，清光緒七年（1881）刻本。

（清）雷學淇：《竹書紀年義證》，臺北：藝文印書館，1957年。

（清）趙爾巽等：《清史稿》，收入《續修四庫全書》，上海：上海古籍出版社，2002年，據民國十七年（1928）清史館鉛印本（關内本影印）。

（清）齊翀：《三晉見聞錄》，收入董光和、齊希編《中國地方稀見史料集成》，北京：學苑出版社，2010年，據清光緒六年（1880）刻本影印。

（清）劉鐘麟、（清）何金聲修，（清）楊篤、（清）任來樸纂：《屯留縣志》，清光緒十一年（1885）刻本。

（清）穆彰阿等：《嘉慶重修一統志》，上海：商務印書館，1934年，據上海涵芬樓景印清史館藏進呈寫本。

（清）錢大昕撰，孫開萍等點校：《廿二史考異》，收入陳文和主編《嘉定錢大昕全集》，南京：江蘇古籍出版社，1997年。

（清）顧炎武：《山東考古錄》，收入《續修四庫全書》，上海：上海古籍出版社，2002年，據清光緒十一年（1885）吳縣孫谿槐盧家塾刻顧亭林遺書補遺本影印。

（清）顧炎武著，陳垣校注：《日知錄校注》，合肥：安徽大學出版社，2007年。

（清）顧祖禹撰，賀次君、施和金點校：《讀史方輿紀要》，北京：中華書局，2005年。

（清）顧棟高輯，吳樹平、李解民點校：《春秋大事表》，北京：中華書局，1993年。

二、近人著作（依作者姓名筆畫排序）

（一）專著

中國公路交通史編審委員會編：《中國古代道路交通史》，北京：人民交通出版社，1994年。

中國社會科學院考古研究所編：《殷墟的發現與研究》，北京：科學出版社，1994年。

中國科學院考古研究所編：《上村嶺虢國墓地》，收入《中國田野考古報告集·考古學專刊·丁種第十號》，北京：科學出版社，

1959年。

方詩銘、王修齡:《古本竹書紀年輯證》,上海:上海古籍出版社,1981年。

王恢:《中國歷史地理》,臺北:臺灣學生書局,1984年。

王倬:《交通史》,北京:商務印書館,1923年。

王子今:《秦漢交通史稿》,北京:中共中央黨校出版社,1994年。

王子今:《郵傳萬里:驛站與郵遞》,長春:長春出版社,2004年。

王崇焕:《中國古代交通》,臺北:臺灣商務印書館,1993年。

王獻唐:《山東古國考》(濟南:齊魯書社,1983年),第167—168頁。

史念海:《中國古都和文化》,北京:中華書局,1996。

史念海:《中國的運河》,西安:陝西人民出版社,1988年。

史爲樂主編:《中國歷史地名大辭典》,北京:中國社會科學出版社,2005年。

田建文:《三晉考古》,太原:山西人民出版社,1994年。

白利權:《黃河中游古代渡口研究》,鄭州:鄭州大學中國古代史碩士論文,2010年。

白壽彝:《中國交通史》,北京:商務印書館,1937年。

任偉:《西周封國考略》,北京:社會科學文獻出版社,2004年。

曲英傑:《先秦都城復原研究》,哈爾濱:黑龍江人民出版社,1991年。

朱鳳瀚:《商周家族形態研究(增訂本)》,天津:天津古籍出版社,2004年。

[日]竹添光鴻:《左傳會箋》,臺北:天工書局,1998年。

李孝聰:《中國區域歷史地理》,北京:北京大學出版社,2004年。

李孟存、李尚師:《晉國史》,太原:三晉出版社,2014年。

周若祁、張光:《韓城村寨與黨家村居民》,西安:陝西科學技術出版社,1999年。

段連勤:《北狄族與中山國》,石家莊:河北人民出版社,1982年。

唐敏等編:《山東省古地名辭典》,濟南:山東文藝出版社,1993年。

晏星:《中華郵政發達史》,臺北:臺灣商務印書館,1994年。

袁德宣:《交通史略》,北京:北京交通叢報社長沙鐵路協會,1928年。

馬保春:《晉國地名考》,北京:學苑出版社,2010年。

馬保春:《晉國歷史地理研究》,北京:文物出版社,2007年。

馬洪路、劉鳳書:《中國交通考古錄》,成都:四川教育出版社,1998年。

馬軍霞:《虢國綜合研究》,西安:陝西師範大學考古學及博物館學博士論文,2017年。

馬飛海總主編,汪慶正主編:《中國歷代貨幣大系‧先秦貨幣》,上海:上海人民出版社,1988年。

馬楚堅:《中國古代的郵驛》,北京:商務印書館,1997年。

國家文物局主編:《中國文物地圖集‧山西分冊》,北京:中國地圖出版社,2006年。

張翊:《中華郵政史》,臺北:三民書局,1996年。

張志熙等修,劉靖宇纂:《東平縣志》,收入《中國方志叢書》,臺北:成文出版社,1968年,影印民國二十五年(1936)鉛本。

張梅亭、王希曾纂修:《民國萊蕪縣志》,收入《中國地方志集成》,南京:鳳凰出版社,2004年,據民國十一年(1922)鉛印本影印。

許維遹撰,梁運華整理:《呂氏春秋集釋》,北京:中華書局,2009年。

陳槃:《春秋大事表列國爵姓及存滅表撰異》,上海:上海古籍出版社,2009年。

陳代光:《中國歷史地理》:廣州,廣東高等教育出版社,1997。

陳克炯:《左傳詳解詞典》,鄭州:中州古籍出版社,2004年。

陳夢家:《西周銅器斷代》,北京:中華書局,2004年。

陳鴻彝:《中華交通史話》,北京:中華書局,2013年。

彭信威:《中國貨幣史》,上海:群聯出版社,1954年。

程發軔:《春秋要領》,北京:中華書局,1996年。

費振剛等校注:《全漢賦校注》,廣州:廣東教育出版社,2005年。

黃書濤:《春秋戰國時期山東地區的交通發展》,廣州:暨南大學歷史地理學系碩士論文,2008年。

黃景略:《晉都新田》,太原:山西人民出版社,1996年。

黃錫全:《先秦貨幣研究》,北京:中華書局,2001年。

楊伯峻:《春秋左傳注》,北京:中華書局,2000年。

楊寬:《中國古代都城制度史研究》,上海:上海古籍出版社,1993年。

鄒逸麟:《中國歷史地理概述》,福州:福建人民出版社,1993年。

靳生禾、謝鴻喜:《長平之戰——中國古代最大戰役之研究》,太原:山西人民出版社,1998年

趙益超:《東周時期齊地關隘的考古學研究》,濟南:山東大學考古學及博物館學碩士論文,2013年。

趙雲旗:《中國古代交通》,北京:新華出版社,1993年。

劉玉堂、袁純富:《楚國交通研究》,武漢:湖北教育出版社,2012年。

劉廣生、趙梅莊:《中國古代郵驛史》,北京:人民郵電出版社,1999年。

劉緯毅:《山西歷史地名通檢》,太原:山西教育出版社,1990年。

樓祖詒:《中國郵驛發達史》,上海:上海書店出版社,1991年。

潘英編:《中國上古國名地名辭彙及索引》,臺北:明文書局,1986年。

錢穆:《史記地名考》,北京:商務印書館,2001年。

戴均良等編:《中國古今地名大詞典》,上海:上海辭書出版社,2005年。

謝堯亭:《晉南地區西周墓葬研究》,長春:吉林大學,考古學及博物館學博士論文,2010年。

謝鴻喜:《〈水经注〉山西資料輯釋》,太原:山西人民出版社,1990年。

韓城文物志編纂委員會:《韓城市文物志》,西安:三秦出版社,

1991年。

藏嶸:《中國古代驛站與郵傳》,北京:商務印書館,1997年。

譚其驤主編:《中國歷史地圖集》,上海:地圖出版社,1985年,册1。

譚宗義:《漢代國內陸路交通考》,香港:新亞研究所,1967年。

嚴耕望:《唐代交通圖考》,臺北:"中研院"歷史語言研究所,1985年。

(二)單篇論文

卜慶華:《邿國地望新探》,《江漢考古》2000年第2期。

山西省考古研究所:《山西長子縣東周墓》,《考古學報》1984年第4期。

山東大學東方考古研究中心:《山東新泰雁嶺關遺址調查》,《華夏考古》2011年第1期。

中美聯合歸城考古隊:《山東龍口市歸城兩周城址調查簡報》,《考古》2011年第3期。

太原市文物考古研究所:《晉陽古城遺址2002—2010年考古工作簡報》,《文物世界》2014年第5期。

王子今:《中國交通史研究一百年》,《歷史研究》2002年第2期。

王立新:《關於天馬—曲村遺址性質的幾個問題》,《中原文物》2003年第1期。

王京龍:《長峪道:一條新發現的古代齊魯大道》,《煙臺師範學院學報》2005年第1期。

袁廣闊、南海森:《試論濮陽高城東周城址的性質》,《中原文物》2009年第1期,第45—47頁。

王治國、劉社剛:《上陽城M44墓主身份及焦國相關問題考》,《三門峽職業技術學院學報》2013年第2期。

王龍正、喬斌:《焦國略考——追夷簋銘文的啓示》,收入三門峽市文物考古研究所編《三門峽文物考古與研究》,北京:燕山出版社,2003年。

北京大學歷史系考古專業山西實習組、山西省文物工作委員會:《翼城曲沃考古勘察記》,收入北京大學考古系編《考古學研究(一)》,北京:文物出版社,1992年。

史念海:《春秋以前的交通道路》,《中國歷史地理論叢》1990年第3期。

史念海:《春秋時代的交通道路》,《人文雜志》1960年第3期。

史念海:《秦漢時期國内之交通路綫》,收入氏著《河山集》第四集,西安:陝西師範大學出版社,1991年。

史念海:《壺口雜考》,《中國歷史地理論叢》1988年第4期。

史念海:《戰國時期的交通道路》,《中國歷史地理論叢》1991年第1期。

田建文、楊林中:《軹關陘絳縣段的考古學考察》,《史志學刊》2016年第1期。

任相宏:《仙人臺周代邿國貴族墓地發掘的主要收獲及其對史學研究的影響》,《山東大學學報》2004年第1期。

任相宏:《邿國地望尋蹤》,《中國文物報》1998年9月9日。

朱活:《從山東出土的齊幣看齊國的商業和交通》,《文物》1972年第5期。

朱光華等:《河南省濮陽市鐵丘遺址2012年發掘簡報》,《中原文物》2013年第6期。

朱繼平:《周代邽國地望及相關問題再探》,《杭州師範大學學報》2013年第3期。

吴朋飛、張慧茹:《司馬遷所居"夏陽"城址考辨》,《求索》2007年第10期。

李伯謙:《天馬—曲村遺址發掘與晉國始封地的推定》,收入《迎接二十一世紀的中國考古學國際學術討論會論文集》,北京,科學出版社,1998年。

李修松:《試論春秋時期淮河流域之交通》,《安徽史學》2003年第1期。

杜勇、王玉亮:《〈左傳〉"棫林"考》,《廊坊師範學院學報》2017年第4期。

周昌富:《東萊新説》,收入劉敦愿、逄振鎬主編,山東古國史研究會編《東夷古國史研究(第一輯)》,西安:三秦出版社,1988年。

周健、侯毅:《關於晉文化研究的幾個問題》,《文物世界》2002年第2期。

長治市博物館、晉東南文物工作站:《山西潞城縣潞河東周、漢墓》,《考古》1990年第11期。

唐禄庭:《歸城古城歸屬問題初探》,收入劉敦愿、逄振鎬主編,山東古國史研究會編《東夷古國史研究(第二輯)》,西安:三秦出版社,1990年。

唐蘭:《用青銅器銘文來研究西周史——綜論寶雞市今年發現的一批青銅器的重要歷史價值》,《文物》1976年第6期。

孫秉君:《陝西韓城梁帶村墓地北區2007年發掘簡報》,《文物》2010年第6期。

孫鐵林、屈軍衛:《五鹿和五鹿城考略》,《濮陽職業技術學院學報》2014年第6期。

孫鐵林、屈軍衛:《晉文公重耳"乞食於五鹿"考》,《濮陽職業技術學院學報》2009年第6期。

徐波、李翠霞:《山東省萊蕪市出土商周青銅器概述》,《中國國家博物館館刊》2016年第11期。

陝西省考古研究院:《2013年陝西省考古研究院考古發掘調查新收穫》,《考古與文物》2014年第2期。

馬保春:《晉汾隰考——兼説晉都新田之名義》,《考古與文物》2005年第3期。

馬保春:《陘庭、熒庭、陘城小考》,《中國歷史地理論叢》2005年第1期,第77—81頁。

張天恩、龐有華:《秦都平陽的初步研究》,《秦始皇帝陵博物院》2015年第1期。

張天恩:《芮國史事與考古發現的局部整合》,《文物》2010年第6期。

張世濤等:《太行八陘滏口陘地理志考》,《軍事歷史》2018年第6期。

張華松:《扁鵲里籍盧邑説新證》,《東岳論叢》2015年第7期。

張維慎:《"桃林塞"位置考辨》,《蘭州大學學報》2001年第

5 期。

章巽:《秦帝國的主要交通綫》,《學術月刊》1957 年第 2 期。

許文勝:《山西鄉寧故鄂城遺址調查》,《文物世界》2017 年第 6 期。

陳槃:《春秋列國的交通》,收入中華書局編輯部編《中研院历史语言研究所集刊論文類編·歷史編·先秦卷》,北京:中華書局,2009 年。

陳光唐:《趙邯鄲故城》,《文物》1981 年第 12 期。

陳旭、李錦琦、王文魁:《山西太谷縣的古箕城》,《滄桑》2009 年第 4 期。

陶正剛、葉學明:《古魏城和禹王古城調查簡報》,《文物》1962 年第 4、5 期。

陶正剛:《山西境內東周古城址調查》,見山西省考古研究所編《晉文化研究座談會紀要》,太原:山西省考古研究所,1985 年。

陶正剛:《山西聞喜的"大馬古城"》,《考古》1963 年第 5 期。

黃聖松:《〈左傳〉黃河津渡考論》,《清華中文學報》2017 年第 18 期。

黃聖松:《〈左傳〉魯國交通路綫考》,《國文學報》2009 年第 9 期。

楊升南:《説"周行""周道"——西周時期的交通初探》,收入人文雜志編輯部編《人文雜志叢刊》第二輯《西周史研究》,北京:人文雜志編輯部,1984 年。

楊建華:《陝西清澗李家崖東周墓與"河西白狄"》,《考古與文物》2008 年第 5 期。

鄒衡:《論早期晉都》,《文物》1994 年第 1 期。

靳生禾、謝鴻喜:《春秋戰略重鎮羈馬遺址考》,《中國史研究》1994 年第 1 期。

靳生禾、謝鴻喜:《晉"假虞伐虢"古戰場考察報告》,《太原大學學報》2007 年第 1 期。

寧會振:《上村嶺虢國墓地時代芻議》,《華夏考古》2000 年第 3 期。

廖永民:《戚城遺址調查記》,《河南文博通訊》1978 年第 4 期。

趙戈:《秦都雍城及其歷史地位》,《寶雞文理學院學報》2015 年第 4 期。

趙衛東:《全真道與民間信仰之間的互動——以濟南長清馬山隔馬豐施侯廟爲個案的研究》,《全真道研究》2011 年第 1 輯。

盧雲:《戰國時期主要陸路交通綫初探》,收入復旦大學中國歷史地理研究所編《歷史地理研究》第 1 輯,上海:復旦大學出版社,1986 年。

謝堯亭:《北趙晉侯墓地初識》,《文物集刊》1998 年第 3 期。

嚴耕望:《我撰〈唐代交通圖考〉的動機與經驗》,《興大歷史學報》1993 年第 3 期。

顧頡剛:《三監的結局——周公東征史事考證四之三》,《文史》1988 年第 30 輯。

致　謝

　　本書的初稿源自我在 2017—2019 年間撰寫的碩士畢業論文，該論文的完成，首先要感謝聖松老師的指導，文中的大量章節，都曾經過老師耐心仔細地批閱校正。由於老師幫忙修訂增補的字句太多，反倒無法在文中一一注釋指出，實在令我既感動又慚愧。如今距離我畢業離校已有四年，與老師的聯絡却從未間斷，老師用他豐厚的學養和無微不至的關懷，引領着我一步一步在學術的道路上前進。

　　在成功大學三年的求學過程中，非常感謝王偉勇老師、宋鼎宗老師、陳益源老師、陳怡良老師、陳昌明老師、林朝成老師、林素娟老師、林耀潾老師、侯美珍老師、秦嘉嫄老師的提攜和照顧。尤其感謝宋惠如老師、陳弘學老師在碩論初審及口考答辯時，爲我提供了大量中肯且精闢的建議。

　　其次，感謝我親愛的摯友陳靈心，她是我碩士時期的同班同學兼室友，在我撰寫論文期間爲我提供了莫大的支持。如今距離我們相識已有七年,她也已經博士畢業并且入職高校成爲講師。希望在人生的下一個七年,我可以陪她看遍杭州的美景,她可以帶我嘗遍廣東的美食。不求在學界一同披荊斬棘,只願於人間共賞秋月春花。

感謝我的同門許起墉同學,他的碩論是研究《左傳》楚、吳、越、陳、蔡的交通路綫,與我非常相似,因此在論文撰寫過程中爲我提供了許多寶貴意見。同時,感謝起墉和他的女友敏貞帶我領略了許多臺南風光與美味。經過四年的發展,如今他們倆已經是油管擁有十萬粉的旅遊美食 UP 主,祝願他們的事業繼續紅紅火火。

感謝我的朋友天韻、宣方,她們在關鍵時刻給過我許多幫助。感謝我的室友沛瑄,在生活上給了我很多照顧。感謝同爲陸生的黃旭學姐、燕君學姐、嘉欣學姐、梓晴學姐、斐然學姐,感謝同門的霈珊學姐、宏之學姐,感謝同班同學玲雅、淑菲、竣富、仰哲、鼎倫,感謝學弟妹武玥、受讓、旻蓉。

感謝我最親愛的閨蜜冰清和她的丈夫王老師在假期帶我吃喝玩樂,從我們高中相遇到如今博士畢業已有十餘年,我們三人的聚會內容也已經從密室逃脫發展成了釣魚喝茶,但不變的是無論人間行路是易是難,我總有這個無憂的"世外桃源"。

最後,感謝養育我多年的父母,他們一直堅定地支持我遠赴港臺求學,并且總是給予我鼓勵和肯定,因此我才能夠毫無後顧之憂地專心學業。幸而現在我已經不負期望、學成歸來,謹將此書獻給我最愛的父母,願他們平安健康,萬事如意。